Rosalie de Constant, sa famille et ses amis

Lucie Achard

© 2024, Lucie Achard (domaine public)
Édition : BoD • Books on Demand GmbH, In de Tarpen 42,
22848 Norderstedt (Allemagne)
Impression : Libri Plureos GmbH, Friedensallee 273,
22763 Hamburg (Allemagne)
ISBN : 978-2-3225-5405-8
Dépôt légal : Octobre 2024

TABLE DES MATIÈRES

TOME I

Première préface
1758-1782

TOME II

Seconde préface
1782-1834

PRÉFACE

Il faut en convenir, notre génération est insatiable. Il ne lui suffit pas du présent si rempli, de l'avenir gros de promesses ; il lui faut encore le passé.

Pas un de nous, sachant tenir une plume, qui ne s'en aille fouiller dans ses propres souvenirs et dans ceux de ses pères. Tous nous nous demandons si nous n'avons pas une aïeule, un grand-oncle ayant quelque chose à nous dire. Et puis, avec un désintéressement voisin de la vanité, nous nous empressons de faire connaître autour de nous le trésor que nous croyons avoir découvert. C'est ce que nous allons faire ici.

Naguère vivait une vieille tante à nous, qui aurait près de cent cinquante ans à l'heure présente, et qui nous paraît tout aussi digne d'intérêt que bien d'autres morts exhumés dernièrement. Cette tante que nous aimons à travers ses lettres jaunies, pourquoi ne la présenterions-nous pas à nos amis ? Ce sera à eux ensuite de dire si nous avons eu tort.

Qu'on ne s'attende pas à lire ici son éloge. Rien de tel pour déprécier ceux qu'on veut faire aimer. Sachez seulement, amis, qu'elle fut une vieille fille et qu'elle eut les défauts et les qualités de cet état (dont il ne faut pas médire). Elle les eut même avant l'âge où, généralement, on accepte cette appellation sans sourciller ; ce qui ne l'empêcha pas d'être jeune et romanesque jusqu'à la fin de sa vie. Vieillotte à quinze ans, jeune à quarante-cinq. On rencontre encore de nos jours de ces anachronismes-là.

Rosalie-Marguerite Constant de Rebecque, qui naquit à Genève le 31 juillet 1758, est citée par plus d'un biographe et plus d'un littérateur contemporains. Ses lettres sont à la portée de tous dans les armoires de la Bibliothèque publique de Genève ; mais qui les a lues en entier, qui en connaît autre chose que ce qu'elles racontent sur Benjamin Constant, cousin germain de Rosalie, et sur Mme de Staël ? Et pour nous ces pages-là ne sont pas les meilleures.

Et puis d'autres portes se sont ouvertes devant nous. Une petite-nièce de Rosalie nous a accordé une faveur à laquelle nous n'osions presque pas prétendre. Mme Arthur Massé, née Rilliet de Constant, avait tendrement aimé sa grand'tante et avait eu le privilège d'être aimée d'elle.

« Prends ce que je possède d'elle, nous a-t-elle dit, et raconte-leur tout ce qui la fera apprécier. Dis-leur plutôt plus que moins, car ce sont justement les petits détails intimes, les finesses qui vous attachent à l'histoire d'une âme ». Et cette petite-nièce, digne d'une telle tante, a mis à notre disposition journaux, vers et prose.

Depuis lors, la tombe s'est fermée sur elle, mais toujours nous nous rappellerons ces soirées pendant lesquelles elle a bien voulu écouter la lecture des pages qui suivent, les approuver quelquefois, les corriger et les compléter ailleurs.

Un hommage de reconnaissance aussi à une autre petite-nièce de Rosalie, Mme Adrien Picot, née Rigaud de Constant, qui, avec une obligeance inépuisable, ouvre à tous ceux qui sont curieux du passé, les trésors de sa riche mémoire.

Enfin, que M. Hippolyte Aubert, aujourd'hui le distingué conservateur de la Bibliothèque de Genève, nous permette de dire ici toute la complaisance qu'il a mise à nous encourager dans notre travail, à le partager même, et à nous aider de son expérience éclairée.

Pregny-la-Tour, septembre 1901.

Nous aurions pu commencer, selon l'usage, cette biographie trois ou quatre cents ans avant la naissance de notre héroïne, parler des chevaliers de St-Jean de Jérusalem, des chefs d'escadre, des compagnons de Charles Quint, qui furent ses ancêtres paternels. Rosalie elle-même, dans son journal, nous défile avec un certain orgueil une longue lignée d'aïeux, tous valeureux, preux et héroïques ; mais, si vous le voulez bien, nous ne remonterons pas si haut.

La mère de Rosalie était cette Charlotte Pictet à laquelle M. Lucien Perey a emprunté bien des lettres dans sa *Vie intime de Voltaire.*

Elle habitait avec ses parents la belle propriété de St-Jean, qui domine la jonction de l'Arve avec le Rhône, en aval de Genève. M. L. Perey a raconté déjà comment les Pictet de St-Jean voisinaient familièrement avec l'illustre philosophe, et les papiers de Rosalie et de sa famille, ont fourni à l'aimable biographe beaucoup de détails sur ce qui se passait aux Délices, et à Ferney.

On sait qu'au début de son séjour dans notre pays, Voltaire habita en été Les Délices près Genève, en hiver tantôt Monrion, près Lausanne, tantôt cette ville-même, au faubourg du Petit-Chêne.

À Lausanne comme à Genève, Voltaire avait trouvé une société très aimable et lettrée, toute disposée à jouer ses tragédies. Ses principaux acteurs se recrutèrent parmi la famille de Constant, et c'est ici que nous rencontrons Samuel, qui deviendra le père de Rosalie.

Samuel était le cinquième fils du général Constant de Rebecque[1] qui avait servi longtemps en Hollande. Lui-même y avait acquis le grade de major, et c'est pendant un congé passé à Lausanne qu'il fit la connaissance de Charlotte Pictet ; il l'épousa en 1757.

« Voltaire attirait aux Délices les amis qu'il s'était faits à Lausanne, écrira plus tard Rosalie ; il cherchait à les lier avec des voisins qu'il avait. C'est ainsi que se fit le mariage de mes parents. Voltaire y prit un intérêt qu'il conserva toujours à la famille[2] ».

Samuel quitta le service au moment de son mariage et vint habiter chez les parents de sa femme. C'est à St-Jean que vécut le jeune ménage pendant cinq années ; c'est à St-Jean que naquit Rosalie, puis une seconde fille et un premier fils qui reçurent les noms de Louise et de Juste, c'est là que Charlotte aima, pleura, sourit et souffrit.

« Cher aux femmes, Samuel de Constant s'est fait aimer d'elles toutes les fois qu'il l'a voulu[3]. » C'est encore Rosalie qui parle.

Doué d'une belle figure, d'une haute stature, assez vain de sa personne, très ami du « bon ton », il tenait à ce qu'on lui rendît des honneurs, à ce qu'on recherchât son commerce, mais il faut croire que les démonstrations amoureuses de sa propre femme l'impatientaient, car, pour s'y soustraire, il prétextait plus souvent qu'il n'eût été nécessaire, des affaires l'appelant à son vignoble de Lalex, près Vevey. Il s'en allait aussi très souvent passer de longues semaines à Lausanne, où habitait sa mère, la générale de Constant, et où il jouait la comédie avec de belles dames.

Charlotte lui écrivait alors des lettres fort tendres et humides des larmes que faisait couler son absence ; mais, quand on est jeune, spirituelle, piquante, quand on a de beaux yeux noirs, ils ne peuvent pas toujours pleurer, et l'abandonnée trouvait chez Voltaire le moyen de s'amuser beaucoup. Bien souvent après son mariage, elle remonta sur les planches édifiées à Ferney et prit un rôle dans l'une ou l'autre des pièces composées par l'ami de ses parents. Quelquefois Samuel revenait pour lui donner la réplique, et alors la jeune femme jouissait de tout son cœur des répits que lui laissaient soit une santé déjà très compromise, soit l'arrivée successive des enfants que l'on mettait en nourrice dans les environs de Genève.

Nous donnerons ici quelques échantillons des lettres de Charlotte à son mari[4], et nous ne choisissons pas les plus piquantes ; aussi bien, ce n'est pas la vie de Charlotte, mais celle de Rosalie, que nous retraçons ; nous reproduisons de préférence celles où apparaissent les enfants, mêlés à la vie mondaine :

« Lundi à 9 h. du soir, [1761].

« Rosalie fait tout mon bonheur ; elle est gaie et caressante. Je la gâte beaucoup et ne lui fais rien apprendre, elle s'en porte mieux. »

« Vendredi à minuit.

« Nous avons demain dix-huit personnes à dîner et douze à souper. Rosalie sera comme un ange, en robe garnie de fourrure. Elle est toujours fort aimable. Ta mère prétend que tu les aimes tous à la folie quoique tu trouves beau de paraître indifférent. »

« Dimanche au soir.

« Rosalie se débrouille à étonner, elle imagine et cause, elle est souple et gaie. Tout le monde te souhaite bien de l'ennui, à commencer par MM^e Denis. Adieu, va te promener ! Est-ce que les mensonges officieux ne sont pas permis ? Oui, oui, très fort, eh bien, je te hais, je te hais, je te hais, i, i, i. Priez votre valet de chambre d'écrire à une de mes femmes pour que je sache si vous vous portez bien. Je vous félicite de la troupe que vous avez à Lausanne, je suppose que vous y passerez l'hiver, dans les foyers. La nôtre est partie ce matin. »

Une autre cause de chagrin pour Charlotte était l'humeur jalouse de sa mère, et cette humeur était bien pour quelque chose dans les absences fréquentes du gendre. Enfin, en automne 1762, le jeune ménage s'établit chez lui, dans un appartement sis à la Cour de St-Pierre, et c'est là que naquit, le 3 octobre de cette année, Charles, le dernier enfant de Charlotte.

L'hiver suivant, Charlotte écrit à Samuel :

« Mardi au soir, par la fumée.
« Ah ! que j'ai fait de choses aujourd'hui. Le matin des affaires, à dix heures ma toilette, à onze heures en chaise à porteurs jusqu'à la porte de Cornavin. De là en carrosse vert à Ferney. Les yeux de Voltaire comme du sang, examinant un nouvel ouvrage qu'il venait de recevoir de l'imprimerie pour envoyer à Paris. Un de volé que je joins ici sans l'avoir lu pour faire tuer le temps à mon minet. Il a renoncé à Stuttgard, il nous a appris qu'on avait, ces jours passés, pendu Sirven en effigie, à Toulouse. « Voilà ce que c'est que les chrétiens ! dit-il, quand on est dans un cloaque, il faut être couvert de boue », et puis : « ces marauds de rois et de prêtres ! » Beaucoup d'humeur contre la France, d'où je conclus que le dictionnaire a mal réussi. De là revenue dans le carrosse vert à la porte, montée en chaise et allée chez MM^e Des Franches, trouvé pour antichambre la cuisine et un *entrecot* tortueux, puis un taudis assez bien rangé et brûlant, une femme très gracieuse se soutenant à peine sur un bâton, en petit deuil, ainsi que sa femme de chambre, manquant du nécessaire et ayant abondamment le superflu, des fleurs, des flacons et de petits meubles de toute espèce. De là chez moi, Dieu merci. Je sens bien que je suis vieille, car je rentre avec délice et mes petits autour

de moi : « Adieu, maman, adieu, maman, et le pa ? » Hélas ! le pa, le pa ! Et puis je pleure et Rosalie aussi. Ce n'est pas le moyen de mettre quelque chose entre mes os et ma peau. »

« Samedi matin.

« Je veux vous conter ma vie. La matinée se passe entre les leçons de ces demoiselles, des affaires de la maison et des écritures ; l'après-midi à lire des contes de fées avec Rosalie et à vous écrire. Cette vie tranquille me convient fort, je suis plus gaie que dans le monde. — J'arrive du collège où j'ai mené Juste [il avait précisément cinq ans accomplis, l'âge où les petits Genevois commençaient leur éducation publique] il entrera lundi, on m'a promis d'en avoir grand soin et de le pousser. Il est charmant, il dîne avec nous au grand contentement de ses sœurs, rien n'est si mignon que de voir leurs caresses réciproques ».

« Lundi soir.

« J'ai furieusement fait la mère aujourd'hui, une maîtresse d'ouvrage tous les soirs, des habits, des robes, des bonnets. Vous trouverez Juste en bavaroise, collet et paremens de velours bleu. On m'a fait dire qu'il s'était si bien trouvé du collège qu'il n'en voulait pas revenir. Lisette, qui commence bien à apprendre à lire, a travaillé avec tant de cœur à sa leçon, que j'ai été obligée de la faire quitter. Rosalie repasse son catéchisme et sa géographie et me tient fort bonne compagnie. Elle m'aime beaucoup, beaucoup, et me sait bon gré de lui lire et de l'amuser.

« A propos, j'ai été bien malade, de grandes douleurs au côté… maintenant je suis très bien, à une forte migraine près, que je vais mettre coucher ».

Hélas ! la pauvre petite Rosalie ne devait plus avoir longtemps une bonne mère pour la cajoler, lui lire les contes de fées et lui faire répéter sa géographie.

Au commencement de 1766, la maladie qui minait peu à peu la jeune femme la terrassa et le 25 mars, Charlotte de Constant était enlevée à sa famille. Rosalie n'avait pas huit ans.

Au cours de sa vie il arrivera rarement à Rosalie de parler de sa mère, mais elle qui toujours aura si grand besoin de tendresse et d'intimité, regrettera assurément et presque sans s'en rendre compte ces épanchements de mère à fille qui plaisaient tant à l'une et à l'autre. Citons encore ce fragment des lettres de Charlotte qui jette un jour sur le genre de relation existant entre la jeune femme et sa fille aînée :

« Dans un de ses momens vifs de caresse j'ai dit à Rosalie : Lequel aimes-tu le mieux de ton papa ou de moi ? — Le pa ! le pa ! a-t-elle dit avec vivacité. Puis, me regardant : Tu n'es pas jalouse, n'est-ce pas ? — Non, cher ange, c'est ce qui fait que je t'adore. Et puis, nous avons pleuré de ce que nous ne pouvions pas vous le dire ».

Beaucoup d'années plus tard, quand Rosalie pourra revenir sans émotion sur l'événement qui la priva de sa mère, elle dira :

« Samuel de Constant aurait trouvé le bonheur dans le mariage si sa femme, jolie et aimable, n'avait pas eu des parens exigeans et tyranniques et si une maladie cruelle n'avait pas troublé tous leurs momens. La mort lui enleva au bout de quelques années de mariage cette femme dont il était adoré. M. de Constant se trouva jeune encore, veuf et chargé de quatre enfans. Il perdit en même temps une partie de sa fortune qu'il avait placée sur la tête de sa femme. Il s'occupa avec tendresse et activité de l'éducation de ses enfans sans négliger ses plaisirs[5] ».

Après la mort de leur mère, la vie dut être triste pour les quatre enfants placés entre une grand'mère et un père qui ne s'aimaient guère, mais, heureusement, l'enfant ne s'aperçoit pas trop des dissentions intestines, même quand il en est l'objet.

Rosalie et ses frères et sœur habitaient tantôt Genève avec leur père, tantôt St-Jean avec M. et Mme Pictet. M. Pictet mourut deux ans après sa fille et voici la réflexion que sa mort suggère à M. Du Pan de Morillon[6].

« Nous avons enterré mon beau-frère Pictet la semaine dernière. Il a laissé la plus jolie campagne de notre pays. On n'en peut dire autant de sa veuve, ni même qu'elle soit douce comme un mouton ». (27 mai 1768.)

Oui, St-Jean était bien beau dans ce temps. Devant soi on avait la chaîne du Mont-Blanc, au sud le Fort-de-l'Ecluse, au nord le lac Léman, et comme premier plan le Rhône roulant ses ondes bleues entre des rives verdoyantes et boisées. Aucune cheminée d'usine, aucune fabrique ne masquait un fragment de ce panorama, le cri de la locomotive ne troublait pas le chant du rossignol. Les salles de marronniers, les bosquets peuplés d'oiseaux offraient aux enfants de belles places pour leurs ébats ; et puis quelles joyeuses parties de cache-cache l'on faisait dans les communs ! Hélas ! ce fut même une de ces parties qui coûta à notre Rosalie la rectitude de sa taille.

Grand'maman Pictet avait défendu de monter à la grange ; on s'y trouvait pourtant un certain jour, jouissant peut-être d'autant plus qu'on se sentait sur un terrain défendu…

Tout à coup, la voix de grand'mère se fait entendre !… vite on dégringole le long de l'escalier qui ressemble à une échelle ; Rosalie passe la première pour essuyer l'orage, mais le bois est pourri, un échelon cède, un des enfants tombe sur celui qui précède ; dans son effort pour retenir l'avalanche, Rosalie se brise l'épaule…

On remboîta tant bien que mal cette malheureuse épaule, mais, toute sa vie, Rosalie resta un peu contrefaite et, depuis lors, elle ne grandit plus guère. En outre de cette imperfection, Rosalie était très myope, ce qui fut toujours une épreuve pour elle. Voici le portrait peu flatteur que trace d'elle son père dans une lettre qu'elle reçut de lui à l'âge de quatorze ans, au moment, il est vrai, où elle était en plein dans ce qu'on convenu d'appeler « l'âge ingrat » :

« Si au lieu d'être bougeante, inquiétante, clignotante et autre chose en *ante*, tu devenais tranquille, douce, etc., tu en serais plus aimable ; ce serait tout au profit de ton esprit. On peut penser, parler et rire sans faire mille mouvemens, et, pour la clignoterie, je voudrais que, — puisque tu as le malheur d'avoir de mauvais yeux, et que tu ne peux voir et juger qu'en faisant un mouvement disgracieux, — tu renonçasses un peu à la curiosité, que tu te traitasses en aveugle, que tu attendisses que les objets vinssent à toi, et qu'en attendant tu pensasses et parlasses de ce que tu connais. Je crois que tu gagnerais beaucoup à cette manière. Cette tête qui se jette sur les objets, ce corps qui se penche souvent pour ce qui n'en vaut pas la peine, fait toujours une impression peu agréable[Z]… »

Nous n'en sommes pas là, Rosalie n'a encore que neuf ans, mais déjà dans ses vêtements noirs, souffrant de son épaule et sentant peser sur elle sa responsabilité de sœur ainée, la pauvre petite bonne femme devait souvent froncer le sourcil. Pourtant, si Rosalie était parfois un peu « sermonneuse » avec ses frères, comme elle était tendre aussi ! combien maternelle ! Et puis, déjà elle devait avoir cet esprit de répartie, cette saveur d'originalité, cette naïveté dans les jugements que ses amis admirèrent en elle plus tard ; déjà son goût pour les fleurs et la musique devait amener des sourires sur ses lèvres, des éclairs dans ses yeux.

Rosalie eut peu d'amies à Genève. Elle ne fit partie d'aucune des *Sociétés du dimanche* qui réunissaient en petites coteries les jeunes Genevoises d'alors. Cela tient, nous dit-elle elle-même quelque part, à ce que dans ce temps-là les portes de Genève se fermaient en hiver à quatre ou cinq heures et que, lorsqu'on habitait la campagne, il était impossible de pénétrer dans la cité passé ce moment. Et puis, n'y avait-il pas autre chose ? Le père de Rosalie ne faisait-il pas un peu peur aux contemporaines de ses filles ? Enfin nous serions tentés de croire qu'on pourrait évoquer ici le refrain d'une vieille chanson :

C'est la faute à Voltaire.

Des enfants qui fréquentaient, qui coudoyaient le terrible homme ! n'était-ce pas une société dangereuse pour de petits aristocrates calvinistes ?

En effet, Mme Pictet emmenait parfois ses petits-enfants quand elle s'en allait à Ferney. Cinquante ans plus tard, Rosalie évoqua ses souvenirs sur Voltaire à la demande d'un Genevois, M. L. Simond, qui désirait y puiser des renseignements pour la rédaction de son ouvrage intitulé *Voyage en Suisse* (Paris 1822).

Cet écrit de la main de Rosalie nous apprend comment, avec ses frères et sa sœur, elle jouait dans le jardin et même dans la chambre de travail du philosophe.

« Dans ses tems de misanthropie même, nous dit-elle, il voulait toujours revoir ses anciens voisins et recevait bien jusqu'aux enfans. Il les laissait jouer dans sa bibliothèque avec un grand léopard empaillé placé au milieu, ouvrir ses livres, regarder ses estampes. Les voyant un jour ôter les hannetons d'un arbuste : — Oh ! dit-il, je suis bien heureux, je n'avais plus que deux ennemis, les Turcs et les hannetons. Catherine me tue les Turcs, vous me délivrez des hannetons[8]… »

À l'âge de huit et de six ans, c'est-à-dire deux ans après la mort de leur mère, Juste et Charles avaient été envoyés en pension à Lausanne.

C'est à ce moment que se rattache une anecdote que nous raconte Charles dans ses mémoires[9].

« Nous étions, nous dit-il, chez un ex-jésuite dont le talent consistait à faire croire aux parens que leurs enfans étaient ou des vauriens ou des sots. Il y réussissait si bien que, quoique nous fussions roués de coups et affamés, il fallut trois ans pour que mes parens fussent désabusés sur le compte de cet homme. La faim nous rendait voleurs, les coups menteurs, lâches et rusés.

« Un jour, nous étions invités chez notre tante, la marquise de Gentil, à Mon Repos, pour voir représenter *Nanine* devant Voltaire. Comme je connaissais les êtres de la maison, mon premier soin en arrivant fut de chercher de quoi manger, je trouvai un pain, la joie fut grande ; j'oublie tout, j'arrive sur le théâtre au milieu de la représentation et tenant mon pain, je crie à mon frère : « Juste ! Juste ! voici du pain ! » On juge de l'effet de ce point d'orgue. On veut savoir ce que cela signifie, j'explique que nous mourons de faim ; il était difficile de ne pas nous croire…

« De là nous fumes envoyés à Marschlins, château de M. de Salis et séminaire, à trois lieues de Coire. Je crois que je ne savais ni lire ni écrire couramment[10]… »

Pendant son veuvage qui dura cinq ans, Lalex fut encore le refuge de Samuel, non plus contre la tendresse de la pauvre Lolotte, mais contre les aigreurs de sa belle-mère.

« Depuis que mon Père fut veuf, nous dit Rosalie, il continua d'aller à Lalex tous les automnes. Il y faisait des parties de plaisir avec ses amis et sa société, et il y menait ses quatre enfans. Ce tems était donné au plaisir et faisait une trêve à ce que l'éducation a de pénible et d'ennuyeux. Là il nous laissait nous livrer, il se livrait avec nous, à toute la gaîté, à toute l'insouciance de notre âge. Tout le jour, nous courions dans les vignes et sur les montagnes, le soir il nous faisait danser au son de sa mandoline. Je le vois encore nous plaçant aux quatre coins de la chambre, j'entends l'air au son duquel nous nous mettions en mouvement. Ces heureux momens de l'automne où nous étions réunis à nos frères et à notre Père étaient attendus et promis comme une récompense, et nous ne quittions jamais Lalex sans regrets[11]. »

C'est à cette époque que Samuel reçut de Mme Denis la curieuse lettre qui suit et qui nous ferait présumer qu'il avait demandé à la nièce de Voltaire de faire son bonheur.

« Ce 29 juillet, de Paris… Vous me dites que vous êtes libre présentement, et qu'il ne tient qu'à moi de disposer *une seconde fois* de votre sort. Assurément si je le pouvais, je vous prierais de vous rapprocher de moi, mais je suis encore comme l'oiseau sur la branche… Je ne sais ce que le patron veut faire. Il parle de vendre Ferney, ensuite de ne le pas vendre, enfin j'attends ses volontés… J'ai grande envie, si je reste ici, d'y vivre en philosophe. J'ai tant vu le soleil, qu'à la fin je vois qu'il n'y a qu'une société douce qui puisse amuser et occuper un être raisonnable. Nous avons eu hier une comédie nouvelle qui a fait la culbute. Que ferez-vous cet hiver ? Vous devriez venir le passer à Paris, je serais comblée de joie…[12] »

Il ne vint pas, même il paraîtrait que Samuel s'occupait alors à autre chose qu'aux affaires de Mme Denis.

« Son cœur, nous dit encore sa fille, ne put rester longtems isolé. Il s'attacha à l'une des femmes les plus distinguées de Genève et consacra plusieurs années à lui faire partager ses sentimens[13]. »

Enfin, en 1771, il écrivait la lettre suivante à ses filles :

« Je suis bien fâché, mesdemoiselles d'être si longtems sans vous voir. Je vous prie de me donner des nouvelles de votre grand'mère et des vôtres. Dites-lui, en l'assurant de mes respects, que lui demande bien pardon d'avoir négligé de lui apprendre que le landgrave [de Hesse] avait accordé à M. Mallet une place dans son académie et 1500 florins. Mme Gallatin Vaudenet était charmée d'avoir obtenu cela à la recommandation de Mme Pictet…

« Comme je vous l'ai dit, j'ai une annonce demain, et je compte toujour aller à la fin de la semaine prochaine à Dardagny [chez les Châteauvieux] et en revenir avec une compagne qui sûrement nous rendra tous heureux. Elle aurait bien envie de voir mes filles et j'attends de vous des sentimens d'enfans qui sont bien nés[14] ».

Qui était la compagne que M. de Constant se proposait de ramener de Dardagny ?

Il est curieux que le premier portrait que nous ayons d'elle soit tracé par Charlotte de Constant, celle dont elle devait prendre la place. Voici en effet ce que nous lisons dans une des lettres à Samuel.

[1758] « Mlle Gallatin vint hier avec ses cousines. Si votre frère [Juste] en veut, qu'il vienne avec vous. Elle a le nez un peu long, mais c'est grêler sur le percil. [Expression qui, d'après Littré, signifiait exercer sa critique dans des choses de peu d'importance]. Un peu plus, un peu moins n'est pas une affaire. Elle ferait une fort brave petite femme, mais n'irait pas, je crois, demeurer à Lausanne ».

Elle y alla, y vécut et même y mourut, mais ce ne fut pas pour suivre Juste.

On raconte à propos de ce nez qui, paraît-il, était plus qu' « un peu long » qu'un jour, étant dans son salon de Lausanne, elle sonnait un domestique. Elle eut longtemps à tirer le cordon. Enfin, un rustaud apparaît et dit de sa voix lente et nasillarde : « Madame a son… né ? ».

— Par tous les diables, oui, madame l'a, son nez, vous le voyez bien, s'écrie l'époux de la dame qui n'était autre que Samuel de Constant.

Autre portrait tracé plus tard par Rosalie d'une plume dont elle s'efforce d'adoucir la pointe. Ce portrait est tiré d'un charmant récit auquel nous ferons beaucoup d'emprunts, qu'elle écrivit bien des années plus tard, à la demande de son plus jeune frère, Victor, cinquième enfant de son père, et que nous appelons *Journal à Victor*.

« Mlle de Gallatin, après avoir refusé tous les hommes qui pouvaient prétendre à elle, était restée après trente ans indépendante. Sa mère, qui connaissait ses goûts et ses ressources, lui avait conseillé en mourant de ne point se marier… Elle avait le goût de la perfection dans les détails ; sa figure imposante et agréable, ses manières nobles, attirèrent chez elle et enchantèrent un homme vivement sensible, à qui cet ensemble donnait l'idée de toutes les perfections. Elle se défendit longtems, mais enfin elle ne put s'empêcher de partager les sentimens de celui qui l'aimait avec tant de passion et de dévouement et qui l'exprimait avec tant d'esprit. Alors adieu les vœux, les convenances de fortune, passent les quatre enfans. Ils se marièrent à Dardagny, chez les parens de Chateauvieux, en 1771. »

On pourrait s'y tromper à la douceur voulue de ce style, mais Rosalie ne trouva jamais dans sa seconde mère les soins, l'indulgence que son cœur exclusif et sensitif eût désirés. S'il n'y eut pas guerre ouverte, ce fut plutôt une négation de rapports ; on se demandera souvent en lisant dans la suite la correspondance du père et des filles quel rôle jouait cette nouvelle mère, et on en viendra à conclure qu'elle jouait pour le moins un rôle fort effacé.

Dès les premières heures, le second mariage de Samuel amena aux foyers de St-Jean et de Genève plus d'amertume que de consolations. Les relations entre ex-belle-mère et gendre n'en furent point améliorées. Mme Pictet déclara d'emblée qu'elle ne voulait plus garder chez elle ses petites-filles ; finalement elle temporisa car au fond elle regrettait de s'en séparer.

La veille de son mariage, Samuel écrit ce qui suit à Rosalie et à sa sœur :

« Mes très chères filles, dans le parti que prend votre grand'mère de vous renvoyer hors de chez elle, je ne vois d'abord que le plaisir de vivre avec vous. Je vous aime, aux défauts de votre âge près, je vous trouve de bons et aimables enfans, je vous promets que je ferai tout ce que je pourrai pour que nous soyons heureux ensemble, ce sont aussi les sentimens de Mlle Gallatin, vous trouverez en elle une bien bonne amie et une mère tendre. Cette espérance [lisez : cette illusion d'amoureux] m'a attaché à elle autant que toutes ses autres qualités… Je vois aussi, mes chères filles, dans cette séparation [d'avec Mme Pictet] tout ce que vous aurez à souffrir, vous aimez votre grand'mère et vous avez pour elle la tendresse et le respect que vous lui devez par tant de raisons, vous ne pouvez vous séparer d'elle sans chagrin et sans désespoir ; j'espère bien que vous le sentirez et que vous le lui témoignerez. Ne négligez rien pour obtenir d'elle sa bénédiction. Dans tout ce que je vous ai conseillé, mon but a été de former vos sentimens et il serait cruellement manqué si vous n'avez pas pour elle les plus grands respects… »

Voilà « le chevalier du bon ton » qui reparaît dans toute sa grandeur, voilà ce qu'on peut appeler par excellence *la lettre du gendre* digne de figurer dans le *Manuel de la correspondance ou recueil de lettres pour toutes les circonstances de la vie.*

Malheureusement ce style respectueusement louangeur ne se soutient pas.

Les nouveaux époux s'établirent à la rue de l'Hôtel-de-Ville, maison Argand, où leurs filles les rejoignirent plus tard.

Du même aux mêmes : « Je n'ai point pu vous envoyer chercher ni hier ni avant-hier et je ne sais point quand je le pourrai. Le fait est qu'il ne me convient point de vous envoyer chercher dans ce moment, et je prendrai celui qui me conviendra. Vous étiez hier dans le carrosse de votre grand'mère, elle peut vous renvoyer quand il lui plaira, vous serez toujours bien reçues, votre chambre vous attend. Il ne faut renvoyer vos maîtres que quand vous serez bien sûres de revenir ».

Idem. « Je suis très content, mes chères filles, que votre grand'mère n'envoie personne et surtout aucun de ses domestiques chez nous. Quand vous aurez des réponses à me faire, vous pourrez les envoyer chez les demoiselles

Albanel, marchandes de modes à la Fusterie, où nous faisons prendre nos lettres de Suisse, et moi j'enverrai les miennes toujours chez Barbier. Ce sera l'occasion de vous exercer pour l'écriture et pour l'orthographe dont Mlle Lisette a fait beaucoup de fautes dans cette dernière. De plus je vous verrai quand il me plaira de me donner cet honneur et ce plaisir, et comme j'en suis très impatient je vous enverrai prendre avec le cabriolet jeudi, à dix heures, et je me donnerai aussi les airs de vous renvoyer quand il me plaira. Je suis extrêmement friand de mon pouvoir paternel. L'arithmétique est bien écrite, il n'y a point de barbouillage, mais il y a plusieurs fautes. J'ai fait des croix sous les chiffres qui ne sont pas bien, il faudrait repasser les comptes et corriger les fautes. Lis toujours, ma chère Lisette, je t'en supplie… »

Les fillettes se transportèrent enfin en ville, mais pour peu de temps, et une saison à Lalex intervint tout à propos pour aider à ces débuts un peu pénibles.

Empruntons ici une page au *cahier vert* :

« Lorsque notre Père se remaria et que nous eûmes quitté notre grand'mère Pictet pour demeurer chez lui, nous allâmes ensemble passer l'été à Lalex. Mon Père était heureux alors et jouissait de ces premières illusions d'un mariage d'inclination qui répandent un charme sur tous les objets. Ma belle-mère était alors bonne et aimable pour nous. Son mari et les enfans de son mari étaient ses premiers objets d'intérêt et d'affection, et la vivacité de ses sentimens suppléait aux défauts de son caractère. Nous nous occupâmes d'abord à arranger et à orner la maison qui devint charmante dans sa simplicité rustique par le goût et la propreté qui la paraient. Nos amis et nos parens vinrent souvent nous y voir. L'été et l'automne se passèrent en promenades sur les montagnes, sur le lac, en petites fêtes domestiques. Nous étions, ma sœur et moi, dans cet âge heureux où le bonheur est facile, où aucun sentiment trop vif, aucune idée inquiétante ne trouble encore les jouissances du moment. À quelques nuages près, nous étions tous heureux et nous en aimions davantage. Jamais je n'oublierai cette saison, peut-être la plus heureuse de ma vie… »

Ici se place un grand événement dans la vie de Rosalie et de sa sœur. Les deux enfants allèrent passer l'hiver 1772-73 à Paris avec leur grand'mère. Le principal but était de faire redresser la taille de Rosalie par l'ami de leur père, le Dr Tronchin, qui venait de quitter Genève pour Paris.

On sait que le traitement ne réussit guère. Heureusement le voyage fut plus profitable à Rosalie quant au développement de son esprit.

Le 7 décembre, quatre jours après le départ des voyageuses, son père, toujours soucieux de sa bonne éducation, lui écrivait :

« Tâche de bien voir, emprunte souvent les yeux de ta sœur. Je ne vous recommande que de vous occuper du but de votre voyage, de revenir grandes filles. On exigera beaucoup de ces demoiselles qui reviennent de Paris. J'ai écrit à M. Tronchin[15] ! »

Du même : « Mes très chères filles, toutes vos lettres nous ont fait un plaisir bien vif, d'abord parce qu'elles nous ont donné de bonnes nouvelles de vous, et ensuite parce que je les trouve écrites comme je les souhaite, naturellement et amicalement. Ta bonne petite âme, ma chère Lisette, s'y était bien peinte. Vous avez peu d'amis, peu de parents, c'est-à-dire que peu de personnes sont appelées à vous aimer et à vous supporter ; vous n'aurez donc d'existence que par vos bonnes qualités.

« Ce que je te recommande, ma chère Rosalie, ce sont tes tablettes. Mets-y tout, je t'en supplie, même tes petites observations sur ce que tu verras. Vous êtes logées dans un quartier charmant et où il y a bien des choses à voir. N'allez-vous pas vous promener bien aisément dans le jardin du Palais-Royal ? Rosalie, je partage souvent ton chagrin sur ta vue basse. Je renvoie ma curiosité et mon intérêt sur ta taille lorsque je te reverrai, jusque là, je ne veux ni craindre ni espérer. M. Tronchin m'a répondu avec beaucoup de bonté sur toi et je me confie dans ses soins, je voudrais pouvoir dire sur ton attention, mais tu sais bien que ta négligence et ton inquiétude ont toujours été nos chagrins.

« Pense quelquefois, ma fille, qu'il n'y a plus un seul moment à perdre. Dieu veuille exaucer nos prières et nos espérances là-dessus. Je me confie dans l'avenir et je ne cesse de t'exhorter à penser continuellement à toi et à tout ce qui peut t'être bon. Encore un an ou deux et tout sera dit là-dessus pour la vie. Souviens-toi bien que ton sort sera le mien.

« J'ai négligé de vous communiquer la mort de Mme d'Hermenches, ma belle-sœur. Elle est morte, il y a quinze jours, subitement, en prenant du thé chez Mme de Watteville. Tu devrais peut-être écrire à Constance, elle est chez son père, à Hermenches. »

Il faut dire, pour expliquer ce peu d'attendrissement sur un deuil de famille, que M. et Mme d'Hermenches vivaient séparés depuis longtemps.

Malgré ce que dit M. de Constant sur les mauvais yeux de Rosalie, celle-ci y voyait encore assez clair pour une jeune fille de quatorze ans et demi. On en jugera par les extraits suivants des « tablettes » susnommées qui, heureusement, nous ont été conservées. C'est la première œuvre en date que nous ayons d'elle, et ce qui donne surtout du prix à ce petit cahier cartonné que nous avons sous les yeux, c'est qu'il contient un journal écrit en 1772 et 73, c'est-à-dire sous le règne de Louis XV. Le style de Rosalie n'a pas encore la vivacité qu'il acquit plus tard. Très soumise aux recommandations de son père, elle *note* tout ce qu'elle voit, mais sans laisser assez, selon nous, la bride à son imagination poétique. Ce qui nous plaît le plus dans ces pages, ce sont les remarques naïves et enfantines qui tombent assez souvent de la plume de notre voyageuse.

Le Paris d'alors ne ressemblait guère à celui d'aujourd'hui. Pour les demoiselles de Constant, comme pour les étrangers et provinciaux de tous les temps, c'était la ville des plaisirs et du luxe ; et, déjà en 1772, un des principaux attraits était les boulevards, mais combien différents des boulevards de nos jours ! N'en prenons pour exemple que cette description, trouvée quelque part dans les *tablettes*[16] de Rosalie.

« Les boulevards sont une promenade plantée de quatre lignes d'arbres et qui fait le tour de Paris. Cette promenade de six lieues de long est bordée de caffés, d'endroits où l'on voit différens spectacles. L'hiver tout cela est fermé, mais cela doit être charmant pendant la belle saison ».

Parties de St-Jean le 3 décembre 1772, en compagnie de leur grand'mère et de trois autres dames de Genève, nos voyageuses atteignirent Paris le 9 au soir et eurent grand'peine à s'y loger. Enfin elles trouvèrent place dans un hôtel garni appelé *Hôtel de Bayonne,* rue St-Honoré, en face de l'Opéra.

Nous ne ferons plus guère maintenant que transcrire ce que contiennent les tablettes.

« Nous nous amusions beaucoup à voir la beauté des équipages et la parure des femmes qui entraient à l'Opéra. »

Comme aujourd'hui, la première course d'une femme fraîchement débarquée dans la capitale de la mode était destinée aux emplettes. Mais où se rendait-on pour cela en 1772 ? Le charnier des Innocents ! tel était le *Bon Marché* du temps.

« Le lendemain, nous allâmes au charnier des Saints-Innocens faire quelques emplettes. C'est une longue allée autour d'un cimetière où, d'un côté, il y a des lingères et de l'autre des boutiques de mode… »

Là, Mme Pictet et ses petites-filles prirent un fiacre et allèrent un peu se promener pour voir les rues de Paris, puis chez Audino, un fort joli spectacle où des enfants jouent des pantomimes et dansent des ballets.

« Le 14, nous allâmes sur la place de la Grève où se tient tous les lundis une foire de vieux habits, rubans, linge, etc., que l'on nomme la foire du St-Esprit. »

Décidément les chiffons ont toujours eu de l'attrait pour les femmes, qu'on les trouve sur une place de foire ou dans la vitrine d'un élégant magasin.

Le spectacle aussi attirait les filles de Samuel et de Charlotte. Après le spectacle enfantin d'Audino, on en goûta de plus sérieux. Ces demoiselles avaient retrouvé à Paris plusieurs amies de leurs parents MM^{mes} de Luchet, Favre, Necker, Des Barry, Diodati, de la Richardière, MM. de Lacorbière, Tronchin, de Flavigny, etc. La première nommée est Mme de Vermenoux qui, on le sait, aurait pu, avant Mlle Curchod, sa dame de compagnie, devenir Mme Necker. Mme de Vermenoux offrit de suite aux jeunes filles de les conduire dans son carrosse à l'Opéra ; ce fut elle aussi qui leur organisa des leçons de danse.

« Nous fûmes aux secondes loges, la salle est superbe, toute dorée et parfaitement illuminée. Elle a quatre rangs de loges. La musique en est française, on y danse des ballets charmans, les habits des danseuses et danseurs sont des plus galans et des plus riches. La parure des femmes aux premières loges était excessive, elles sont couvertes de diamans. On jouait ce soir-là *Adèle de Ponthieu*, opéra nouveau que l'on n'a pas trouvé bon, mais qui nous fit le plus grand plaisir, n'ayant jamais rien vu de pareil. »

Mme de Vermenoux devait bien s'amuser de ces petites provinciales venues à l'opéra pour écouter la musique et suivre l'intrigue du libretto !

Ces dames ne pensent pas seulement aux spectacles, elles remplissent aussi leurs devoirs religieux.

« Dimanche 20, été à l'hôtel de Hollande où habite l'ambassadeur. Ses chapelains y font un sermon pour les protestans ».

Et puis vite on revient aux boutiques ; c'est décidément ce qui, pour l'heure, intéresse le plus ces demoiselles.

« Le 23, nous avons pris un fiacre pour parcourir la Halle ; c'est un quartier de Paris où l'on vend toutes sortes de choses. Il y a plusieurs rues, et dans les unes on ne vend que des meubles, dans une autre que des friperies, des rubans, etc.

Le 25 [jour de Noël], nous fîmes la partie, avec nos compagnes de voyage, Mme Favre leur sœur, et M. Lacorbière, d'aller à la messe de minuit dans l'église de Notre-Dame, cathédrale de Paris. Le lendemain soir, nous sommes allées à la Comédie italienne ; on jouait *Le Tuteur trompé* et *Le Déserteur*, dont la musique est charmante. »

Le 31, dernier jour de l'année, il fallait faire quelque chose de spécial. Or, Rosalie nous apprend que la coutume était d'illuminer cette nuit-là le Palais de Justice.

« Nous y allâmes avec Mme de Luchet. Les salles qui servent de vestibule sont garnies de boutiques de bijoutiers, de quincailliers, de mode, etc. Il y avait une grande foule. Nous nous engageâmes dans une des galeries où l'on était si serré qu'on étouffait. En sortant, nous nous perdîmes et ne pûmes retrouver notre carrosse… »

« Les premiers jours de janvier, nous sortîmes très peu. Nous prenions quelquefois un fiacre le soir et nous allions nous promener devant les boutiques au quai de la Volaille ou voir Mme Favre et ses sœurs. »

On allait aussi sûrement chez M. Tronchin pour travailler sur la pauvre épaule. Rosalie n'en parle jamais dans ses tablettes, pourtant le traitement se poursuivait.

Un jour « nous fîmes la partie d'aller avec ces dames à Saint-Denis. En passant, nous nous arrêtâmes dans la campagne de M. Necker, à Saint-Ouen. À Saint-Denis, ce qu'il y a de remarquable est l'Abbaye, où l'on enterre les rois de France et leurs familles. Je me sentis pénétrée de respect en entrant sous ces voûtes. Des moines nous montrèrent les tombeaux des rois. Ils sont représentés dans leurs habits royaux, couchés sur leur tombe. La plupart sont mutilés. Les plus beaux sont ceux de François premier, de Louis 12, de Henri 3 et de Catherine de Médicis, ce qui nous indigna beaucoup. Il y a un caveau où on enterre la maison de Bourbon. À côté sont deux lits de parade de velours noir, l'un pour Louis 13 et l'autre pour Louis 14.

« Quand nous eûmes vu tout ce qu'il y avait à voir, M. Favre nous mena malgré nous dans un mauvais cabaret où nous dînâmes fort mal. Après dîner nous allâmes voir le trésor de l'abbaye, un grand nombre de manteaux royaux, de couronnes d'or, des reliques, des châsses d'or où sont renfermés les os de quelque saint, des croix, des calices, des médailles, une quantité de pierreries, de perles fines… tout cela est très riche, très curieux.

« Le 17, nous prîmes un carrosse de remise pour nous promener aux Tuileries ; c'est une des plus belles promenades de Paris ; elle se termine par la place de Louis 15, qui n'est pas encore achevée et qui sera superbe. Sa statue à cheval est au milieu. Le même jour après dîner [on dînait à midi], nous eûmes envie d'aller à la Muette, petite maison royale. Nous traversâmes Passy, qui est un beau village. C'est à la Muette que le Roi se repose lorsqu'il chasse dans le bois de Boulogne. L'appartement du Roi est meublé de damas vert, couleur de rose et blanc et orné de belles glaces ; celui de Mme du Baril[17] est le plus joli de tous, il a un damas couleur de rose et blanc. Nous allâmes ensemble nous promener dans le bois de Boulogne ; il doit être charmant l'été. Il y a des guinguettes de place en place, on y fait des promenades, on y danse. Nous revînmes par la plaine des Sablons…

« Le lendemain, dîné chez Mme de Vermenoux, je m'y ennuyai assez. C'est à la rue neuve des Petits-Champs, qui n'est pas belle. »

Passons à quelques étranges visites dont une mère de notre siècle priverait certainement ses filles âgées de 13 et 14 ans.

« Le 21, nous sommes allées à Bicêtre, qui est une maison de force et un hôpital. Comme Mme Favre connaissait Mme la supérieure, nous fûmes introduites chez elle. Elle allait se mettre à table et nous offrit à dîner, ce que nous n'acceptâmes pas. Nous vîmes d'abord les prisonniers qui travaillent à de fort jolis ouvrages de paille, puis les fous qui étaient dans une autre cour. Ceux qui n'étaient pas enchaînés vinrent nous offrir le bras et voulaient nous faire tout voir. D'autres faisaient des cris affreux. Nous sortîmes de là le plus vite que nous pûmes, c'était un triste spectacle. »

En effet. Mieux aurait valu, dira une sage matrone du XXme siècle, n'y être pas entrée que d'en sortir précipitamment.

Pour se réconforter, on s'en va dîner « dans une guinguette du faubourg Saint-Jacques, nommée *Le bon Laboureur.* » Mais ensuite, la grand'mère ramène-t-elle chez elle ses petites-filles un peu nerveuses ? Nullement.

« Nous remontâmes en carrosse pour aller à la Salpêtrière, qui est un hôpital immense. »

Il est vrai qu'à ce moment on n'y traitait pas encore les hystériques et qu'on ne conduisit ces demoiselles que dans les salles où se trouvaient les enfants trouvées.

« Nous allâmes voir les chambres de travail, on voit dans une salle fort longue au bout de laquelle est un autel cinq cents jeunes filles qui travaillent à de superbes broderies en chantant des hymnes. Ce serait intéressant à voir si elles étaient tenues un peu proprement, mais elles sont assez dégoûtantes… En sortant, nous vîmes une enfant qui nous intéressa beaucoup, elle était fort jolie et habillée plus proprement que les autres, elle nous fit mille caresses et nous pria de ne pas la mépriser avec tant de grâce que nous ne pûmes nous empêcher de lui donner mille bénédictions. Je désirai bien dans ce moment qu'il me fût permis de l'emmener avec nous et de lui faire tout le bien qu'elle méritait. »

Cette remarque enfantine tombée de la plume de Rosalie nous repose un peu des fous enchaînés et des monuments visités en conscience. Voici encore un récit qui plaît, car on y retrouve bien les enfants que devaient être Rosalie et Lisette.

« Le 24, nous allâmes voir Audino. Il y avait un monde prodigieux. Nous étions à côté d'une dame et de sa fille avec qui nous liâmes conversation, mais ce qui m'étonna, c'est que la mère était mise en jeune et la fille en vieille. La mère prenait un air vif et enfantin pendant que sa fille était froide et avait l'air sévère. Je m'amusai beaucoup, on jouait *Le Petit Poucet, le Dénicheur de merles* et *Anidelle de Pontoise*, une parodie de l'opéra d'*Adèle de Ponthieu*, que nous avons entendu. Elle est très comique et mêlée de jolis ballets. »

Ce récit-là est bien frivole et fera peu de plaisir au père, mais voici une description de la Bastille et de la Sorbonne qui est digne de passer sous ses yeux.

« La Bastille est une prison d'État. On ne peut la regarder sans horreur. C'est un grand bâtiment très fortifié et flanqué de sept tours. On n'aperçoit que cinq ou six petites fenêtres. Elle est d'une couleur noire qui en augmente la tristesse. Nous fûmes longtemps à la regarder. Les réflexions qu'elle nous suggérait n'étaient pas gaies. Nous pensions à la quantité de malheureux renfermés dans ce triste séjour.

« Le même jour, à l'église de la Sorbonne, dont le portail d'ordre corinthien est très beau. Ce qu'il y a de plus curieux dans cette église est le tombeau du cardinal de Richelieu. On ne peut rien voir de plus beau ny de plus vrai. Il est dommage d'avoir fait un si bel ouvrage pour *éterniser* un si méchant homme, cependant tout le monde est bien aise de le voir là. La statue du cardinal mourant est à demi-couchée. La religion le soutient et le console, les sciences sont représentées au pied de leur protecteur et pleurant sa perte. Nous l'examinâmes longtems, il me fit le plus grand plaisir, je crois que je ne pourrai jamais l'oublier. »

Non contente d'avoir ainsi rempli ses tablettes, Rosalie le même jour écrivit à son père une lettre qui eut l'heur de le satisfaire pleinement, car voici ce qu'il y répondit :

« Je suis toujours plus content de tes lettres, j'en serais même très fier si elles étaient mieux peintes [écrites]. Je vois avec plaisir que vous sentez les belles choses. Je le juge par ce que vous me dites du tombeau du cardinal de Richelieu, qui n'est bien frappant que pour ceux qui sentent les vraies beautés[18]. »

Dans cette même lettre à son père, Rosalie racontait un événement dont elle ne dit mot dans ses tablettes, mais qui dut pourtant fort agiter les jeunes filles. Dans une foire quelconque ou bien à la bourse, les sœurs avaient mis à la loterie et gagné 300 francs ! Quelle aubaine ! Tout de suite, on fait mille projets, on voit dans les boutiques les jolies choses qu'on pourra rapporter à la belle-mère, envoyer aux pensionnaires de Coire. Et puis, dit Rosalie, nous pourrons aller une ou deux fois de plus à la Comédie, cela ne déplaira pas au Père. Vite contons-lui notre bonheur...

Par le retour du courrier arrivent les félicitations... et le rabat-joie.

« Nous avons bien partagé le plaisir que vous a fait votre lot. Dieu veuille que vous soyez toujours heureuses. Il faut être content de ce petit bonheur et faire durer la jouissance tant que vous pourrez. Et à cet égard, j'ai des défenses très positives à vous faire. Ce n'est pas le Pi qui vous parle dans ce moment, c'est votre Père, à qui vous ne pouvez désobéir sans péché. [Le Pi, c'était le papa des bons jours, le compagnon des jeux et des joies]. Je vous défends expressément, et sous peine de me faire le chagrin le plus vif, de rien acheter ni pour moi, ni pour votre maman, ni pour vos frères. Si par hasard vous avez déjà fait quelques emplettes, je vous ordonne de les revendre ou de les troquer et que nous n'en entendions plus parler, je vous en prie. C'est bien d'y avoir pensé, mais ce sera encore mieux de m'obéir. Je vous conseille d'abord, mes chères filles, d'en destiner 12 ou 18 francs pour une charité. Il ne faut pas les jeter à la tête du premier pauvre, mais les donner à la première occasion bonne et intéressante. Ensuite, je vous conseille de garder le reste pour vous faire un fonds de bourse qui se trouvera dans quelque circonstance agréable et importante. Ainsi gardez et rapportez tout ce que vous pourrez. S'il vous convient d'acheter quelque chose de bon et d'utile, vous pourrez bien y employer deux ou trois louis, mais que ce ne soit point d'enfance, je vous en prie. Ce n'est point à vous à vous payer le maître à danser ni le dentiste…, apprenez surtout à marcher, à entrer et saluer, à former votre contenance. Il ne faut pas non plus négliger le dentiste, ce serait une faute capitale que de revenir de Paris sans s'être fait accommoder la bouche, je le paierai s'il le faut.

« Pourquoi ne me dis-tu rien de ta taille, ma chère Rosalie ?… N'entendez-vous point parler de la tragédie de M. de Voltaire ? elle doit bientôt se jouer et j'espère que vous la verrez. Je ne désapprouverai point que vous employassiez un peu de votre lot à aller au spectacle, ce sont vos affaires. »

Nous arrivons à un moment fort intéressant dans le voyage : trois ou quatre jours passés à Versailles. Dans ce temps-là, on n'y allait pas tout voir en une après-midi comme aujourd'hui ; c'est qu'il y avait, en plus du Palais à visiter, ses habitants qui se trouvaient être un Louis XV, une dauphine qui s'appelait Marie-Antoinette, accompagnés de toute leur famille, sans oublier Mme Du Barry.

« Le dimanche 31 janvier, nous sommes parties pour Versailles à huit heures du matin avec M. de Flavigny. Sur le chemin nous rencontrâmes beaucoup de voitures qui y allaient, surtout beaucoup de pots de chambre. Ce sont des espèces de fiacres qui partent dès qu'il y a quatre personnes dedans. Beaucoup de gens de la cour les prennent. Nous arrivâmes à dix heures. Le chemin qui conduit à Versailles est superbe, planté de deux lignes de beaux arbres de chaque côté.

« Le château est d'une magnificence excessive, nous ne pouvions nous lasser de regarder et d'admirer.

« Nous descendîmes de carrosse dans la première cour, nous vîmes les gardes françaises et les gardes suisses qui descendaient la garde avec une belle musique. De là, on nous conduisit à la chapelle qui est d'une beauté surprenante… toutefois les peintures où l'on voit Dieu ne me font jamais un grand plaisir, parce qu'il me semble qu'elles rabaissent l'idée que j'ai de la divinité. Nous avions grande envie de rester pour entendre la messe du roi où il y a une musique superbe, mais on nous dit que l'on ne pouvait se dispenser de se mettre à genoux, et nous aimâmes mieux nous en passer [ô huguenotes !].

« Nous allâmes voir les grands appartemens… puis la salle du trône, où le roi reçoit les ambassadeurs en cérémonie. Elle est meublée d'une moire d'argent brodée en or. On y voit un trône élevé sur deux marches et couvert d'un dais de la même étoffe…

« De là nous entràmes dans le salon de Mars qui est très beau, puis dans le salon d'Hercule, enfin dans la grande galerie. Elle est d'une si grande beauté que je pouvais à peine croire ce que je voyais. Je m'imaginais être dans un enchantement.

« Nous y étions depuis quelque tems quand vint à passer la Dauphine qui allait au lever du roi. Elle est très jolie, blonde et fort bien faite, elle a un air gai, vif et noble qui plaît beaucoup. Elle était vêtue d'un habit de cour fond or avec une belle garniture de martre zybeline, la gorge et les épaules nues, et une quantité de diamans. Des dames d'accompagnement aussi en habit de cour la suivaient. Ces habits sont justes à la taille et découvrent la gorge et les épaules, ils ont des paniers immenses et une queue extrêmement longue. Elles portent aussi une petite coiffure de gaze noire avec des barbes pendantes.

« Peu après, nous vîmes passer le Roi qui allait à la messe, suivi de ses pages et de beaucoup de seigneurs. Il est grand et brun, a l'air majestueux, le regard perçant et noble. Il avait un grand manteau rouge avec une croix du Saint-Esprit. Nous le vîmes revenir et de là nous allâmes voir dîner la Dauphine. Elle dîne dans une salle meublée de Gobelins et ornée de beaux lustres de cristal. Le Dauphin et la Dauphine sont à côté l'un de l'autre. Le Dauphin est d'une taille médiocre, il se tient mal, il est brun et pâle et a d'assez beaux yeux noirs. Il avait un habit de velours cramoisi, paremens et veste d'or, et une belle agrafe de diamans qui tenait son cordon bleu. Ils furent assez gais et badinaient ensemble. Il y eut de beaux surtouts au dessert. Des dames de la cour et des chevaliers d'honneur les servaient. Plusieurs duchesses sont assises autour de la table sur des tabourets. La Dauphine leur parla souvent, et quand elle eut dîné, elle alla faire un petit compliment à chacune.

« Quand nous eûmes vu cela, nous allâmes dîner dans un hôtel garni, et après, passer la soirée chez Mme le Gendre.

« À neuf heures, nous allâmes voir souper le Roi, qui soupe tous les dimanches en public avec ses enfans. La salle où il soupe n'est pas belle. Tout autour, il y a des bancs et une barrière pour ceux qui viennent voir le grand couvert. Nous étions fort bien placées et il y avait beaucoup de monde. Dès que le Roi entra tous se levèrent. La famille royale est à une table en fer à cheval. Le Roi était en haut, le Dauphin à sa droite, la Dauphine à sa gauche. À côté d'elle était la comtesse de Provence qui n'est point jolie. Elle est brune, petite et boiteuse, et a de fort beaux yeux. Elle était vêtue en habit de cour de gaze d'or, avec de la martre, beaucoup de diamans, et de superbes dentelles. Vis-à-vis d'elle est le comte de Provence, il est assez grand, un visage rond, des yeux enfoncés. Il avait un habit rouge brodé en or, et des diamans. Après eux étaient Mesdames de France, filles du roi. Mesdames Adélaïde et Sophie étaient à côté du comte de Provence et Madame Victoire à côté de la comtesse. Elles ressemblent toutes au roi, sont fort grasses et superbement vêtues. Il y avaient une quantité de mets qui paraissaient excellens. Les officiers qui les servaient étaient dans le fer à cheval. Derrière le Roi étaient ses seigneurs et ses gentilshommes de la chambre. Derrière les princesses étaient les dames d'honneur sur des tabourets. Il n'y avait que le Roi qui eût un fauteuil ».

À entendre toutes ces descriptions, on ne se douterait pas qu'on a affaire à une myope à laquelle son père a recommandé de renoncer à voir et de se considérer comme une aveugle.

« Ce souper ne fut pas bien gai, quoiqu'il fût superbe et servi en vaisselle d'or. Le Roi parla un peu avec le duc de Fronsac et n'adressa point la parole à ses enfans. La Dauphine et la comtesse de Provence se parlèrent à l'oreille. Pour Mesdames et les princes, ils ne furent occupés qu'à manger de très bon appétit.

« Quand ils eurent fini, le Dauphin donna à laver au Roi et ils sortirent. On offrit les glaces du dessert aux dames qui étaient là pour voir. Je les trouvai bien bonnes.

« Le lendemain [Ier février], visité de bon matin plusieurs maisons royales. Nous fîmes la route dans le parc de Versailles que nous n'avions point vu la veille à cause de la pluie. Il y a des bosquets délicieux et de belles pièces d'eau…

« Le petit Trianon est un petit palais que Louis 15 a fait bâtir. La chambre du roi est meublée d'une tapisserie bleue et argent. L'appartement de Mme du Baril[19] est galant. Il est meublé d'un beau damas des Indes, le lit de même étoffe est dans une alcôve au fond de laquelle est une grande glace, qui tient toute la largeur, ce qui fait un joli effet.

« Entre la chambre du Roi et celle de Mme du Baril, il y a un cabinet de marbre blanc, fort bien sculpté. Dans le mur on a taillé une espèce de potager pour faire du caffé. C'est là où le Roi et sa maîtresse vont déjeuner. C'est un des grands plaisirs du Roi que de faire son caffé lui-même. La mode s'en est établie et, à Paris, presque tout le monde fait son caffé.

« Dans les jardins il y a des serres chaudes où croissent des primeurs que l'on sert sur la table du Roi. Vu la ménagerie… et la volière…, puis été à Marli qui est une des plus jolies maisons royales. Elle est bâtie dans un fond, on y arrive par une belle avenue. Le château est grand et carré… L'appartement de Mme du Barri[19] est charmant, dans toutes les maisons royales que j'ai vues, le sien est le plus élégant. Le lit est d'une élégance *enchantée*, d'un damas rose, vert et blanc, à la sultane. C'est un pavillon soutenu par quatre colonnes torses dorées et sculptées. Les rideaux sont rattachés autour avec des guirlandes de fleurs. On ne peut rien voir de plus joli. Autour du château il y a trois salles de charmille avec des statues de marbre. En face sont les cascades ; on voit un grand bassin de marbre et, comme le terrain monte, les deux côtés vont en s'élevant ; cela fait un amphithéâtre.

« Tout autour du jardin, il y a douze petits pavillons quarrés, joints ensemble par des berceaux de feuillage, c'est là où logent les seigneurs qui accompagnent le Roi[20]. »

« Après le dîner dans une auberge du village de Marli, nous allâmes voir la machine, ouvrage merveilleux de Louis 14, pour faire remonter l'eau de la Seine à Marli et à Versailles. Nous montâmes par les rouages, ce qui est un chemin fort difficile, à Louvecienne, maison de plaisance qui était à Mme la comtesse de Toulouse, belle-fille de Louis 14. Louis 15 l'a achetée et l'a donnée à Mme du Baril. Il y a fait bâtir un pavillon qui est un palais enchanté et qui a coûté deux millions…

« Le 2 février, nous nous rendîmes de bonne heure dans la galerie pour voir passer la procession des cordons bleus qui se fait toutes les années. Ce jour-là, il y avait un monde prodigieux, ce qui est fort drôle à voir.

« Tous les cordons bleus défilent deux à deux pour aller à la chapelle en habits de cérémonie. Ce sont de grands manteaux de velours noir, dont les devants sont d'or. Sur le côté est brodée en argent une grande étoile du Saint-Esprit. Le cordon bleu est pardessus. Ils tiennent à la main un chapeau garni de plumes. Au milieu de la procession, étaient deux cardinaux en soutanes écarlates avec de grandes doubles croix d'or. Après eux venaient d'autres ecclésiastiques vêtus de violet avec des surplis de dentelles. Nous remarquâmes entre autres l'abbé Terrai[21], le contrôleur général des finances ; il est remarquable par la haine que toute la France a pour lui, et par tout le mal qu'il fait. Il est affreux et a l'air sournois et méchant.

« Comme Mme de Queres qui était avec nous est fort belle, elle fut regardée et saluée de toute la procession. Plusieurs seigneurs s'arrêtèrent même pour la considérer.

« À la queue de la procession, viennent le comte d'Artois, petit-fils cadet du Roi, le comte de Provence et le

Dauphin. Après eux sont deux hommes qui portent des masses d'or. Le Roi vient ensuite mis comme les autres cordons bleus, il avait l'air fatigué et ennuyé.

« Nous profitons du temps qu'ils sont à la messe pour aller voir les appartemens du Roi. Ils sont superbes… De là nous passons à ceux de la Dauphine. Son salon de jeu est meublé d'une tapisserie des gobelins, les sièges sont de velours avec des crépines d'or. Sa chambre à coucher est meublée d'une tapisserie fond cramoisi brochée en or, sa toilette est de vermeil richement travaillée, couverte d'un tapis de velours rouge où ses armes sont brodées. À droite et à gauche de son lit, sont les portraits de l'empereur et de l'impératrice-reine, ses parens. L'appartement du Dauphin est le moins beau du château, celui de la comtesse de Provence le plus élégant, il est meublé de satin blanc sur lequel sont brodés des bouquets en chenilles, très naturels. Il y a une belle toilette d'argent doré et de superbes porcelaines de Sèvres, cela est très brillant.

« Après le retour de la procession, tous les princes sont allés dîner et nous vîmes d'abord celui du comte d'Artois. Il mange dans sa chambre à coucher qui est meublée de damas cramoisi et a deux lits. Il est le plus joli prince de toute la famille, il ressemble au Roi, il est blond, a de beaux yeux noirs, le nez aquilin, l'air noble et vif. Il parlait beaucoup avec des officiers qui étaient là. Son dîner n'était pas bien beau, et on le faisait expédier plus vite qu'il n'aurait voulu.

« Au dîner du comte et de la comtesse de Provence, ce sont les mêmes cérémonies que chez la Dauphine, mais ils n'ont pas l'air si gai, ni de si bonne amitié. Ils ne disaient rien à personne. Pendant que nous y étions, il vint deux des plus belles femmes de la cour, Mme de Brionne et Mme d'Egmont, auxquelles on donna des tabourets, on les regardait beaucoup plus que ceux qu'on était venu voir. Elles étaient en habit de cour noir, ce qui leur allait à merveille.

« Nous passâmes ensuite chez Mesdames sœurs du Dauphin. Mme Adélaïde a treize ans, elle est blonde et serait assez jolie si elle n'était pas d'une grosseur prodigieuse. À sa taille on la prendrait pour une femme de 40 ans. Elle avait un habit de cour fond or avec beaucoup de diamans. On l'appelle le gros Madame. Mme Élisabeth a neuf ans, elle est très jolie, blonde, l'air leste et vif. Elle avait une robe juste, fond argent et était coëffée avec une toque de diamans. Elles dînaient elles deux. Leur gouvernante, Mme la princesse de Guimenée les servait et ne les laissait pas manger à leur faim.

« Le Roi dîne toujours en particulier avec Mme du Baril.

« En quittant ce beau séjour du Roi de France, nous fûmes bien surprises de trouver des mendians déguenillés qui demandaient l'aumône dans les escaliers du château, cela nous révolta beaucoup.

« Nous allâmes dîner chez Mme Legendre, nous en avions grand besoin, après avoir vu passer devant nous tant de bonnes choses. Je m'y amusai assez. Nous y restâmes jusques au soir que nous montâmes en carrosse pour retourner à Paris. En passant sur la place d'armes nous rencontrâmes Mme du Bari dans son carrosse avec Mme de Montmorenci et Mme de Rose. Elle est extrêmement jolie, elle était en habit de cheval, ouvert devant. Son carrosse est des plus élégans, bleu avec des moulures d'argent et de belles peintures. Ses laquais sont en bleu galonnés d'argent. Ses six chevaux sont lestes et fringans, ils sont isabelles et les brides, harnais, etc., bleus et argent. Elle est extrêmement haïe à Paris et à Versailles, on lui attribue tout le mal qui arrive en France, et on dit qu'elle est d'une très basse naissance et dépense prodigieusement au Roi. Le Roi est aussi fort haï de ses sujets, soit à cause de sa faiblesse, soit à cause des mauvais ministres qu'il a choisis ou des grandes dépenses qu'il fait pour Mme du Baril, mais par contre le Dauphin et la Dauphine sont chéris de tout le monde.

« Nous sommes arrivées à Paris à huit heures du soir. Le lendemain, nous ne sommes point sorties, je me suis amusée à écrire mon voyage à Versailles. »

En revenant à Paris, nos voyageuses avaient encore à y voir bien des choses et, certes, elles ne perdirent pas leur temps pendant les six ou sept semaines qu'elles y restèrent encore. À côté des séances chez le Dr Tronchin, ces demoiselles étaient constamment en course soit avec leur grand'mère, soit avec quelque amie. En les suivant au jour le jour on trouvera peut-être que le récit de Rosalie est écrit dans un style un peu monotone, et cependant, par le fait que notre jeune voyageuse passait constamment du sérieux au plaisant, ses tablettes, on en conviendra, offrent une lanterne magique assez variée, sans compter les petites remarques enfantines qui reposent des sages descriptions de monuments dont nous passerons quelques-unes.

« Le 4, nous sommes allées faire quelques visites et avons passé la soirée chez Mme de Vermenoux à lui conter Versailles.

« Le 5, après avoir diné chez M. Mallet, rue Montmartre, nous avons été conduites par lui dans un très joli bal, chez Mme de Meunier, à l'hôtel de la Compagnie des Indes où l'on nous a bien reçues quoiqu'on ne nous connût point, et j'y ai beaucoup dansé. »

Voilà qui parle en faveur de l'esprit d'une petite barbare de Genève un peu contrefaite et très myope ! Les leçons de danse dirigées par Mme de Vermenoux portaient leurs fruits.

Nous sommes en plein carnaval et nos jeunes voyageuses vont en profiter à fond :

« Le 6, après avoir été à l'Hôtel de Ville pour une affaire, nous nous rendîmes à la foire de St-Germain qui se tient dans une vaste enceinte ; une quantité de boutiques de bois forment de petites rues et l'on y vend de tout ce que l'on peut imaginer. Il y a toutes sortes de spectacles : Audino, Nicolet, des marionnettes, des animaux curieux, etc., ce qui fait un beau tintamarre.

« Nous entrâmes dans un spectacle où on montre les ombres chinoises ; l'endroit où on le voit est fort obscur ; il n'y avait personne que deux messieurs qui s'approchèrent de nous et qui étaient très aimables... Le Vauxhall de St-Germain est un bal où l'on entre pour ses quarante sous et l'on peut tirer un billet à une loterie de bijoux ; il est rare qu'on attrape quelque chose. La salle est d'une élégance et d'une beauté surprenantes. Les femmes de qualité prennent quelquefois un jour pour y danser et personne n'y danse qu'elles, mais le plus souvent se sont des comédiennes. Hier c'était celles d'Audino, il y en a de très jolies et elles dansent avec tout le goût et la grâce possibles. Elles étaient habillées toutes de même, de robes grises justes à la taille, retroussées sur des jupes couleur de rose garnies de fleurs.

« À la foire de St-Germain, il y a aussi un éléphant. Comme je n'en avais jamais vu, je le trouvai fort singulier. »

« Le 7, nous avons dîné chez Mme des Barri où je m'amusai beaucoup, et ensuite nous sommes restées plusieurs jours sans sortir.

« Le 12, nous avons pris un fiacre pour aller voir plusieurs belles églises... »

Ici suivent quelques pages décrivant minutieusement St-Sulpice, St-Roch, le Val-de-Grâce, St-Thomas du Louvre, St-Honoré, etc., mais comme les églises sont parmi les monuments qui ont le moins changé à Paris, nous nous permettrons de passer. Citons seulement cette réflexion assez typique :

« On faisait un sermon quand nous entrâmes dans St-Sulpice. Il y avait beaucoup de monde, mais l'on écoutait avec fort peu d'attention et de décence. On parlait haut, on se promenait dans l'église sans aucun respect, ce qui m'étonna beaucoup. J'ai déjà remarqué que les catholiques à Paris ont fort peu de respect pour leur religion. On passe dans les églises pendant le service comme dans la rue. Il y a même des gens qui vendent. Dans l'église de St-Roch il y a une raccommodeuse de bas.

« Le 15, nous passâmes la soirée chez M. Tronchin ; il y vint Mme Vermenoux, M. et Mme Necker. Le lendemain nous avons visité le Jardin royal des plantes, avec Mme Gallatin, sa fille et ses sœurs… »

Suit une description de tous les animaux et végétaux qui se trouvaient réunis dans ce lieu, sans oublier une « momie d'*Éghipte* », qui fit beaucoup d'impression à notre jeune voyageuse. Le lendemain, promenade à pied dans les rues pour faire quelques emplettes :

« Les arcades du Palais Royal sont toutes garnies de boutiques où l'on vend de fort jolies choses. Il y a surtout un petit corridor tout garni de bouquetières qui ont des fleurs fraîches comme en été. Cela est charmant. »

Le surlendemain grande fête : De l'hôtel de Bayonne où logeaient ces dames, on voyait entrer les masques au bal de l'Opéra, cela leur donna envie d'y pénétrer elles-mêmes. Un beau soir, le 18 février, elles mettent des dominos et des masques, et, accompagnées de M. de Lacorbière, se mêlent à la foule.

« On est surpris en entrant de la beauté et de la singularité du coup d'œil. C'est parfaitement illuminé, les musiciens sont en dominos avec des bonnets. Tout le tour de la salle sont des bancs. On y va masqué pour la plupart, surtout les femmes. On voit des masques de toutes les façons. J'en remarquai surtout deux, dont l'un était comme un chat angora, l'autre était d'un côté habillé en femme et de l'autre en homme. Tous les masques prennent une petite voix pour qu'on ne les connaisse pas, ce qui fait un fort drôle de bruit. Il s'y fait beaucoup d'intrigues, j'en suivis plusieurs, ce qui m'amusa fort, surtout une. C'était une femme masquée poursuivant un homme qui ne l'était pas et lui disant des choses dont il était fort surpris. M. de Lacorbière reconnut le duc de Gèvre et nous le poursuivîmes longtems. On nous avait instruites de ce que nous devions lui dire, il ne pouvait comprendre qui nous étions. Nous fîmes aussi enrager un homme de Genève qui était fort surpris de ce que nous lui disions. Nous nous retirâmes à quatre heures du matin fort enchantées de ce que nous avions vu. »

« Nous ne sommes point sorties les deux jours suivans et le 21 seulement pour passer la soirée chez M. Des Barris. Le 22, nous sommes allées à la comédie italienne où l'on jouait *Julie* et les *Racoleurs*, et où l'on dansa de jolis ballets très gais.

« Le 23, nous prîmes une remise pour aller à Vincennes ; on voit d'abord en y arrivant le Donjon dont on a fait depuis fort longtems une prison d'État. C'est un séjour affreux. Tout près de là est le nouveau château qu'a fait bâtir Mazarin et où Louis XV a passé les premières années de sa minorité…

« En revenant à Paris, nous allâmes voir la manufacture des glaces qui est dans le faubourg St-Antoine et un magasin d'ébéniste fameux par les belles choses qu'il renferme. C'est celui d'Héricourt. Nous y vîmes quantité de meubles tous plus jolis les uns que les autres : des chiffonnières, de petits cabarets, de petits secrétaires, etc., etc. On aurait eu envie de se ruiner dans ce beau magasin. Il y a trois chambres pleines. Nous fûmes longtems à tout examiner et rentrâmes fort tard.

« Le lendemain 24, c'était le mardi gras. On ne voit dans tout Paris que des masques et on n'entend que des cris de joie. Au faubourg St-Antoine, il y a une quantité prodigieuse de masques. Tous les gens comme il faut vont s'y promener en carrosse. Je m'y amusai beaucoup. »

Pour le mercredi des cendres, il faut un spectacle sérieux.

« Nous allâmes voir l'Hôtel des Invalides qui a été bâti par Louis XIV, pour servir de retraite aux soldats pauvres et vieux qui ont reçu quelque blessure à la guerre. Il est superbe, situé dans une grande plaine. Avant que d'y arriver il y a une belle promenade plantée d'arbres. Nous y vîmes plusieurs invalides qui jouaient au palet ; d'autres à qui il manquait quelque membre étaient assis au soleil à fumer leur pipe et à parler politique… Plusieurs s'offrirent à nous montrer l'église qui est fort belle, le réfectoire, les cuisines, puis l'école militaire. »

Le lendemain, malgré le carême, on recommence à se divertir ; d'ailleurs le Père n'a-t-il pas autorisé ses filles à s'offrir quelques soirées à la comédie avec leur argent ? Elles profiteront largement de cette permission. Ce soir c'est à l'Opéra qu'elles se rendent.

« Comme je me trouvai un peu loin du spectacle, une dame que je ne connais point me fit demander si je ne serais pas mieux dans sa loge. Je profitai de sa bonté, elle est très aimable. Elle était curieuse de savoir de quel pays j'étais. Je l'amusai en lui contant la manière dont on vit à Genève. » [Cette bonne Parisienne n'était pas la dernière à croire que Genève est un pays de bergers tudesques et à se récrier sur ce qu'un naturel de ce pays ne fût pas vêtu de peaux de bêtes.]

« On jouait *Castor et Pollux* ; la musique en est belle et expressive, quoique française. On y danse des ballets charmans. Les décorations sont assorties au reste. Mme Arnould, célèbre chanteuse fit le premier rôle, elle chante avec un goût infini.

« Le 27, nous avons soupé chez Mme de la Richardière, rue Coquilière ; c'est une fort aimable dame et son mari est très gai. On nous y a fait beaucoup de caresses. On est très bien dans cette maison sans trop de luxe.

« Le 28, nous allâmes nous promener au Luxembourg. C'est une maison qui a été bâtie par Marie de Médicis, mais que les rois ont abandonnée depuis longtems. Le jardin est une très belle promenade publique où l'on voit des parterres et des bosquets percés de grandes allées… Il y avait assez de monde, toutefois ce n'est pas la promenade à la mode, quoiqu'elle soit fort belle. On laisse voir les tableaux dans le palais deux jours dans la semaine. Ils sont tous excellens. Il serait trop long d'en faire le détail. Il y avait là beaucoup de connaisseurs et d'amateurs, je m'amusai à écouter le jugement qu'ils faisaient sur chaque tableau.

« Le 1er de mars, nous avons dîné chez M. Pelissari avec nos compagnes qui partaient le lendemain ; ce jour-là nous allâmes dîner avec Mme Favre qui était fort triste du départ de ses sœurs. Nous y passâmes toute la journée. Il y vint beaucoup de monde sur le soir.

« Le 4, nous avions passé la soirée chez M. Des Barri ; quand nous voulûmes rentrer dans notre hôtel, on sortait de l'Opéra. Il y avait un monde si prodigieux qu'il nous fut impossible de nous arrêter pour descendre de carrosse. Les gardes françaises qui sont là pour empêcher le désordre poussèrent notre carrosse fort loin. Il nous laissa dans une rue que nous ne connaissions point, il était tard, nous ne savions comment faire. Une marchande de papier qui vit notre embarras nous offrit d'entrer dans sa boutique. C'était une belle dame fort parée, couverte de diamans et qui parlait de tout fort bien. Après avoir causé quelque tems avec elle et acheté de son papier, nous retournâmes chez nous à 11 heures du soir bien contentes d'en être quittes à si bon marché.

« Le 5, nous allâmes passer la soirée chez Mme Du Pan, au Quai de l'École. M. Du Pan, qui est joaillier du duc d'Orléans, nous montra de superbes colliers de diamans qui étaient destinés à Mesdames, je n'ai jamais rien vu de si beau.

« Le 6, soirée à la Comédie française. La salle est aux Tuileries en attendant qu'on en ait bâti une dans le faubourg St-Germain. Il y avait beaucoup de monde et nous ne fûmes pas très bien placées. On donnait l'*École des femmes*, qui fut jouée on ne peut mieux, puis une petite pièce qui avait été représentée pour la première fois le jour du centième anniversaire de Molière ; elle a été fort goûtée et fut suivie du couronnement de la statue de Molière par Le Kain et par Melpomène que représentait Mlle Raucourt, nouvelle actrice qui fait beaucoup de bruit et qui excelle dans la tragédie. Ce spectacle est un des plus parfaits de Paris pour la quantité de bons acteurs qu'il a, c'est celui qui est le plus à la mode et le plus suivi en hiver ; c'est aussi celui que j'ai le mieux aimé, je voudrais pouvoir y aller tous les jours ! »

« Le 7, nous sommes allées en remise à St-Cloud. C'est une maison de campagne du duc d'Orléans. Les promenades en sont charmantes avec leurs boulingrins et leurs bosquets délicieux. Nous vîmes l'endroit où se donnent les bals de nuit, l'été.

« On dit que ces bals sont la plus jolie chose du monde. Après nous être longtems promenées, nous montâmes au château. Nous eûmes beaucoup de peine à faire sortir le portier de son lit, et comme il ne voulut pas paraître en négligé, il nous fallut attendre patiemment que sa toilette fût faite. Nous eûmes tout le tems de regarder l'extérieur du château qui est très beau. »

Hélas ! ce pauvre palais de St-Cloud dont nous nous souvenons tous, ne voulons-nous pas lui rendre l'hommage d'écouter en entier la description qu'en fait Rosalie dans toute sa splendeur du XVIIIe siècle ?

« Des deux côtés du bâtiment sont deux ailes en avant. Au-dessus de chaque croisée sont des statues et des pilastres. Les grilles qui ferment la cour sont très bien travaillées.

« Enfin le portier arriva paré comme un autel. Nous lui en sûmes fort peu de gré. Il nous ouvrit le château. La première chose que nous vîmes fut un péristile formé de six colonnes. Il y a un grand escalier dont les rampes prennent les deux côtés. Les balustrades sont en marbre. Les appartemens sont charmans. Dans la première antichambre, il y a beaucoup de portraits de *famille* entre lesquels nous remarquâmes celui de Gabrielle d'Estrée (!) celui de Charles-Quint dans son enfance, ceux d'Anne d'Autriche et de Mlle de Montpensier. Dans la salle du conseil sont celui de Descartes et du duc d'Orléans vivant, et deux meubles anciens, ce sont des espèces de commodes avec des secrétaires dessus, de marbre incrusté. Sur toutes les tables sont de petits bustes de marbre noir qui représentent les empereurs romains. Le portier me prit en grande amitié, il me faisait de beaux complimens et c'était toujours à moi qu'il adressait ses explications. Nous vîmes après cela le salon de Mars, le plafond est d'une superbe peinture. De là on entre dans la grande galerie qui est fort longue et tapissée de damas cramoisi. On y voit des portraits de toute la famille royale depuis Henri IV et la statue de ce roi en marbre blanc.

« Nous pûmes voir l'appartement du duc d'Orléans. Dans la première chambre, il y a une tapisserie qui était ployée dans des couvertures, le fond en est de jais blanc avec des broderies en chenille, ce qui est superbe. La duchesse d'Orléans l'a faite en partie. Le salon est fait à la chinoise. L'appartement de la duchesse de Chartres est aussi très joli, sa salle à manger est boisée et vernie en jaune avec de petits tableaux chinois enchâssés. Le tout est très singulier et élégant.

« Après avoir tout vu, nous allâmes dîner chez un des Suisses du duc d'Orléans qui tient une auberge dans le village de St-Cloud ; nous mangeâmes d'excellentes anguilles, puis nous nous promenâmes dans le village et revînmes en carrosse par le Bois de Boulogne.

« Le 9, nous allâmes prendre Mme Favre pour faire à pied quelques emplettes. Nous passâmes devant la superbe colonnade du Louvre. On ne peut rien voir de si beau pour l'architecture, et devant, on voit une quantité de guenilles, de morceaux de toutes couleurs que l'on vend. C'est là que se tient la foire aux guenilles. Cela fait un contraste singulier avec le palais.

« Puisque je parle de cette foire, je veux dire un mot de la quantité de choses de ce genre que l'on vend à Paris. Il y a des boutiques où l'on pourrait entrer nud et sortir habillé de pied en cape. Il y en a d'autres où l'on ne vend que des morceaux de toile pour raccommoder du linge. Il y a dans toutes les rues de petites tables où l'on vend des tranches de bœuf, des cuisses de volaille toutes cuites, etc. Il y a aussi un homme qui vend de la soupe dans une marmite. On voit dans les rues des tables couvertes de portraits de famille à vendre, etc. Enfin il n'y a rien qui ne se vende à Paris.

« Nous fûmes sur le quai des herbes qui est à côté du Pont-Neuf. C'est là qu'on vend toutes sortes de plantes, de graines, d'oignons de fleurs, etc. Ma grand'mère fut longtems à faire ses emplettes et pendant ce tems nous nous promenâmes sur le Pont-Neuf et sur les quais, nous allâmes acheter des oranges autour de la statue de Henri IV. Sur le Pont-Neuf, il y a une quantité de baraques de bois dans lesquelles on vend des oranges. De là nous allâmes dans le magasin de M. Romilli [le grand-père de Mme Cavaignac] voir plusieurs belles pendules qu'il fait pour la cour.

« Le 13, il y eut une assemblée chez Mme Favre avec de fort aimables gens, entre autres Mme la comtesse de Caux, M. d'Alainville, etc. Je m'y amusai beaucoup, on était une quinzaine de personnes. Le lendemain nous allâmes voir le palais royal qui est vis-à-vis de l'hôtel où nous logeons. C'est là qu'habite le duc d'Orléans, c'est un palais très grand et superbe. Il est composé de plusieurs cours reliées par une quantité de corridors tout garnis de boutiques où l'on vend toutes sortes de jolies choses. Ici, tous les vestibules des maisons royales sont garnis de marchands. C'est comme cela au Luxembourg, au Louvre, au Palais Bourbon, etc. Le grand escalier est superbe. [Suit toute la description de ce palais qu'on peut retrouver facilement ailleurs.]

« Comme il faisait beau tems, nous sommes allées nous promener dans le jardin. C'était à la sortie de la messe, il y avait tant de monde qu'on pouvait à peine passer. Comme on porte à présent le deuil du roi de Sardaigne, tous ces habits noirs faisaient un effet singulier.

« Nous sommes entrées dans un caffé que l'on appelle *le Caveau*, il est renommé pour ses glaces ; nous en mangeâmes de délicieuses. Il y a des chambres exprès pour les dames et, tout autour du caffé, de jolies boutiques de bijoutiers.

« Le 16, nous allâmes avec Mme Favre à l'Abbaye St-Antoine pour faire visite à Mlle Favre qui y est en pension. C'est une demoiselle dont le père était protestant et Genevois et la mère catholique. Mlle Favre a suivi la religion de sa mère. Elle est fort riche, fort jolie et fort aimable, et elle doit épouser un grand seigneur. Nous ne la trouvâmes pas. J'avais grande envie de voir l'intérieur du couvent, mais cela n'est pas possible. C'est une abbaye royale dont l'ordre est fort sévère. Je me contentai de regarder à travers la grille du parloir. Je vis passer l'abbesse qui était habillée de noir et avait une croix d'or sur la poitrine et un livre à la main. Elle récitait tout haut des prières.

« Un moment après il vint des maçons, on leur ouvrit la porte. Comme celle du jardin est vis-à-vis, j'en vis un morceau qui me donna grande envie de voir le reste. La portière me refusa la permission de m'avancer jusqu'à la porte du jardin, mais elle l'ouvrit tout à fait et je vis une grande partie du jardin. Il est superbe, il a quelque chose de désert et de sauvage qui me plut beaucoup. Je ne pouvais pas me lasser de le regarder et je compris un moment comment on peut oublier le reste du monde dans une aussi belle solitude. La portière est une jeune personne extrêmement belle ; elle avait quelque chose de triste et de languissant qui la rendait fort intéressante.

« Nous restâmes encore un moment dans la cour de l'abbaye pour voir passer Mme la princesse de Lamballe que son carrosse attendait. Elle est en pension dans l'abbaye. Nous eûmes tout le temps d'examiner son carrosse qui est très doré et orné, il avait six beaux chevaux dont les harnais étaient cramoisi et or. Elle sortit enfin suivie d'une dame et de plusieurs pages. Elle est fort jolie, elle était très parée et nous salua très poliment. Nous remontâmes en carrosse et retournâmes chez nous où nous eûmes du monde à passer la soirée. Le lendemain nous étions invitées dans une assemblée chez M. d'Arbonnier qui est un vieux général fort riche. Nous arrivâmes à la rue St-Louis dans un assez bel hôtel et nous fûmes très bien reçues. Mme d'Arbonnier est fort âgée et dévote, mais pour entretenir la gaîté dans la maison il y a une Mme Dubois qui est une jeune veuve fort jolie et qui est comme la maîtresse de la maison. Il y avait beaucoup de monde entre autres une Mme de Segni fort jolie et aimable. M. d'Arbonnier est encore fort galant, malgré ses quatre-vingt-deux ans. Il me parla beaucoup de ma famille qu'il connaît, surtout de mon oncle d'Hermenches. On joua, on fut fort gai. À huit heures, Mme Dubois envoya avec beaucoup de douceur coucher Mme d'Arbonnier.

Quand elle fut loin la gaîté augmenta, car son air grave et dévôt en imposait. Nous nous retirâmes à dix heures.

« Le 19 mars, nous sommes rétournées aux Français, il y a eu assez de monde. On a donné *les Horace et les Curiace*, tragédie de Corneille. Elle fut jouée dans la perfection, excepté par celui qui faisait le premier rôle et qui était la doublure de Le Kain[22]. Brisard et Molé firent les deux autres, ce sont deux acteurs excellens, surtout Brisard, il m'a fait une impression que je ne puis dire. Mme Dumenil[22] et Mme Vestris remplirent les deux premiers rôles de femme supérieurement. »

Et puis vient une petite phrase mélancolique :

« Comme nous nous préparons à partir, c'est vraisemblablement la dernière chose que nous verrons. »

Le 20, on fait des visites d'adieux à toutes les connaissances, et le 21, on se met en route.

« Nous sommes parties à 9 heures du matin en poste, nous avons couché à Fontainebleau, à Vermenton, à Dijon, à Mâcon. Dans cette ville, nous sommes arrivées fort tard et avons soupe avec tous les voyageurs, il y en avait de toutes sortes, des prêtres, des dames, un charlatan et sa femme qui avaient de plaisantes mines. Le lendemain 25, nous sommes parties de bon matin et arrivées à la Voulte à 11 heures du soir.

« À la Voulte, tous les gens de l'auberge étaient profondément endormis, nous eûmes beaucoup de peine à nous faire ouvrir, et pour surcroît de malheur, il n'y avait rien du tout à manger qu'un bouc qui puait beaucoup et qu'on voulait absolument mettre à la broche.

« Le 26, nous sommes arrivées à St-Jean à 5 heures, fort heureusement. J'ai fini ma relation de voyage. »

Oui, le voyage à Paris est fini, et c'est grand dommage.

Les jeunes filles revirent peut-être avec quelque mélancolie les tours de St-Pierre, car elles sentaient que le temps de s'amuser était passé. Tôt après la naissance du cinquième enfant attendu, il faudrait s'installer définitivement au foyer paternel, et l'expérience faite l'été précédent n'était guère de bonne augure.

Il faut le dire, depuis la mort de leur mère, Rosalie et Lisette avaient été passablement laissées à elles-mêmes, dans les intervalles entre les soufflets et des gronderies grand'maternelles, et, durant ce temps, elles avaient contracté des habitudes de désordre qui pouvaient bien désespérer leur belle-mère passionnée d'ordre et d'élégance.

Ce mot de *soufflet* qui vient d'échapper à notre plume a peut-être étonné, choqué quelque lecteur. L'acte était pourtant familier à la fin du XVIIIe siècle, comme moyen d'éducation. Les grand'mères en particulier en usaient volontiers.

Dans la biographie de M. Albert Gallatin, compatriote et contemporain de Rosalie, nous lisons l'anecdote suivante, qui, s'il faut en croire la renommée, eut un effet décisif sur la carrière du dit Gallatin.

Ayant perdu son père de bonne heure, l'enfant fut élevé par une parente qui était en même temps amie de sa mère, Mlle Catherine Pictet. Il allait souvent à Pregny chez ses grands-parents et sa grand'mère, très liée avec le landgrave de Hesse, désirait voir son petit-fils prendre une commission de lieutenant-colonel dans les troupes de ce prince. Mais à la proposition qui lui en fut faite, le jeune homme répondit très vertement que « jamais il ne servirait un tyran ». C'était peu poli. La grand'mère se fâcha comme elle en avait le droit, et… « she gave me a cuff » raconta beaucoup plus tard le jeune impertinent, ce qui en français signifie : « elle m'administra une taloche ». Quelques mois plus tard les amis du jeune homme apprirent qu'il avait mis l'océan entre sa famille et lui, et qu'il abordait en Amérique où l'attendait une existence d'abord difficile, plus tard brillante.

D'autre part, nous lisons dans une lettre de Rosalie à son frère Charles quelques vingt ans après l'époque où nous en sommes.

« Te souviens-tu du soufflet que ma grand'mère Pictet te donna un jour, que tu te trouvais joli devant la glace de St-Jean ? » Rosalie aurait pu en citer bien d'autres.

Quoi qu'il en soit, revenons à nos fillettes et à leur manque d'ordre et de propreté qui désolait leurs parents. Un jour en particulier, après le séjour à Paris, il paraît que la tenue de ces demoiselles avait à un tel point laissé à désirer que le lendemain elles reçurent la réprimande qui suit :

« Je suis bien fâché, mes chères filles, de ne vous avoir point vues hier. Quand vous venez, je voudrais que ce fût le matin et que nous pussions être ensemble quelques moments ; vous pourriez venir à pied, et je vous renverrais en cabriolet. Votre maman m'a remis la note de ce que vous avez fait et lu, je vous prie de continuer… Je voudrais, chère Rosalie, que tu repassasses un peu ton arithmétique… Je vous supplie aussi de ne pas négliger votre habillement. Que vos souliers soient toujours bouclés, vos bas propres et attachés, que vos jupes ne traînent pas, que votre mouchoir soit arrangé, que vos têtes ne soient point échevelées, que vous soyez propres et lavées, et que vous n'ayez pas l'air de *galopières* des rues[23]. »

N'entendez-vous pas le récit justement indigné qu'avait fait la belle-mère à son mari sur l'aspect de ses jeunes et peu attrayantes belles filles ?

Il y avait de quoi fâcher un père amoureux de perfection, et très soigneux de la réputation de sa famille.

Voyant que ses premiers avertissements n'avaient pas eu raison de cette négligence, il se décida à prendre de sérieuses mesures avant de rappeler ses filles à son foyer. Après avoir mûrement réfléchi, il écrivit à celles-ci une lettre qui est restée dans la famille et que nous transcrivons en partie, ce document jetant un jour intéressant soit sur le caractère de nos personnages, soit sur ce qu'était à cette époque l'intérieur d'un ménage.

« Voici ce que je demande de ces demoiselles, si elles veulent me rendre la vie supportable.

« 1° Qu'elles soient toujours propres et rangées sur elles-mêmes sans qu'on le leur dise jamais et qu'en général elles soient toujours mises le mieux possible, soit en déshabillé soit habillées ; point de tabliers sales et déchirés, point de souliers en pantouffles, point de cheveux gras et traînans. De l'ordre et de la propreté partout.

« 2° Je ne veux donner de l'argent que lorsqu'on m'en demandera, et que celui que l'on dépensera soit écrit et son objet indiqué d'avance…

« Ce qui m'a vivement affligé jusqu'à présent, c'est la manière d'être de ces demoiselles dans la maison, sans intérêt pour ce qui s'y fait. Il faut que tous les mardis et vendredis soir l'une d'elles s'informe si le marché a été ordonné [par la belle-mère]. S'il ne l'a pas été, elles verront avec la cuisinière ce qu'il y a à acheter. Au retour du marché, elles sauront le prix de ce qui a été acheté et m'en rendront compte, le tout sans contrarier les ordres qui auront été donnés [toujours par la belle-mère] et seulement par voie d'information comme des demoiselles qui s'intéressent à la chose et non pas comme de petites filles qui veulent faire les maîtresses. Quand il y aura du monde, elle laisseront ordonner leur mère, elles tâcheront seulement de s'informer de tout, de penser à ce qui peut être oublié et à donner tous les secours possibles. Tout cela se passera entre elles et moi, sans faire ny contradiction ny opposition, et sans se faire valoir.

« Une demoiselle veillera sur le pain qui se fait dans la maison, le blanc et le noir, et tâchera de le faire faire à propos ; tous les quinze jours au moins on me rendra compte de la farine. Il en sera de même du bois, du pigeonnier, de la chambre à fruits, du jardin d'hiver, etc. Tout cela peut se faire sans peine, sans beaucoup de tems, et par manière de conversation d'elles à moi. »

Oui, mais, dira quelque jeune lectrice, tout cela est bien sévère pour des enfants de 14 et 15 ans. Aura-t-on le temps d'être jeune en ayant tant à penser, de rechercher les plaisirs généralement goûtés à cet âge ? Patience, ce chapitre-là n'est pas oublié non plus, nous y arrivons.

« Ce que je recommande particulièrement à ces demoiselles, c'est de penser à leurs plaisirs, et à se divertir tant qu'elles pourront. Je leur conseille beaucoup de ne pas courir après une société. Elles peuvent tout de même se faire des amies, en avoir quelques-unes le dimanche, se pourvoir d'un goûter qui n'inquiète point les domestiques, donner quelques après-midis, même retenir à souper quand nous souperons dehors, enfin avoir l'esprit de se divertir et de s'amuser sans déranger la maison ; je leur promets qu'elles n'auront que des secours à cet égard, surtout si elles ont avec moi confiance et amitié.

« Je leur demande avec instance de penser à leur santé. Sans faire les *flairons* et les plaignantes, on peut prévenir les maux et se faire du bien… Le thé et le caffé leur sont pernicieux et particulièrement défendus par les médecins, surtout pour le premier déjeuner. Il faut donc qu'elles cherchent d'elles-même à s'en priver, au moins encore quelques années, et se faire des déjeuners qui leur conviennent. Attendre la faim et du pain et de l'eau serait tout qu'il y aurait de plus sain, mais comme ce serait bien frugal pour de jeunes demoiselles, qu'elles y joignent des échaudés, des croquets, des biscuits, du vin de liqueur, des œufs frais, rarement du beurre frais, enfin dans ce genre ce qu'elles voudront, pourvu qu'elles aient le soin et l'adresse de s'en pourvoir sans attendre l'heure du matin, et que tous les matins on ne soit pas dans l'embarras et dans l'ennui de savoir avec quoi ces demoiselles déjeuneront. Pensée, prévenance et raisonnement, c'est à quoi il faut absolument se former. »

Heureusement pour ces jeunes âmes, la passivité de la mère de famille devait beaucoup aider au développement des qualités sus-nommées !

« Ce n'est qu'après que ces demoiselles auront fait tout ce que j'indique ici que nous pourrons penser à quelques lectures utiles. Ces demoiselles ont certainement besoin d'instruction, mais le plus pressé est de sortir du désordre et de l'état pénible dans lequel nous avons vécu jusqu'à présent, d'ailleurs, il n'y a que l'amitié qui puisse instruire... Encore un coup, j'aime mes filles. Je voudrais ne plus parler de ce que je dis ici et le voir exécuter sans paroles inutiles. Je demande seulement avec instance que mon bonheur soit quelque chose pour des filles que j'aime et que je voudrais voir heureuses au dépend de ma vie. » Fin.

On se représente l'effet que dut produire cet écrit en arrivant à St-Jean.
Toutes les visites faites à la rue de l'Hôtel-de-Ville n'avaient pas été aussi néfastes que celle où les souliers non bouclés, les cheveux mal coiffés avaient produit un si mauvais effet. On l'aimait tendrement ce père si sensitif, si

dévoué, et puis après tout, où est la place d'une jeune fille sinon au foyer paternel ?

— Ah ! si nous pouvions être heureuses comme nos amies, avoir une tendre mère qui nous reprendrait avec affection, s'égaierait de nos joies ! L'été dernier, à Lalex, ne s'est pas si mal passé, pourquoi n'en serait-il pas tout aussi bien maintenant ?

— Oui, mais, que de choses il réclame de nous ce bon Père ! que d'autres il nous reproche ! Avons-nous donc été aussi égoïstes, aussi négligentes qu'il le dit ?

Le cœur sensitif de Lisette en est tout impressionné.

— Pauvre Père, dit-elle, il n'est pas trop heureux. Oui, je veux faire mon possible pour lui procurer du bonheur. Rosalie, toi qui sais si bien écrire, vite envoie-lui un mot bien tendre, bien affectueux.

Rosalie est émue aussi.

— Oh ! comment a-t-il pu croire que nous ne l'aimions pas, ce délicieux Père, le plus charmant des hommes ! Hélas ! nous seules sommes à blâmer, mais je vais laisser parler mon cœur et tout sera oublié.

Une bonne petite lettre où se mêlent le respect et l'affection est écrite, expédiée, et rencontre un accueil favorable. Le lendemain Rosalie reçoit les lignes suivantes :

« Ta réponse, ma chère fille, m'a touché jusqu'aux larmes, elle est dictée par un cœur tendre et éclairé et c'est ce qu'il fallait au mien. Confirme-toi dans cette manière de sentir et tu seras plus heureuse qu'avec la beauté et les attraits. Mon but était bien de te faire réfléchir, ton esprit fera le reste. Mon cœur sera toujours près du tien pour t'aider et pour t'écouter…

« Je voudrais bien savoir quand vous nous reviendrez, tâche de l'apprendre de ta grand'mère sans la heurter. Il faut, je crois, vous faire des robes pour cet hiver. J'irai à Lalex à la fin de ce mois et je voudrais qu'une de vous vînt avec moi. Qu'en pensez-vous ? Je me réjouis bien de consulter mes amies sur tout ce que j'aurai à faire. Adieu mes chères filles. Votre maman vous dit mille tendresses, elle voudrait avoir le corps [corsage] ou la personne de Lisette pour lui faire sa robe et son mantelet[24]. »

Peu après, les jeunes filles vinrent s'installer chez leurs parents ; Lisette accompagna ensuite son père aux vendanges ; et il faut croire que la pauvre enfant qui plus tard devait devenir dévouée et généreuse à l'excès, ne sut pas tenir les promesses que lui avait arrachées un mouvement d'attendrissement, car l'hiver suivant M. de Constant se décida à l'envoyer dans un pensionnat, à Payerne.

« Tu es donc bien en colère, ma chère fille, écrit-il à Rosalie, contre cette invention de Payerne, je te le pardonne. Ne va pas croire je te prie, que je me sois laissé mener par personne. Qu'est-ce qu'il importe à mon frère d'Hermenches où seront mes enfans ? Je me suis décidé tout d'un coup parce que j'ai vu que Lisette était toujours au même point et prend de plus un caractère concentré, taciturne, triste qui devient insupportable. Veux-tu que je la laisse croupir dans ces défauts et venir à vingt ans sans avoir fait ce que je crois nécessaire ? Avoue qu'il y a plus de générosité à ne pas se rendre aux tendres et bonnes raisons de notre chère maman, ny aux petites larmes de ses chères filles, ny aux grands cris de la grand'mère Pictet, née Cramer, ny à l'avarice qui dit aussi tout bas que cela coûtera beaucoup, que peut-être il faudra vendre le cabriolet. Je ne te dis que la plus petite partie de mes raisons et pourtant je suis sûr que tu vois déjà la pauvre Lisette faire son paquet avec moins de répugnance. Je vois déjà à un an ou deux d'ici une grande et belle reine qui sera gaie et naturelle, prévenante et nous charmant tous, je la vois reçue avec tendresse par une blonde à l'air fin, à l'esprit vif et cultivé… Ma chère Rosalie, prie Dieu que je ne me trompe pas[25]. «

La « blonde à l'air fin » s'accommodait assez bien pour le moment avec sa belle-mère. Elle l'entourait de dévouement et lui adressait même des vers de sa façon pour lui exprimer son affection. Dans la lettre citée plus haut :

« Je sais, lui dit son père, que tu as bien témoigné de l'amitié à ta maman, que tu l'as soignée, aidée, qu'elle est bien contente de toi, qu'elle t'aime comme sa fille et son amie. Je t'en remercie les larmes aux yeux. Tâche un peu de prendre son air serein et noble : c'est l'air le plus aimable et le plus attrayant chez les femmes. Son esprit et son cœur s'accordent à répandre autour d'elle quelque chose qui m'a toujours charmé et prouvé qu'il ne faut pour cela ni l'esprit de Voltaire ni la beauté de Vénus.

« C'est fort joli à toi de penser à distraire cette pauvre maman. Tout irait bien si les vers étaient meilleurs, et j'en prends occasion de te dire que puisque tu as des dispositions à rimer, il faut t'en occuper comme de tout autre talent. Exerce-toi souvent et cherche à former ton oreille, lis des livres élémentaires de poésie, il y en a beaucoup dans la bibliothèque de St-Jean. Tu peux acheter un dictionnaire des rimes. Enfin, je voudrais aussi te voir chercher plus les pensées que les rimes ; quand on n'a point d'idées il ne faut point de vers. Quand on en a une un peu poétique, elle est bientôt rimée avec de l'oreille et de l'habitude. Seulement on croit souvent en avoir là où il n'y en a point. Pour en être sûr, il faut la rendre clairement en prose. Quand il n'en vient point, il faut tricoter son bas ou jouer du clavecin. Par exemple, tu veux exprimer à ta maman ce que tu sens pour elle… etc., etc. »

Voilà un père qui comprend ses devoirs, et qui, à propos d'une gentille pensée d'une jeune fille envers sa belle-mère sait lui administrer une bienfaisante leçon.

Ce dut être cette année là que Rosalie fit son instruction religieuse. On sent l'influence des enseignements chrétiens dans les efforts de notre catéchumène pour complaire à ses parents. Quarante ans plus tard, à propos de la réception d'une de ses nièces, elle rappellera ainsi ses impressions de jadis :

« C'est un tems intéressant et important dans la vie qu'on aime à se rappeler ; c'est alors qu'on réfléchit, qu'on met de l'importance à ce que l'on fait. J'ai encore la lettre que notre bonne grand'mère m'écrivit lors de ma réception et je me rappelle tout ce que j'éprouvais. Mes sentimens et opinions sur la religion sont les mêmes depuis le tems où cette bonne grand'mère me l'a mise au cœur et fait aimer et où mon Père m'a donné des instructions raisonnables, fortifiées et complétées par celles de la première communion. L'éducation peut beaucoup, je crois, pour changer l'*envie de faire effet* en *désir de plaire*. »

Victor, le cinquième enfant, était né le 22 septembre 1773, et cet aimable petit être fut un rayon de soleil au foyer des Constant et devint un lien précieux entre les parents et les enfants aînés.

À partir de ce moment, nous ferons de fréquents emprunts au charmant *Journal* que nous avons déjà cité, et que, bien des années plus tard, la sœur aînée rédigea sur la demande de ce même Victor, afin de rappeler son enfance envolée. Nous ne pouvons résister à l'envie d'en citer ici les premières pages.

« Quelle douce tâche tu me donnes, cher Victor, de rappeler les tems de ton aimable enfance, ces tems de vifs sentimens et de vive jeunesse où les impressions sont légères, le plaisir facile et où le mal s'oublie si vite. Il me faut abréger et ne pas faire un poème sur la jeunesse, mais à mon âge les souvenirs sont la meilleure partie de la vie ; c'est pour mon plaisir (car ma mémoire n'en avait pas besoin) que je suis allée fouiller dans une caisse au galetas où j'ai retrouvé nos plus anciennes lettres. J'y ai pris tant d'intérêt que le moment de commencer celle-ci en a été retardé de bien des jours. Oh ! comme nous nous aimions ! comme nous aimions notre bon Père ! Quel pouvoir moral il avait sur nous, comme il savait nous faire passer de la crainte à la familiarité. Nous pleurions quelquefois, mais comme nous riions de bon cœur avec lui. Son esprit resté si jeune animait les nôtres. Souvent il était le plus enfant, mais toujours le plus spirituel et le plus aimable. »

À partir de cette époque, Samuel et sa famille allèrent presque chaque année passer quelques mois d'hiver à Lausanne chez la bonne générale. En 73-74 Rosalie était la seule à accompagner ses parents avec le petit frère, puisque Lisette était à Payerne, chez Mlle Varnery, et les frères aînés à Coire.

« Tu ne pouvais juger encore de tous les agrémens de ce séjour, moi non plus, mais bien de la bonté de ma grand'mère dont j'étais la filleule et la favorite. Tu étais aussi son filleul, j'étais traitée sévèrement, reculée pour mon âge. Le monde et ses plaisirs n'existaient pas pour moi, mais je me souviens de celui que j'avais à te voir dans les bras de ta belle nourrice ; celle de Philippine [de St-Cierge] l'apportait souvent. Vous vous battiez, vous jouiez ensemble comme deux petits chats.

« Au printems, nous allâmes nous établir à Lalex, séjour heureux dont j'aime le souvenir[26]. »

Ailleurs, dans l'autre journal, qui n'était *pas* destiné au fils de la belle-mère, Rosalie parle ainsi de cette saison passée à Lalex :

« Déjà bien des chagrins nous troublaient, cependant j'y passai encore des momens heureux. Une noce est un événement qui intéresse beaucoup une fille de 14 ans [elle en avait bel et bien 16] et celle de Mme de Corsy me procura bien du plaisir[27]. »

Mme Pictet se mourait et appelait auprès d'elle ses petites-filles. M. de Constant ne voulut pas interrompre l'éducation de Lisette qui se poursuivait à Payerne, mais il envoya sans tarder sa fille aînée à St-Jean et la pauvre enfant passa là un temps triste et fatigant. Son père lui écrivait des lettres assez tendres et se voyait obligé de lui recommander de ménager sa santé : « Point de fruit crud, nigaude ! » et de ne plus se lever à cinq heures du matin pour faire des lectures sérieuses :

« Laisse cette logique et cette théologie ; au lieu de lire, dors, et si tu as absolument du tems, prends St-Évremond, ou Voltaire, ou *les Caractères* de Labruyère et de Théophraste, ou quelques journaux, mais encore un coup, j'aime mieux que tu dormes. Je frémis aujourd'hui de cette opération, écris-moi un mot samedi, je t'en prie. Tu ne me dis point si ta grand-mère parle de moi, si elle demande toujours Lisette. Tous ceux qui m'écrivent de Genève me disent du bien de toi.

« Tu écris assez bien, mais évite les répétitions, évite aussi les *mais* et les *car* et les *et*. On peut presque toujours les retrancher sans nuire au sens. Il ne faut pour cela qu'un peu d'attention[28]. »

Malgré ces *mais* et ces *car*, nous donnerions plusieurs des lettres paternelles pour quelques billets de Rosalie à cette époque. En effet, depuis ses tablettes sur Paris, nous ne possédons rien d'elle jusque vers l'année 1787 et c'est grand dommage. Une modestie que nous nous permettons de trouver déplacée lui a fait détruire plus tard tout ce qu'elle a retrouvé écrit de sa main dans les papiers de son père. S'était-il pourtant assez donné de peine ce bon père, pour former le style de ses enfans ? Voici ce que dira Rosalie vingt-cinq ans plus tard à propos d'une lettre de petite fille qu'elle avait reçue :

« L'essentiel en écrivant est de mettre dans ses lettres l'esprit et le sentiment qu'on a, de dire ce qui peut intéresser votre correspondant et non des lieux communs, des banalités pour avoir plus vite fini. Il n'y a pas une petite fille qui ne demande pardon de son barbouillage ou de sa bêtise. Cela remplit toujours une ligne. C'était pour nous faire sortir de cette route que mon Père, à 14 ou 15 ans, nous dictait nos lettres[29]. »

Mais nous sommes bien loin de Mme Pictet qui s'en allait mourant dans des souffrances terribles.

« Nous perdîmes ma grand'mère, reprend Rosalie, en automne 1774. St-Jean qu'elle nous laissait fut remis à mon Père jusqu'à notre majorité. Il se faisait un bonheur d'habiter ce charmant séjour où il avait passé les premières années de son premier mariage ; et dans l'intérêt de ses enfans, il le remit dans le meilleur état possible. Nos frères revinrent de Coire en automne. Mon Père croyait n'avoir pas de tems à perdre pour les faire entrer dans la carrière à laquelle chacun d'eux avait été destiné dès sa naissance.

Pour Juste c'était le service de Hollande où, depuis le roi Guillaume III, notre famille avait été honorablement représentée. En profitant des privilèges accordés aux Bernois, mon frère pouvait espérer la possession d'une compagnie suisse avant l'âge de trente ans. »

Après avoir été admis à la communion, Juste partit pour la Hollande à l'âge de quinze ans et demi. Il devait y être reçu par son oncle et parrain, M. Juste de Constant, le père de Benjamin, qui était en possession d'une compagnie dans un régiment suisse au service des Pays-Bas.

« Quant à Charles, son Père, rompant avec les traditions de la famille, le destinait au commerce. Il passa à peu près un an avec nous, le plus longtems qu'il lui fût donné pour goûter les joies du foyer jusqu'au jour où il en posséda un à lui. Son Père était alors son professeur, mais Charles qui fut toujours d'une nature sociable et enjouée, trouvait le tems, à côté des heures d'étude, de s'ébattre avec ses sœurs et ses amis. Sa belle-mère le fit admettre dans une *Société du dimanche*, grâce à laquelle il fonda de solides amitiés genevoises.

« En juin 1776, à l'âge de treize ans et demi, il partit pour une pension aux environs de Londres, où il devait apprendre l'anglais[30]. »

« Ta mère, d'une santé délicate, lisons-nous dans le *Journal à Victor,* passa tout l'hiver 1776-77 dans son lit, de sorte que notre Victor était presque tout à ses sœurs. Lisette [revenue de Payerne] lui préparait de bons goûters et moi de petits sermons et des chansons. »

Les deux sœurs allaient aussi se divertir un peu chez les bons amis et parents de Lausanne. C'est là que leur fut adressée la lettre suivante :

« *À Mademoiselle R. de Constant, chez Madame la générale de Constant, à Lausanne.*

« De St-Jean. Je me réjouis, mesdemoiselles, que nous soyons réunis, j'espère que nous ne serons plus malheureux ensemble, que j'aurai des filles qui me feront du plaisir, qui m'éviteront des chagrins, qui seront propres, rangées, intéressantes, charmantes. Je suppose que vous ne pensez pas à revenir cette semaine, j'ai les charpentiers, votre chambre n'est pas encore raccommodée et je n'ai ici que la cuisinière et le valet. Dites à ma mère que nous serons fort heureux de l'avoir avec nous tout l'été, et aussi longtems qu'elle pourra. Ma femme veut rester en ville jusqu'à la fin du mois.

» Je vous suis bien obligé du détail que vous me faites de cette comédie, mais permettez-moi de vous dire que cette bonne volonté manque de tact. Je suis charmé que vous l'ayez vue, qu'elle vous ait amusées, mais pour la comédie que fait Mme de Nassau ou d'autres, cela ne me fait pas la moindre des choses. Ce qui m'en aurait fait, c'est si vous m'aviez parlé de la santé de votre sœur, de son silence, son humeur, la vôtre, enfin ce que vous auriez voulu sur mes filles. Dans les relations de Père et d'enfans, les objets étrangers ont bien de la peine à n'être pas insipides, il faut les garder pour les amis, ainsi que la pluie, le beau tems et les lieux communs. Je vous dis ceci, parce que vous avez manqué votre objet et que je regrette la peine que vous avez prise. De plus c'est une chose qui vous manque encore beaucoup que le tact. Vous remettrez cet almanach à mon frère d'Hermenches en lui disant mille choses ainsi qu'à madame. S'il n'en a pas besoin et que vous ayez quelque amoureux au service de France donnez-le lui[31]. »

Voilà des filles bien averties de ce que c'est que le tact.

« M. d'Hermenches[32] s'était remarié, nous dit sa nièce, à l'âge de 55 ans, à une riche veuve du Hainaut, catholique, nommée Mme de Preseau, bonne femme, d'un caractère gai et aimable[33] ».

Cet *almanach* qu'envoyait Samuel à son frère était son œuvre. C'est la première en date, mais non la plus intéressante. Pourtant si l'on pouvait retrouver un de ces calendriers ou almanachs composés à un point de vue économique et agricole, la trouvaille ne serait pas sans une certaine valeur documentaire.

Quand St-Jean fut prêt, les Constant renoncèrent à l'habitation en ville. À l'égard des plaisirs de la société, c'était un sacrifice et il fallait s'accoutumer à une vie assez retirée.

« En hiver, nous dit Rosalie[34], les portes de Genève étaient irrévocablement fermées à 4 1/2 heures, aussi nous en étions comme à plusieurs lieues. Quelques voisins seuls nous restaient, les Tronchin aux Délices, les Gallatin à Pregny. Nos visites chez eux étaient coupées de quelques voyages à Lausanne et surtout de séjours de nos parents. Notre bonne grand'mère vint toutes les années jusqu'à l'avant-dernière de sa vie. Mme de Charrière [qui avait été Mlle de Saussure de Bavois] cousine germaine et intime amie de mon Père, faisait notre bonheur quand elle arrivait. Son activité, sa gaîté animait tout…

« Je crois voir encore mon Victor courir sur la terrasse de St-Jean en petite robe brune, un jour que l'Empereur Joseph II vint s'y promener. C'était un beau jour de l'été 1777. Il n'était point attendu, et, poursuivi, excédé par la foule, il parut respirer avec plaisir dans une demeure dont le propriétaire, par déférence, n'eut point l'air de le reconnaître. Sa visite fut agréable, mais au bout d'une heure, les importuns forcèrent les portes. Un syndic, sans égard pour son incognito, vint lui dire avec de grandes démonstrations de respect : « Votre Majesté est le cinquième empereur que nous ayons l'honneur de voir dans notre ville. » — « Puissiez-vous vivre assez pour voir le sixième », dit Joseph, et il partit ».

La liste serait longue de toutes les célébrités, têtes couronnées, auteurs, poètes qui visitèrent cette terrasse de St-Jean, tant à cette époque-là que plus tard, lorsqu'elle fût la propriété de Charles. C'était le point de vue à la mode, le but des cochers, comme ils vous conduisent maintenant à Chambésy, Ferney et Bessinges.

Quoique moins intimes qu'autrefois, les Constant avaient conservé des rapports avec les habitants de Ferney, témoin la lettre suivante de Mme Denis à Rosalie. Cette lettre est en elle-même peu intéressante, mais il est assez piquant de se rappeler en la lisant que celle qui l'écrit n'aurait pas craint de devenir la belle-mère de sa présente correspondante.

« Le 29 novembre 1777. — Je vous envoie, mademoiselle, les trois petites pièces de vers que vous me demandez. Pardon si je n'ai pas rempli plus tôt ma promesse, mais je n'avais point de copiste.

« Si je n'avais pas à faire à des paresseux, j'aurais eu l'honneur de voir madame votre mère et de vous porter moi-même ces vers, mais nos nouveaux mariés se lèvent si tard, et les jours sont si courts qu'il nous est difficile de sortir dans cette saison. Dites à monsieur votre Père des choses bien tendres pour moi, et ne doutez pas de l'inviolable attachement avec lequel j'ai l'honneur d'être, mademoiselle, votre très humble et très obéissante servante[35],

« Denis ».

Les années ont passé ; Rosalie est bien près maintenant de compter vingt printemps. Vingt ans, c'est l'âge où une jeune fille devient intéressante à ses propres yeux comme à ceux de son entourage ; c'est l'âge où l'on veut jouir de l'existence, où l'on rêve de s'amuser. Le milieu que fréquentait à Genève les Constant n'offrait guère d'éléments jeunes et gais. À partir de ce moment, quand notre Rosalie voudra du plaisir, c'est plutôt à Lausanne qu'elle ira le chercher, au milieu d'un joyeux essaim de cousins, de cousines et d'amies. Tant qu'elle habitera St-Jean, elle ira presque chaque hiver passer quelque temps chez la bonne amie Charrière dont nous l'avons entendue parler tout à l'heure, et qui fut toute sa vie la providence de Samuel et de ses enfans, leur *Ange*, comme ils l'appelaient en jouant sur le nom d'Angélique qui était le sien.

Ce sera chez elle aussi que vingt ans plus tard Rosalie, battue par l'orage, viendra chercher un abri.

Dans une biographie de Rosalie écrite en 1840 par Mlle Herminie Chavanne, nous trouvons les lignes suivantes décrivant le logis de notre *Ange* :

« Mme de Charrière habitait une petite maison située à la descente d'Ouchy. Elle l'avait nommée Chaumière ;

l'habitation voisine qui lui appartenait aussi portait le nom de Petit-Bien. La première de ces maisons a perdu son caractère de simplicité villageoise ; ce n'est plus la chaumière sous le toit de laquelle se rassemblait l'élite de la société, mais une maison comme une autre.

» Jadis on admirait une agreste fontaine à l'entrée de la cour. Son aspect rustique annonçait les goûts de la maîtresse de la maison ; l'eau s'échappait du tronc d'un vénérable saule et tombait dans un bassin d'ormeau ou de chêne revêtu de son écorce et de sa mousse.

» Dans la salle à manger, une haute armoire de noyer était ornée de courges et de citrouilles cueillies au potager voisin ; une élégance champêtre se mêlait au simple ameublement de Chaumière. »

Nous reviendrons souvent dans ce salon qui réunira plus tard tout ce que Lausanne possédera de nobles émigrés et de brillants causeurs anglais, allemands, français et russes.

Nous prions nos lecteurs de ne pas confondre, comme on l'a fait souvent, cette Mme de Charrière-ci avec Mme de Charrière, l'auteur des *Lettres de Lausanne*, qui était d'origine hollandaise, et qui habitait Colombier près Neuchâtel en Suisse.

De Chaumière, Rosalie et sa sœur s'en allaient faire de fréquentes visites à la rue St-Pierre chez leur grand'mère la générale. Là, sans parler de M. d'Hermenches qui effrayait un peu ses nièces, elles rencontraient son fils Villars[36] et sa fille Constance[37], puis les enfants de la marquise Gentil de Langalerie[38] et beaucoup d'autres cousins et cousines avec lesquels elles folâtraient gaîment. Villars avait huit à neuf ans de plus que ses cousines. Constance devint de plus en plus l'amie de Rosalie, et leur intimité dura autant que leur vie. Le frère et la sœur habitaient avec leur père sa belle propriété du Désert.

Un autre cousin, qui jouera un rôle important dans l'existence de Lisette, c'est le fils de la marquise Gentil de Langalerie, qu'on appelle toujours *le chevalier*. Voici ce qu'en dit Rosalie dans le *Journal à Victor* :

« Nos hivers à Lausanne furent payés cher pour nous. C'est dans cette douce vie de famille qu'avait commencé et que s'était fortifiée l'influence du chevalier de Langalerie sur notre chère Lisette. D'abord la passion violente de son cousin n'inspirait que de l'éloignement, mais sa persévérance et plus tard le pouvoir qu'il prit sur son esprit par des idées religieuses exagérées, mystiques et presque catholiques donnèrent à cette influence une force qui a résisté à tout… »

Pour le moment, nos jeunes filles ne pensent qu'à danser, rire et jouer des charades. N'oublions pas Benjamin dans la nomenclature des cousins. Quoiqu'il n'eût que onze ans quand Rosalie en avait vingt, il apportait déjà sa part dans les divertissements. C'est Rosalie elle-même qui nous dit que

« dans sa première enfance, il était brillant par ses réparties, qu'il écrivait en vers, en prose, à tort et à travers.

» J'ai, continue-t-elle, des lettres de lui à sa grand'mère, écrite à dix et douze ans, qui sont étonnantes. Avec une bonne et solide éducation, tout cela aurait tourné pour son bonheur[39].

« Sa mère mourut en lui donnant le jour et toute sa vie il se ressentit de ce malheur ».

Dans la galerie de portraits tracés par Rosalie, elle consacre la page suivante au père de Benjamin[40] :

« M. Juste de Constant avait une figure imposante, beaucoup d'esprit et de singularité dans le caractère. Il était défiant, aimait à cacher ses actions, *changeait facilement de principes et de façons de penser*[41]. Il eut des amis et des ennemis violens. Personne n'est aimable d'une façon plus piquante, personne n'a plus de moyen de se faire aimer jusqu'à l'enthousiasme ; personne aussi ne sait mieux blesser et mortifier par une ironie amère. Il a suivi longtemps la carrière du service en Hollande de la manière la plus honorable. À l'âge de quarante ans, il épousa Mlle de Chandieu qui l'aimait depuis longtems : elle était belle et d'un caractère angélique. Elle mourut après deux ans de mariage, et ce malheur a influé sur tout le reste de la vie de son mari. Il partageait son tems entre le commerce et l'agriculture. Il bâtit, il planta, il bonifia ses campagnes [La Chablière, Beau Soleil] ; c'était l'occupation qu'il aimait le mieux. L'éducation de son fils lui donna beaucoup de peine[42] ».

En dehors de ce cercle de famille, faut-il nommer encore Mlle de Crouzaz qui devint Mme de Montolieu, Mme de Corcelles, Mlle Jeannette Polier de Bottens ? Leurs noms se retrouveront constamment dans la suite du récit, et nous avons hâte de reprendre nos manuscrits.

Pourtant une question encore, à laquelle certes Rosalie ne répondra pas, mais qui se présente tout naturellement à l'esprit :

Le dieu Cupidon a-t-il joué un rôle à cette époque dans la vie de notre jouvencelle ? — Mystère. Samuel n'aurait pas demandé mieux, il tenait beaucoup à ce que ses filles eussent du succès dans le monde, et c'est presque à contre-cœur qu'il écrivait un jour à son aînée :

« Tu as autant de sensibilité que moi, la tienne est seulement plus dégagée de nerfs et je t'en félicite. Tu ne perdras pas aisément la tête quand tu en auras, et c'est un grand bonheur. Tu auras beau voir à tes pieds un homme qui aura l'air désespéré, qui voudra mourir, se tuer, tu ne verras jamais que son mérite et tes convenances, à moins que tu ne l'aimes, ce qui n'arrivera jamais, tu es trop bien élevée... »[43]

Cela arriva, mais beaucoup plus tard, et l'imagination, croyons-nous, joua un plus grand rôle que le cœur dans le roman.

Tandis que ses filles s'amusaient à Lausanne, le pauvre *Pi* ne vivait pas trop gaîment à St-Jean, entre sa femme toujours malade et son petit Victor à peine hors des robes. Pour chasser l'ennui, il en plaisantait avec assez de bonne humeur dans ses lettres à ses filles. Espérons que le remède lui réussissait.

« Combien durera-t-elle, votre absence, mesdemoiselles ? Je pense qu'il vous faut revenir dans la première semaine de mars, il m'en coûtera certainement à vous arracher, j'allais dire à votre bonheur, comme si on pouvait être heureuses loin de son Père, mais au moins à vos plaisirs. Je suppose qu'un carnaval de six semaines sera bien assez long. J'ai un peu d'inquiétude sur ces présens que vous recevez, je n'en fais à personne, et pourtant je suis reconnaissant. Pour ce baptême, je crois bien qu'il ne faut prendre conseil de personne. J'ai prié Constance [à Paris] de m'envoyer ce que j'ai pensé qui conviendrait. Il faudra distribuer au moins deux louis entre la garde, la nourrice, les domestiques, l'église… Rosalie, ne faites-vous point de musique ? Quelques leçons de Zappa seraient-elles bien chères ?

« Ce beau tems est certainement une jouissance pour nous, ma vilaine paresse est toujours la plus forte, cependant je botte mes perches. Nous avons dîné hier chez M. Tronchin qui nous lut une nouvelle tragédie, elle ferait plus d'effet à la canicule. D'ailleurs les poules, les chevaux, Victor et ses parens se portent bien. Adieu, mes chères filles, je languis de vous revoir ».

Du même aux mêmes. « Ma chère Rosalie. J'ai reçu un petit bouquet et un petit bout de ruban que Constance m'a envoyés de Paris [pour le baptisé] et qui arrivent trop tard. Mille tendresses à MM^e Charrière, j'embrasse Lisette, j'ai besoin de vous ».

Du même aux mêmes. « Je ne sais que sentir tout le plaisir que vous devez avoir, tâchez que cela ne vous gâte pas trop, et qu'à votre retour nous en jouissions un peu par vos bonnes dispositions. Le plan fait [pour une charade] est charmant, mais il ne faut rien y mettre que de son cru, tout va bien avec de la gaîté et sans prétention, cherchez à vous amuser bien plus qu'à briller et à faire de l'esprit. Le mien est extrêmement éloigné des jolies choses, c'est en vain que je lui donnerais la torture, il n'en sortirait que des braillements, tout me serait impossible, même d'aller à cette fête de baptême comme vous me le proposez, ce serait vous porter une peau de loup, et encore si elle était empaillée ! ».

Du même aux mêmes. « Je vous envoie la carte [d'invitation] que je viens de recevoir pour vous, j'en ai bien une aussi, je ne saurais avoir de grands regrets si nous n'en profitons pas. Communiquez ces lettres à votre oncle au Désert, je ne puis pas me passer de vous plus loin que la semaine prochaine. Et Mme Charrière, que lui dirons-nous ? Nous ne pourrions pas lui élever assez de temples et d'autels. Sans doute, nous ne pouvons plus espérer de la voir à St-Jean, notre maison est l'ennui même, elle fait bien de la fuir. Je suis à mille lieues d'aller chercher du plaisir, mon moral se creuse toujours plus, voilà plusieurs semaines que je n'ai pas quitté St-Jean. Si vous voulez, vous serez mon monde ».

Rosalie s'est servie assez irrespectueusement d'une page blanche de cette lettre paternelle pour remplir des bouts-rimés. Ils ne sont pas fameux, mais nous les donnons pour montrer à quels honnêtes divertissements se livrait cette jeunesse.

>Mon ami, tu crois donc avec ta *cadenette*
>Gagner les cœurs des filles à la *bavette,*
>Crois-moi, contente-toi des mères en *bagnolette*[44],
>Mais ne tourne jamais un doux regard sur *cette*
>Beauté dont le gosier est comme une *alouette.*
>En vain de ses appas, tu te mettrais en *quête*
>À peine oserais-tu lorgner sa *collerette.*

L'*ami* auquel on destinait cette production devait être Villars, ou le Chevalier, ou peut-être Benjamin. À cette époque, Charles voguait sur l'onde, en route pour la Chine. Son oncle Juste lui avait trouvé une place dans la Compagnie des Indes, par l'intermédiaire d'un ami qui dirigeait cette entreprise au nom de l'Empereur. Revenu à Genève pour y faire sa première communion, le jeune homme était reparti pour Lorient où il s'embarqua seul, à l'âge de 16 ans, pour arriver à Canton au bout de sept longs mois de navigation.

Reprenons le *Journal à Victor*.

« Nous revînmes au printems de Lausanne et notre petit Victor aida bien à nous consoler de tout ce que nous quittions. Mon Père avait voulu employer son tems de solitude à commencer l'instruction du bambin, mais son ambition sur ses enfans et la vivacité de son caractère n'eurent pas plus de succès qu'avec ses fils aînés. Il avait donc fait entrer Victor au collège et avait pris en même tems un petit répétiteur qui fournit beaucoup à notre gaîté. Nous n'avions tous que trop de talent à la moquerie !

« Les sœurs se chargèrent de l'éducation morale du petit frère, ce qui n'était pas difficile. Placé de manière à nous causer mille peines [entre la belle-mère et nous] Victor savait éviter tout ce qui pouvait être fâcheux. [Il avait du tact, lui du moins !]

« Ce même printems, nous vîmes revenir notre frère Juste en semestre ».

Une réminiscence cueillie dans une lettre de Rosalie à son frère Charles, en 1816, se rapporte à l'arrivée de Juste :

« Nous avions dîné au Creux de Genthod avec M. et Mme de Charrière, et nous nous promenions avec Mlle de Saussure [qui fut Mme Necker] ; tout à coup nous vîmes arriver notre capitaine qui sauta la haie et nous embrassa toutes trois en nous jetant par terre ».

Retour au *Journal* : — « Mon Père, peu content, traita son fils avec froideur. Il nous chargeait de lui parler, de le reprendre, de traiter avec lui de tout ce qu'ils avaient à faire ensemble.

« Un beau jour d'automne de cette même année 1779, nous vîmes arriver Benjamin sur un petit cheval à mon oncle. Ce fut une vraie joie pour tous. Il avait alors douze ans, il était très grand pour son âge, mais bien enfant. Victor essaya de monter le petit cheval et s'y tint ferme, mais Magnin [le précepteur] ne fut pas si heureux, la bête nous fit le plaisir de le jeter par terre sans lui faire le moindre mal. Notre gaîté en fut augmentée et nous mit en train pour tout le jour, ce qui n'était pas difficile dans ce tems-là.

« La soirée se passa avec notre amie de Pregny [Mlle de Gallatin] et Benjamin à faire des bouts-rimés et des chansons. Je les ai retrouvés, ils sont au fond de ma caisse de souvenirs, ainsi que des couplets que nous envoyâmes à mon Père à Lalex…

« Nos plaisirs consistaient dans ce tems à nous faire de petites surprises, des fêtes de famille, des déguisemens, des illuminations à peu de frais sur la terrasse. Benjamin s'amusa fort et nous amusa par sa gaîté déjà pleine de sel. Il fut si bien monté qu'il passa la nuit à faire un poème qu'il vint jeter dans ma chambre de grand matin.

« Un soir bien sombre du mois de novembre, nous vîmes entrer dans le petit salon où nous étions réunis, notre cher Villars, il venait de Lausanne à pied, en ambassade de la part de ma grand'mère qui lui avait donné ses pleins pouvoirs pour nous engager à aller en famille passer l'hiver chez elle.

« L'arrivée d'un cousin homme du monde et parfaitement aimable fut un événement, surtout pour ses cousines. Nous l'aimâmes comme on ose aimer un parent, et son amabilité donnait un grand poids à la négociation dont il était chargé. Elle fut assez longtems débattue.

« Ma grand'mère avait joint à son appartement [rue St-Pierre], quelques pièces dans la maison voisine et chacun de nous devait être bien logé. Villars seul se contenterait d'une boutique sur la rue, mais arrangée comme une bonne chambre, et quant à notre bambin [Victor], notre grand'mère demandait qu'il fût placé au-dessus de Villars, chez le ministre Blanc à qui elle louait un petit appartement et qu'elle croyait en état de suivre à l'instruction de l'enfant. Ma grand'mère trouvant le nombre trop grand, craignait le bruit.

« Dans ce tems-là les enfans ne tenaient pas la place qu'on leur a donnée depuis. Quoique Rousseau eût déjà amélioré leur sort en les rapprochant de leurs parens, ils ne faisaient pas l'objet principal de la famille. Leurs plaisirs et même leur bien-être étaient subordonnés à ceux de leurs parens. Il fallait d'abord qu'ils ne fussent ni incommodes ni importuns. C'était peut-être un peu la loi du plus fort, mais si les faibles en devenaient plus aimables, chacun y gagnait.

« Cet article du traité fit hésiter mes parens [qui étaient donc un peu de la nouvelle école vis-à-vis de la seconde couvée]. Il fallut l'éloquence de Villars, l'âge avancé de ma grand'mère, notre désir, celui de Juste qui avait la passion de la danse pour les décider.

« La proposition fut enfin acceptée. On partit à la fin de l'année et le pauvre Victor fut installé dans sa triste demeure avec la défense de venir dans la maison sans y être appelé. On lui préparait quelquefois de bons goûters chez sa mère, il courait avec des camarades qu'il s'était faits.

« Ce fut un hiver de grande dissipation à Lausanne. C'était le bon tems de la société, des gens aimables de tout âge, comédies, bals, soupers, etc. J'avoue avec regret que je pensai peu à mon Victor pendant les trois mois qu'il dura. »

C'était la répétition du carnaval de l'hiver précédent avec plus de réjouissances encore, semble-t-il ; mais que dirons-nous de plus ? Toute jeune fille qui en est à sa seconde année de festivités serait plus éloquente que nous.

Ces réjouissances se terminèrent prosaïquement par une maladie de Rosalie et de son père. Pour se remettre, on vint se retremper dans la paisible solitude de St-Jean.

« La musique faisait une grande partie de mes occupations et de mes plaisirs. Mon Père l'aimait beaucoup, nous avions des amies genevoises qui avaient de belles voix, il aimait à les rassembler et à faire de petits concerts pour nous encourager. »

Rosalie néglige de nous dire que, non seulement, elle jouait sur le piano et la mandoline, mais composait aussi. Nous le verrons plus tard.

« Nous eûmes comme toujours des visites de Lausanne. Ma tante Charrière nous amena sa pupille et élève Alexandrine qui, aux grâces de son âge, joignait des agrémens et des talens plus rares.
« Ce fut à ce moment-là que ma tante Charrière nous amena M. de Servan, avocat général au parlement de Grenoble... »

Ici, il faut ouvrir une parenthèse, car ce M. *de* Servan joua un rôle important et pas trop bienfaisant dans la vie de Samuel et de ses filles. Pauvre homme ! Il avait les meilleures intentions du monde, son amabilité était notoire, mais on verra par quel concours de circonstances sa vie finit par peser lourdement sur les épaules de Rosalie et de sa sœur. Leur Père n'alla-t-il pas s'engager imprudemment, à un moment où l'argent était rare à St-Jean, à servir à ce personnage une rente viagère en retour d'un versement de mille écus !

Or donc, l'avocat général de Servan ou plutôt Servan tout court, avocat de tous les opprimés en général et des protestants du Dauphiné en particulier, avait fait un séjour à Lausanne en 1770 et s'y était lié avec toute la société, en particulier avec Mme de Charrière qui était alors Mlle de Bavois. Dans une volumineuse et agréable correspondance qui se trouve parmi les papiers de Charles de Constant à la Bibliothèque de Genève, Servan appelle toujours Mme de Charrière « sa bonne, son aimable, son adorable sœur » et lui parle avec beaucoup d'abandon.

Si quelqu'un, en France, s'intéresse encore à M. Servan, il vaudrait la peine qu'il vînt s'installer à la Bibliothèque de Genève pour lire ces charmantes lettres remplissant tout un gros portefeuille. Pour nous, nous regrettons de n'en pouvoir citer que deux et non des plus jolies, mais le moyen de nous attarder ici, quand nous avons déjà tant à copier dans les seuls papiers de Constant ! La première de ces lettres — on verra pourquoi nous la choisissons — est écrite en 1780. »

« Nantua.

« Je me sauve tant que je puis de Mme de Charrière, d'une aimable et tendre amie.

« Vous n'avez point l'injustice d'être fâchée de ce que je ne pouvais point faire de vers au moment de vous quitter.

Mais aujourd'hui, sans être gai j'ai pu à force de prières arracher de mon cerveau le mauvais compliment que vous verrez ci-dessous. Je l'ai fait de la même manière que l'on fait du beurre, dans cette cahotante voiture. Arrivera-t-il à tems ? Je le souhaite. À propos de Mlle Rosalie, je veux vous remercier de m'avoir fait connaître cette aimable maison. Vos parens sont dignes de vous, et vous êtes dignes de vos parens. Rien n'est plus rare que cet assortiment-là. C'est surtout dans les maisons élégantes qu'on le trouve le moins…

« …… Au reste mon papier s'en va et je n'ai rien dit de Rosalie.

« Voici donc ce que je lui adresse :

> On doit fêter certaine Rosalie
> Qu'heureusement je vis et j'entendis.
> Elle est aimable, elle est de plus jolie,
> Coup d'œil flatteur, propos fins et polis,
> Aimant par choix, quoique toujours chérie,
> Sentimens vifs, mais jamais étourdis.
> À la prudence alliant la saillie :
> La fille enfin des maîtres du logis.
> Mais abrégeons : Toute pleine de vie
> Près de Genève elle est en paradis
> Ah ! Dieu fit moins pour Sainte Rosalie.

« Cela ne vaut rien et sent tout à fait la muse en carrosse de louage. N'importe, j'obéis et j'écris. »

La Sainte Rosalie tombe sur le 3 septembre. Cette date nous donne celle de cette lettre. Quant aux vers, dont M. Servan fait lui-même le procès, nous ne les citons que parce qu'ils nous disent quelque chose de notre Rosalie.

« Du même à la même.
« Lyon, ce 11 septembre.

« …… Ma méchante poésie est-elle arrivée à tems ? Il n'y a guère d'apparence. On m'assura à Nantua que les lettres retournaient à Lyon pour aller à Genève ; cela me parut si plaisant qu'il me prit grande envie de retourner à Genève pour aller à Lyon. Apprenez-moi comment se porte notre amie. Son ton simple, aisé, aimable me plaisait bien et ces dehors cachent un dedans admirable.

« Ah ! ne m'écrivez plus… votre fête me fait crever de jalousie. Quoi ! je n'y étais pas. Mon Dieu que vous êtes tous aimables. Fi, fi, fi de la Provence. »

Le *Journal à Victor* nous donne le récit de cette fête qui faisait crever M. Servan.

« Nous voulûmes avec Alexandrine et sa sœur qui était en pension à Genève fêter notre bonne Tante, et ne trouvant dans le calendrier d'autres saints que *les anges* pour le nom d'*Angélique*, nous imaginâmes de nous habiller en anges arrivant en députation du paradis pour l'y inviter. Lisette avait fait de si belles ailes de papier qui nous allaient si bien que ma tante nous fit promettre de les apporter à Lausanne pour le plaisir d'une soirée chez elle dont elles lui donnèrent l'idée. »

La soirée eut lieu comme on le verra plus loin.

« Je ne parle que de plaisirs, cependant les dissensions de Genève donnaient d'autres sentimens et contribuèrent beaucoup à décider mon Père à passer un nouvel hiver à Lausanne. Sans être de rien dans le gouvernement, il tenait par toutes ses relations à ceux qui y étaient le plus intéressés. C'était le sujet des conversations, de l'agitation générale. Je voudrais en donner une idée et je n'en ai pas moi-même une bien claire. C'était la lutte entre l'aristocratie de fait et la démocratie de droit [les représentans et les négatifs]. Les Genevois peuvent se vanter d'avoir été les premiers dans le 18me siècle à mettre en question les idées de liberté et d'égalité. Rousseau arriva au milieu d'eux et leur prêta son éloquence et sa logique. Un parti le porta aux nues. Celui du gouvernement qui était encore le maître l'exila au contraire d'une patrie qu'il troublait, mais loin de le vaincre, cette rigueur ne servit qu'à répandre et à fortifier ses opinions.

« Le Conseil général et souverain composé des citoyens et bourgeois était la grande majorité de la République. Dans son sein s'élisaient réciproquement les Deux-Cents et le Magnifique Conseil des vingt-cinq perruques. Ceux qui restaient en dehors avaient d'autant plus d'envie d'y entrer que c'était plus difficile. Les citoyens et bourgeois arrivaient deux à deux plus ou moins nombreux au Deux-Cents avec le sujet de leur demande imprimé. Le Deux-Cents avait le droit de refuser sans discussion en répondant simplement : « Il n'y a pas lieu. »

« Ces refus trop répétés irritèrent la bile des représentans, ils imaginèrent de s'armer. On peut comprendre ce qui résultait d'un tel état de chose.

« Mon Père qui aimait Genève, qui aimait les principes, mais qui détestait les moyens et désapprouvait la conduite de ses amis se décida donc à partir à la fin de l'année pour Lausanne. On n'y abordait encore aucune idée politique, excepté pour en rire et en faire des chansons. La domination de Berne nous en laissait toute la liberté. Nous étions une troupe de jeunes gens occupés de leurs jeux et d'un peu de littérature.

« Les plus vieux ne sortaient pas de cette inoffensive situation. Nos jeux étaient de bon goût et ne laissaient pas l'esprit inactif. Toujours quelques étrangers aimables se plaisaient à ces doux loisirs, nos officiers revenaient en semestre et rapportaient quelque tribut d'idée et de talens dans la société réunie. M. de Servan habitait Lausanne cet hiver-là et ma tante de Charrière commença ses soirées du samedi dont elle rendit l'entrée difficile pour être plus maîtresse de leur donner de l'agrément. »

En effet, tous les écrivains qui se sont occupés de l'histoire littéraire de la vie de société à Lausanne à la fin du siècle dernier constatent l'influence de ces « Samedis », de Mme de Charrière de Bavois. C'est ainsi qu'on les voit mentionnés par Gibbon, Ph. Godet et les auteurs de divers articles parus dans les *Étrennes helvétiques*, le *Conservateur suisse*, la *Revue suisse*, etc.

Mlle Chavanne, dans sa biographie déjà citée de Rosalie, dit quelle excellente école ce fut pour Mlle de Constant :

« Les jeux de société, les impromptus, les lectures en vers et en prose embellissaient ces soirées. Le salon de Chaumière jouissait d'une sorte de célébrité. Mlle de Constant apprit à y recevoir, sans apprêts et sans inutiles cérémonies, les personnages célèbres qui inspirent quelque frayeur lorsqu'on ne les connaît que de loin. »

Mlle Chavanne cite ici quelques pages empruntées au *Conservateur suisse* (vol. VIII, p. 279) et tirées d'un article intitulé *Souvenir de mon séjour à Lausanne de 1779 à 1797* par le pasteur Bridel.

« Quelle était charmante cette réunion qui se formait en hiver tous les samedis chez Mme de Ch... ! Là se rendaient la plupart des gens de lettres qui habitaient Lausanne et des étrangers distingués par leurs connaissances qui y faisaient quelque séjour. Là venaient des femmes instruites sans pédanterie, et des jeunes filles belles sans prétention. La conversation, la lecture, la musique, un joli souper partageaient ces heures trop courtes ; tantôt on lisait un ouvrage nouveau de littérature, de poésie, de théâtre, tantôt quelque membre de la société soumettait à son jugement ses propres essais ; quelquefois des amateurs jouaient un proverbe, une pièce à tiroir, une petite comédie qu'eux-mêmes le plus souvent avaient composée.

« La société s'appelait tout uniment *le samedi* : Mme de Ch. en avait reçu le titre d'*abbesse* et nous composions son chapitre. S'entretenant un jour avec un ecclésiastique, on lui fit observer qu'elle avait l'air soucieux, tandis que l'ecclésiastique portait la gaîté peinte sur son visage : « N'en soyez pas surpris, dit-elle, monsieur n'a qu'un verset à traiter demain, et moi j'ai ce soir tout un chapitre. »

Il ne faut pas oublier toutefois que les *Samedis* n'eurent tout leur éclat qu'après horreurs de la Révolution française, au moment où Lausanne se remplit d'émigrés et de personnages de marque venus de tous les pays pour s'y faire oublier.

En 1781, les Lausannois en étaient encore réduits à peu près à leurs seules ressources, et certes ils ne s'en tiraient pas trop mal. La *Société littéraire*, dont le beau sexe était exclu, avait été fondée en 1772 par M. Deyverdun, l'ami de Gibbon. Samuel de Constant, ainsi que Servan, en étaient des membres zélés. Il existe dans les papiers de Samuel plusieurs mémoires qu'il écrivit pour cette société : « *Pourquoi les philosophes peignent-ils si mal l'amour ? — Pourquoi le pays de Vaud a-t-il produit si peu de poètes ?* [45] »

L'histoire du canton de Vaud, de Verdeil, nous apprend que le 31 mars 1782, Samuel de Constant lut un mémoire sur *l'Émigration, la misère et le service militaire, étranges causes de la dépopulation dans le canton de Vaud* (Chap. XX, § II).

Pour en revenir aux Samedis, écoutons Rosalie nous dire que

« son Père était un de ceux qui contribuaient par ses compositions dramatiques à les égayer. Ce fut, dit-elle, pour l'une de ces soirées qu'il écrivit un *Dialogue des Anges*, afin d'employer nos ailes et nos idées de St-Jean. Victor fit avec sa contemporaine Philippine [de St-Cierge] la troisième paire d'anges, mais, ô injustice, il ne se trouva que trois ailes pour eux deux. Les larmes coulèrent. Pour consoler Victor d'être ainsi déplumé, il fallut lui parler de vertu, de sacrifice. Pendant qu'il se soumettait, Lisette lui fabriquait vite une aile, presque aussi belle que les autres[46] ».

Le *Dialogue des Anges* a été imprimé dans un recueil de comédies de Samuel de Constant intitulé : *Guenilles dramatiques ramassées dans une petite ville de Suisse,* qui parut en 1787.

Lorsque le Père quitta pour Genève le paradis qui l'avait mis en belle humeur, il sembla le regretter. De St-Jean, il écrivit à ses filles d'assez aimables lettres.

« Et moi, je ne veux pas que l'on me regrette, au moins qu'on me le dise, je veux au contraire que l'on sente tout le plaisir de faire ce qui est raisonnable et qu'on me l'envie. Le vrai plaisir n'est pas d'être avec des amis, des parens, des enfans charmans qui vous gâtent, qui vous caressent, qui vous font passer des momens agréables. Le vrai bien est d'être avec son précepteur, avec ses vignerons de Chambésy, avec ses murailles de Bellefontaine, avec son fermier de St-Jean, avec son jardinier qui ne fait rien, avec Blondel qui n'a point d'argent, avec des créanciers qui vous en demandent. Voilà avec quoi j'ai remplacé les jolis soupers, les jolies lectures et les jolis samedis. Ce sont mes pauvres filles que je plains, elles n'entendent plus les *tricoteries* et les grogneries de leur père, elles ont la peine de lire le billet du matin, de se coëffer l'après-midi, d'aller le soir au bal chez leurs tantes, chez leurs amies, elles rient avec leur cousin. Je les prie seulement de penser que cela ne durera pas, il y a des mois d'avril, il sera bientôt là… Seulement il faudra se faire donner parole de venir à St-Jean. Je le demande à Mme de Corcelles, à Mme de Charrière, à Mlle de Crouzas [future Mme de Montolieu] et aux tendres amies Jeannette [de Bottens] et Charlotte.

« Pour le projet [de Lalex] les affaires de Genève pourraient bien nous y faire aller cependant. La tournure peut en être telle que St-Jean serait encore trop près. Les lettres de France, de hier, disent que l'on enverra d'abord M. de Castelnau qui est Résident ; ensuite, les conférences iront se tenir à Soleure. Quand les députés quitteront Genève, il y aura sûrement une grande émigration. Comme je l'avais prévu avec mon grand esprit, les médiateurs n'ont rien pu entreprendre avec les représentans… Il me paraît impossible que tout cela ne finisse pas par des forces armées de la France et des cantons. Nous le saurons de bonne heure, ce sera alors le moment d'aller à Lalex.

« Voilà tout ce que j'ai à te dire, ma chère Rosalie, parce que tu vois parfaitement tout ce qu'il y a à faire. Je me réserve seulement de bien gronder sur ce qu'on ne fera pas ou sur ce que l'on fera mal. Tu sais le respect que j'ai pour tes 22 ans. Je croirais insulter à ton esprit et à ton expérience si j'en disais plus, et déjà je vois que tu as assez bien aperçu sur ce départ du Chevalier. Tâche qu'il ne fasse pas tant beau tems, peut-être partira-t-il plus vite. Je te recommande particulièrement cette affaire-là.

« Je suis bien aise que Lisette soît un peu jolie, tu me fais bien plaisir de me le dire, d'autant plus que lorsqu'on trouve sa sœur si jolie, il y a à parier que l'on n'est pas bien laide. Adieu, mes chères filles, tenez-vous tant jolies que vous pourrez. Nous lisons l'ouvrage de M. Necker, c'est un homme immortel.

Du même aux mêmes. « Je vous dirai, mes chères amies, qu'il est trop difficile pour moi de quitter St-Jean et d'y laisser votre mère seule [pour vous aller chercher]. J'emporterais une inquiétude qui troublerait mon plaisir. Je vous désire et ne vous demande point, finissez vos amitiés, vos plaisirs, vos devoirs comme vous l'entendrez, vous êtes sûres de faire toujours plaisir et c'est assez joli.

« Je te charge toujours, ma chère Rosalie, de dire tant de choses à tout le monde. Fais un air qui exprime bien tout ce que je voudrais dire, et va le chanter par la maison. Tu y feras des variations suivant les relations et le sentiment.

« Je n'ai pas pu répondre à Constance. Fais-le pour moi, je t'en prie. Tu vois bien tout ce qu'il faut lui dire. Adieu, chères enfans, soyez heureuses et aimez-moi ».

Constance d'Hermenches désirait vivement faire un mariage d'inclination qui déplaisait à son père ; elle prenait pour confidents ses cousines et son oncle. Rosalie nous en parlera bientôt.

Revenons au *Journal*.

« Je ne dois pas oublier de rappeler un intérêt commun à tous. C'était les voyages lointains et les lettres de notre frère Charles. Après un voyage bien long, où il eut bien à souffrir, il était à peine établi à la Chine que, pour nous donner une part de ses impressions, et une idée des objets qui l'entouraient, il nous adressa une petite caisse remplie de jolies choses : laques, beaux vernis, encre de Chine, échantillons de thé, etc. »

Cette caisse, dont Charles annonce l'envoi de Canton, dans une lettre écrite le 17 décembre 1779, arriva à Genève au printemps 1781.

« Ma grand'mère, continue Rosalie, ayant témoigné le désir de la voir, elle lui fut envoyée pour qu'elle eût le plaisir de l'ouvrir ».

Mme de Constant la reçut en même temps qu'une lettre de Samuel à Rosalie ainsi conçue :

« Ma chère fille, vous avez suivi à ce que ma mère voulait, et c'est tout ce qu'il fallait. Qu'elle ait quelque plaisir, c'est là tout le bonheur. Je demande seulement que je ne sois en aucune manière chargé de cette caisse, je ne veux absolument pas m'en mêler et la remets à votre seule et entière direction. Je vous l'envoie, elle restera aux halles jusqu'à ce que vous veniez. Je m'attendais bien à ce que toute la porcelaine serait cassée. Il aurait peut-être fallu la faire ouvrir et vendre le contenu à Trieste, mais ç'aurait été dur et difficile.

« Je ne vous dis rien de plus aujourd'hui, sinon que tu me cajoles un peu trop. Je suis enchanté de tes succès sur la composition, j'ai entendu dire qu'il n'y avait pas de plus grande joie que de composer de la musique[47] ».

« Nous voilà en possession de cette caisse. J'étais auprès de ma grand'mère quand elle la reçut, reprend Rosalie. Je crois la voir encore, assise sur le plancher, s'amusant de chaque chose et suppléant par ses mains à ses yeux affaiblis. Elle ne garda que peu d'objets et renvoya les autres à St-Jean avec trente louis pour qu'on les fît passer à Charles ».

Nouvelle lettre du Père. « Quel dommage que cet envoi de Charles ! que j'ai de regret à l'argent et à la peine que cela lui aura coûté ! le thé que vous avez envoyé a pris tout à fait l'odeur de l'emballage et du vaisseau, il est imbuvable, le reste est inutile, il y a les trois éventails. Je vais en ville porter la lettre pour la Suède, je voudrais y joindre cet argent [les trente louis de la bonne grand'mère]. Je ne puis exprimer tout ce que je voudrais dire à ma mère, nous lui donnerions tout notre sang que ce ne serait pas encore assez[48] ».

Charles n'avait encore reçu aucune lettre d'Europe et, pendant quatre ans, il devait en être ainsi. Au moment où sa caisse arrivait à Trieste, il écrivait ces lignes désespérées :

« Je ne saurais comprendre que vous ne m'ayez point du tout écrit cette année. Si c'est pour me punir, je vous assure que vous y avez bien réussi[49] ».

« Ce bon Charles, continue Rosalie, ne cessait de nous écrire par toutes les occasions, mais les lettres n'arrivaient pas aux grés de nos désirs. Nous nous aimions tant que nous ne pouvions nous faire à cette immense séparation. Nous écrivions par toutes les voies possibles du nord et du midi, nous cherchions les correspondans de tous les ports. Ces envois étaient notre grande affaire, et malgré tous nos soins, Charles eut l'amertume de ne rien recevoir. Ses plaintes nous serraient le cœur[50] ».

Nous aussi, nous regrettons ces lettres qui ne sont jamais parvenues à leur adresse et que nous retrouverions avec plaisir maintenant.

« St-Jean est d'une beauté touchante et ravissante », écrivait Samuel à ses filles pour tâcher de les y ramener. Elles revinrent enfin et Rosalie nous montre sa sœur Lison « cultivant avec son père les belles hyacinthes de Harlem qui rendaient les parterres si brillans ».

« Les esprits étaient toujours fort agités à Genève. Les deux partis consentirent à demander une médiation de

Berne et de Zurich. Je me souviens d'avoir vu l'avoyer Steiger et toute la médiation se promener sur notre terrasse avec des perruques carrées qui dépassaient en immensité celles de nos syndics.

« On reprochait à M. Steiger et aux députés de Zurich du penchant à la démocratie, de sorte que ces messieurs ne satisfirent personne. Leur mission finit par une espèce de traité bien signé et une promesse de revenir s'il le fallait.

« Mon Père a toujours parlé de très bonne heure à ses fils de ce qu'ils auraient à faire dans ce monde, afin de les y préparer. Les idées militaires se trouvaient d'accord avec le caractère et les goûts de Victor [le futur garde-suisse] et les jeux de son enfance en furent l'empreinte. Les ancêtres maternels de mon frère s'étaient distingués au service de France comme les paternels au service de Hollande. Son grand-père Gallatin avait été tué je ne sais plus à quelle bataille. Son fils, qui entra dans la même carrière, fut promptement avancé et se trouva, jeune encore, premier capitaine factionnaire de l'armée. N'ayant que Victor pour suivre ces traces, celui-ci fut, dès sa naissance, destiné au service de France. Excité par ce qu'il entendait dire, l'enfant ne rêvait déjà que guerre. Il s'était fait une armure complète, cuirasse et casque de carton, épée faite avec un couteau que la cuisinière lui avait abandonné. Le fusil ne lui manquait pas. Il était à lui seul toute son armée. Tantôt il la rassemblait au son du tambour, tantôt il se portait en masse dans des postes intéressans. Puis il se posait en sentinelle à la porte où il présentait les armes à ceux qui entraient et dont la bonne mine lui paraissaient le mériter.

« Le Duc de Guiche dans la suite nous dit qu'il se rappelait l'avoir vu ainsi à notre porte. Pour le drapeau, il ne fut jamais abandonné. Il était blanc comme celui de la puissance qu'il voulait servir. Un mouchoir de poche encore très bon fut lié à un bel échalas. La devise ne s'oubliera pas. Il voulut la rendre à la fois claire et sûre dans son exécution : *Vivre ou mourir* fut écrit en grosses lettres au milieu. Il y avait plus de profondeur qu'on ne croit dans ces trois mots. Qu'est-ce que *vivre* pour une âme comme celle de Victor ? C'est remplir tous ses devoirs, c'est oublier son intérêt pour celui des autres, c'est se dévouer dans toutes les occasions pour les siens, pour les malheureux, pour la patrie, c'est savoir aimer. Ah ! oui, sans doute, *vivre* ou mourir, et Dieu soit loué, il *vit* encore !

« L'année suivante, comme nous le verrons, Victor recruta quelques camarades pour son armée ; cette année-là, je ne me rappelle que Frédéric de Châteauvieux, et je ne sais si mon frère portait son matériel à Choully. Qui pourrait oublier la manière dont on était reçu dans cette belle demeure ! Le bon général avait mille souvenirs, non seulement de ses guerres, mais de tous ceux qu'il avait connus en Europe. Mme de Châteauvieux aimait l'esprit de mon Père et le faisait valoir. Victor et Frédéric ne furent pas les derniers à se lier intimement.

« Notre hiver à Lausanne était décidé et arrangé comme les précédens. Les dissensions de Genève allaient croissant.

L'inutilité de la médiation n'avait fait qu'aigrir les partis, rendre les *représentans* plus audacieux, les *négatifs* plus ambitieux et plus timides, et mon Père plus mécontent de l'état des choses.

« Ma grand'mère tenait d'autant plus à nous rassembler que mon oncle[51] arriva à la fin de l'automne et qu'elle lui avait loué un appartement ainsi qu'à sa fille Constance. Mon oncle avait laissé son fils Auguste, âgé de 4 ou 5 ans, à Dijon avec une gouvernante. Il avait perdu sa seconde femme et, comme elle était catholique, on lui avait intenté un procès pour la disposition de ses biens qu'il devait défendre au parlement de Dijon et l'enfant devait l'aider à plaider sa cause.

« Mon oncle Juste était au Désert avec Benjamin. Comment manquer à cette réunion qui ne devait plus se retrouver ? Nous partîmes, Lisette et moi, avec le plaisir accoutumé.

« Mon oncle d'Hermenches célébra la nouvelle année par une longue pièce de vers où il se plaignait de ses maux et se louait des consolations qu'il trouvait en famille. Il me souvient de quelques mots :

> Quatre-vingt deux ! Quoi ! dès ta première heure
> À mille maux tu viens me préparer ?
> . . . .
> Autour de moi, je sens dormir à l'aise,
> Ceux que j'aurais tant de plaisir à voir.

« Le malin Benjamin ne manqua pas de dire :

Et par mes vers, je fais dormir à l'aise
Ceux que, etc…

« Notre oncle, dont la prose était si énergique, n'était pas si heureux dans ses vers, quoiqu'il en eût la grande prétention.

« Le margrave d'Anspach habita Lausanne cet hiver. Il venait de se séparer de Mlle Clairon [la tragédienne] et faillit la remplacer, ce qui mit quelque agitation dans la société.

« Les Genevois ne laissaient pas refroidir leur zèle d'esprit de parti et de guerre civile. Mon Père en était attristé et en peine. Les habitans de Lausanne ne s'en apercevaient guère que par les couplets de M. de Servan qui animaient les soupers ».

De ces couplets, nous n'avons rien retrouvé, mais bien de jolies lettres dont nous citerons l'une d'elles.

De M. Servan à Mme Charrière.

[1782} : « Ah ! les enragés, ah ! les furieux ! braquer le canon contre notre St-Jean, et chercher notre pauvre M. Mallet, tuer, emprisonner, piller, brûler et tout cela l'appeler aimer la liberté et la posséder ! Pardon, mesdames, mais la liberté et les dames sont les deux choses les plus aimables et celles dont les hommes ont le plus abusé, et c'est à la porte de Lausanne, dans le parvis de notre petit temple de la paix et de l'amitié que ces horreurs se commettent. Je n'y vois que deux remèdes. Le premier est d'envoyer une armée prêcher au temple de St-Pierre, le second est d'envoyer les chefs les plus séditieux à souper chez vous un samedi. Ils n'auraient plus envie de se battre les autres jours de la semaine… »

Ces canons que M. Servan, alors à Rousseau en Provence, entendait bombarder St-Jean, nous amènent à un épisode intéressant de la vie de notre Rosalie.

La lutte de partis avait atteint son état aigu à Genève. Les Genevois ne voulaient céder ni d'un côté ni de l'autre. Leurs alliés, les Suisses, s'émurent pour tout de bon et firent appel aux Français et aux Sardes, mais ce n'est pas ici la place de prétendre écrire l'histoire de Genève. Rosalie, dans son *Journal à Victor*, n'a nullement l'ambition d'éclairer la question. Elle nous déconcerterait même parfois par ses notions plus qu'incomplètes, si nous ne nous rappelions qu'elle a écrit ses souvenirs quarante ans après l'époque où nous en sommes et qu'elle voulait surtout narrer à son frère leur vie de famille. C'est donc comme tels que nous devons les écouter et non comme un cours d'histoire.

« Mon Père était impatient de se retrouver à St-Jean et de partager les peines de ses amis. Nous quittâmes donc Lausanne, le 8 avril [1782]. Il était nuit quand nous arrivâmes chez nous, et bientôt après, le souper fut servi. À peine l'avions-nous mangé qu'on vint nous dire qu'on entendait beaucoup de bruit en ville.

« Mon Père, Lisette coururent sur la terrasse. Pour moi, je ne sais ce qui me paralysa, je restai dans la maison avec Victor.

« Bientôt mon Père rentra disant qu'on tirait, qu'il y avait du feu et des cris. Il courut à la porte de Cornavin et s'y trouva avec M. Tronchin et d'autres voisins. La porte était fermée, mais mon Père y apprit qu'il y avait eu plusieurs personnes arrêtées, d'autres tuées, que les Représentans étaient maîtres des portes et disposaient de la garnison, qu'ils avaient pris des otages et qu'ils viendraient dans la banlieue en prendre encore, mettre peut-être des postes militaires dans les campagnes…

« N'ayant pas de moyens de résister, mon Père ne trouva pas raisonnable de se soumettre à la loi du plus fort et nous prîmes le parti d'*émigrer*. Il ne fallait pas beaucoup de tems alors pour sortir du territoire de la République. La soirée était belle, nous nous hâtâmes de faire quelques paquets, d'envelopper la vaisselle, et, n'ayant pas de chevaux je ne sais par quelle raison à ce moment, nous nous acheminâmes à pied à Pregny qui était sur France alors, et où nous allions demander l'hospitalité à notre bonne amie ; c'était une consolation.

« Pour éviter le grand chemin, nous traversâmes des prairies et prîmes des sentiers détournés. Notre Victor nous suivait portant aussi son petit paquet. Nous n'arrivâmes qu'à minuit et nous eûmes assez de peine à nous faire entendre, à prouver que nous n'étions pas des voleurs, et à donner une idée de ce qui se passait en ville, ce qu'on ignorait... »

C'est le moment ici de parler de cette hôtesse sans le vouloir, de cette charmante « Miss Gallatin » qui fut toujours pour Samuel et ses enfants une excellente amie, leur ange de Genève, comme Mme de Charrière était celui de Lausanne.

Elle était la fille unique de M. et de Mme de Gallatin-Vaudenet, avec lesquels elle demeurait à Pregny. Son frère, Jean de Gallatin, était mort laissant un fils, cet Albert Gallatin qui courait les Amériques et dont nous avons parlé à propos d'un soufflet que lui donna sa grand'mère.

Mlle Madeleine de Gallatin était d'une nature enjouée ; ses jeunes amis de St-Jean la trouvaient toujours disposée à organiser avec eux quelque fête de famille, quelque représentation impromptue. Elle avait de beaux yeux et un joli talent de déclamation.

La voilà donc accueillant à minuit toute une famille d'*émigrés* dans la modeste maison de son père, à Pregny. Cette maison, qui n'existe plus, devait être située non loin du village de ce nom, et tout près du château de Tournay. Au pied de ce château se trouvait à ce moment le camp français dont Rosalie va nous parler.

« Deux camps étaient établis près de Pregny ; dans le village était un paquet de troupes françaises avec un officier. Ils y avaient passé tout l'hiver en observation de ce qui arriverait à Genève. L'officier était ami de la maison, il confirma ce que nous avions dit et raconta même davantage.

« Notre excellent ami, M. Gallatin nous arrangea tous le mieux possible et eut de la peine à consentir au parti que prit mon Père de conduire le lendemain Victor à Dardagny, où le ministre Vallette tenait une bonne pension. Mon Père pensait aussi à nous éloigner Lisette et moi, ce ne fut qu'à nos ardentes instances pour ne pas le quitter qu'il céda d'un jour à l'autre, pendant les trois mois que l'état des choses nous retint à Pregny.

« On pourrait faire un tableau piquant et animé de ce singulier moment. J'en ai conservé un souvenir assez vif.

« Plusieurs amis de Mlle Gallatin s'étaient établis en ménage commun chez elle. Le matin on s'occupait, on s'agitait de ce qui se passait à la ville. Réunis le soir, on oubliait un peu les soucis, on riait, on plaisantait en faisant un jeu autour de la table à thé ou en soupant ensemble. L'esprit piquant de M. Mallet[52] la bonhomie de M. de Chapeaurouge, la finesse et les talens de M. Cramer[53] rendaient la société parfaitement amusante, jamais on n'a tant ri, moi surtout, je dois l'avouer. Je cite ces hommes-là qui étaient amis de mon Père et que je me rappelle avoir vus souvent à St-Jean.

« Les promenades au camp tout près de nous, où il y avait de belle musique, nous amusaient fort, mais on nous les accordait rarement. Mon Père était de tous celui qui riait le moins. Il prit toujours la chose au grand sérieux, affligé de l'humiliation de Genève et prévoyant qu'il n'y aurait ni gloire ni solidité à tout ce qui allait se passer.

« Les officiers d'infanterie français, dont quelques-uns étaient reçus à Pregny, étaient remarquables alors par leur ignorance qui égalait leur gaîté et leur légèreté. Tout leur désir était qu'on en vînt à un siège qui leur compterait comme double année de service. N'ayant aucune idée de ce que pouvait être une république, ils trouvaient qu'on développait trop de forces pour remettre à la raison des ouvriers révoltés contre leurs maîtres. Ce serait bientôt fait, selon eux. Pourtant, pour leur prompt avancement, il fallait quelques coups de canon tirés.

« Les Genevois, en dehors de la ville, étaient bien inquiets, quoiqu'ils se laissassent distraire. Ceux que j'ai nommés n'étaient pas étrangers à la peur pour leurs personnes, étant des hommes marquans dans leur parti. Nous nous amusions avec Mlle Gallatin à augmenter leur frayeur par des tours, et, lorsque le soir, ils nous racontaient les dangers qu'ils avaient courus, c'était une source inépuisable de gaîté.

« De tous les côtés, les alliés se rapprochaient de la ville. Elle était livrée à l'anarchie ou plutôt à la tyrannie des chefs représentans. Ils avaient aboli le gouvernement, le sang avait été répandu dans des rencontres malheureuses. Onze otages étaient gardés. On chariait des canons, on commença à dépaver la ville, à rassembler des poudres dans St-Pierre et près des maisons des négatifs principaux.

« Le gouvernement se laissa déposer sans quitter sa place ni accorder rien de ce qu'on voulait obtenir par menace.

« Les alliés commencèrent à ouvrir la tranchée. Il y en eut une qui, des Délices, devait aboutir à St-Jean. Enfin, le 2 juillet, une sommation en règle et définitive fut faite par les trois puissances qui demandaient l'entrée de leur troupe dans la ville, le désarmement de la garnison et des citoyens, la liberté des onze otages et l'expulsion de vingt chefs représentans. On promit d'ailleurs de respecter la liberté, l'indépendance, etc., etc., de la République.

« Les ponts avaient été rompus, tout était dans le plus grand désordre. Les conditions furent acceptées. Nous allâmes avec mon Père voir l'entrée de l'armée française à Cornavin. C'était un triste spectacle. Lisette versa des torrens de larmes, j'étais fort triste aussi et mon Père encore plus.

« Tout se passa avec un ordre admirable de la part des troupes étrangères qui bivouaquèrent deux nuits dans les rues sans entrer dans les maisons. On voyait les officiers faire leur toilette en plein air.

« Nous n'entrâmes pas dans la ville et nous nous occupâmes de nous rétablir à St-Jean où l'on ne tarda pas à nous donner à loger cent chasseurs, leurs chevaux et un capitaine dans la maison. Les chevaux furent rangés sous les marronniers et la plupart des soldats coucha sous le même abri.

« Les premiers jours avant que mon Père eût organisé tout cela furent bien pénibles. Peu à peu les communications se rétablirent. On s'accoutume à tout. La discipline était sévère alors et bien observée.

« Mon Père se faisait un plaisir de donner ce qu'on ne lui demandait pas. Nos amis, qui tous étaient contens du dénouement de ces longues guerres civiles, revinrent nous voir.

« Les Français veulent toujours s'amuser. La troupe dorée de M. de Jaucourt était composée de beaucoup d'élégans de la cour bien différens des officiers des camps. Ils se mirent à jouer la comédie dans le théâtre de Châtelaine. Ils se répandirent dans les campagnes d'alentour dont ils animèrent la société. Les Puiségur, Clermont Tonnerre, François de Jaucourt, neveu du pacificateur, et plusieurs autres étaient plus ou moins aimables. Nous en vîmes quelques-uns. Le comte Maxime de Puiségur ne pensait pas au magnétisme alors. Mais, excellent musicien, avec une voix charmante, il fit quelquefois de la musique à St-Jean. Ces messieurs apportaient ce qu'il y avait de plus nouveau.

« Le Comte d'Hervilly, celui de Quiberon fut celui avec qui nous fimes le plus connaissance et qui nous parut surtout aimable.

« Pendant ce tems, le marquis de Jaucourt, le Comte de la Marmora, plénipotentiaire sarde et le député bernois travaillaient avec les meilleures têtes genevoises à une constitution qui pût concilier tous les partis et avoir en elle-même assez de force pour se soutenir et se maintenir.

« Quand cet ouvrage impossible fut achevé et accepté à une faible et soi-disante majorité, on le mit à flot et il alla tant bien que mal jusqu'au premier écueil où il ne tarda pas à se briser quelques années après ».

1. ↑ Dans les papiers de Rosalie, de son père et de son frère, leur nom se trouve transcrit tantôt avec tantôt sans la particule ; ailleurs c'est Constant de Rebecque. Nous conserverons indistinctement ces trois modes d'écrire suivant qu'ils se rencontreront sous leur plume ou sous la nôtre.
2. ↑ Relation de l'arrivée de Voltaire en Suisse, par Rosalie de Constant. (MCC. Bibl. de Genève).
3. ↑ *Journal intime* conservé dans la famille.
4. ↑ MCC. Bibl. de Genève.
5. ↑ *Cahiers verts*, 1792-1800, conservés dans la famille.
6. ↑ Dans une correspondance inédite qu'on veut bien nous permettre de citer ici.
7. ↑ MCC. Bibl. de Genève.
8. ↑ MCC. Bibl. de Genève, cité par Lucien Perey, p. 64.
9. ↑ MCC. Bibl. de Genève.
10. ↑ MCC. Bibl. de Genève. Publié dans le *Journal de Genève*, 1888.
11. ↑ Cahiers verts, gardés dans la famille, 1782-1800.
12. ↑ MCC. Bibl. de Genève, cité en partie par L. Perey.
13. ↑ Journal à Victor, conservé dans la famille.
14. ↑ Cette lettre et les suivantes sont tirées des MCC. Bibl. de Genève.
15. ↑ MCC. Bibl. de Genève. Les lettres suivantes *Idem*.
16. ↑ *Journal de voyage* conservé dans la famille.
17. ↑ L'orthographe est conservée.
18. ↑ MCC. Bibl. de Genève.
19. ↑ [a] et [b] L'orthographe a été conservée.

20. ↑ De toute cette magnificence il ne reste aujourd'hui qu'un pan de mur dans la forêt.
21. ↑ Nous conservons toujours l'orthographe du *Journal* pour les noms propres.
22. ↑ ª et ᵇ Nous conservons toujours l'orthographe du *Journal* pour les noms.
23. ↑ MCC., Bibl. de Genève.
24. ↑ MCC. Bibl. de Genève.
25. ↑ MCC. Bibl. de Genève.
26. ↑ *Journal à Victor.*
27. ↑ *Cahiers verts.*
28. ↑ MCC. Bibl. de Genève.
29. ↑ MCC. Bibl. de Genève, 2 oct. 1818.
30. ↑ Cahiers verts.
31. ↑ MCC. Bibl. de Genève.
32. ↑ David-Louis Constant de Rebecque d'Hermenches, 1722-1785, veuf en premières noces de Louise de Seigneux.
33. ↑ Cahier vert, 1792.
34. ↑ Journal à Victor.
35. ↑ MCC. Bibl. de Genève.
36. ↑ Guillaume Constant de Rebecque de Villars 1750-1838.
37. ↑ Constance, 1755-1820, épouse en 1785 Antoine Cazenove d'Arlens.
38. ↑ Angélique de Constant, sœur de Samuel et de M. d'Hermenches, femme du marquis Gentil de Langalerie.
39. ↑ MCC. Bibl. de Genève, lettres à Charles, du 29 décembre 1815.
40. ↑ Juste-Arnold de Constant Rebecque, 1726-1812. Il était frère de M. d'Hermencbes et de Samuel.
41. ↑ C'est nous qui soulignons pour montrer la part de l'hérédité dans le caractère de Benjamin.
42. ↑ Cahier vert, 1792.
43. ↑ MCC. Bibl. de Genève.
44. ↑ Espèce de coiffure de femme. Dictionnaire de l'Académie, 1798.
45. ↑ MCC. Bibl. de Genève.
46. ↑ Journal à Victor.
47. ↑ MCC. Bibl. de Genève.
48. ↑ MCC. Bibl. de Genève.
49. ↑ CCC. Bibl. de Genève.
50. ↑ Journal à Victor.
51. ↑ M. d'Hermenches, venant de France.
52. ↑ Problement Paul-Henri Mallet, ancien professeur en Danemark.

53. ↑ Probablement Philibert.

PRÉFACE

L'HISTOIRE de Rosalie de Constant durant ses vingt-cinq premières années a eu, on me l'assure, l'heur de plaire à quelques personnes. Je leur en exprime ici ma gratitude tout en leur avouant que je hasardais ces pages un peu en tremblant.

Quelques têtes blanches ou grises, me disais-je, y prendront plaisir en souvenir de récits légués par un aïeul, mais les jeunes ! ils ont bien d'autres affaires ! Si je me suis trompée, j'en présente mes excuses à qui de droit, et, puisque nous en sommes au *pecavi*, je veux demander pardon aussi d'une erreur que je n'ai point commise. Le prote qui transcrira ces lignes aura la bonté de n'y rien changer, quoique lui ou ses compagnons y soient pris à partie. Le fait est qu'à la suite de la dernière phrase de mon petit volume j'avais inscrit ces mots :

Fin de la première partie.

Quel ne fut pas mon étonnement mêlé d'indignation lorsqu'en recevant le volume frais broché je ne les trouvai plus ! Immédiatement je prévis les reproches qui m'accableraient : « Vous ne concluez pas ! Pourquoi vous arrêtez-vous brusquement en 1782 quand la couverture du volume est surmontée des dates 1758-1834 ? »

Telle est en effet l'observation qui me fut présentée maintes fois. À chacun je contai le tour qui m'avait été joué et j'ajoutai : « À la première page du volume, la date 1758-1782 se trouve bel et bien précédée d'une étoile ; mais cette étoile, cette sous-date personne ne les remarque. C'est dommage, car, dans ma pensée, l'étoile unique signifiait : *Première partie* et laissait entrevoir une *seconde partie*. La voilà cette *seconde partie,* même beaucoup plus considérable que la première !

Chers lecteurs, agréez ici les excuses de l'ouvrier en faute, daignez ne pas trouver ma seconde partie trop volumineuse, (il fallait bien conduire notre héroïne jusqu'à la tombe !) et, puisque vous regrettez d'avoir quitté Rosalie si brusquement, rejoignons-la, sans plus tarder.

Encore un mot cependant. Que toutes les personnes qui m'ont aidée et encouragée dans mon travail reçoivent ici mes vifs remerciements. Quelques-unes sont déjà nommées dans le premier volume, d'autres seront citées au fur et à mesure des pages qui vont suivre.

Ici, je placerai un seul nom, celui de ma mère Mme Achard née Rigaud de Constant qui bien souvent a éclairci tels ou tels points d'histoire obscurs pour moi, et qui constamment m'a guidée par ses conseils imprégnés d'un grand bon sens, héritage de ses ancêtres.

Pregny-la-Tour, Octobre 1902.

C'est à Saint-Jean que nous retrouvons Rosalie et ses parents, au printemps de l'année 1782, après leur « émigration » à Pregny motivée par l'état de siège que Genève avait subi.

Rosalie avait à ce moment vingt-quatre ans bien sonnés, et plus d'un lecteur, plus d'une lectrice sont très désappointés, cela est certain. Aucun amour, heureux ou contrarié, n'avait-il donc traversé sa vie ? demanderont-ils avec un certain dépit.

Et nous sommes obligé de répondre : Hélas ! non. Du moins nous n'en avions trouvé nulle part le plus léger indice, jusqu'à ce que nous soyons tombé sur les lignes suivantes, écrites vingt ans après. Étant en séjour à Saint-Jean, qu'elle avait quitté depuis longtemps, voici ce qu'écrivait Rosalie :

« Un rossignol établi sur un de nos arbres fait entendre ses plus beaux chants. C'est un descendant de ceux de ma jeunesse. Ils me parlaient alors d'amour, de bonheur et d'avenir ; aujourd'hui ils me rappellent ceux avec lesquels je les écoutais. »[1]

Et c'est tout, le rossignol parlait-il d'un amour réel ou du désir d'aimer et d'être aimée ? Respectons le secret qu'il a lui-même ignoré et admirons simplement chez Rosalie de

Constant la force d'âme qui lui fit refouler toute tendre aspiration, l'oubli de soi peu commun à cet âge. Voyons-la s'amuser quand elle peut, s'ennuyer quand il le faut et toujours se dévouer aux membres de sa famille qui ont besoin d'elle.

Justement, en ce printemps 1782, une obligation se présente. La santé de la générale de Constant s'affaiblissait. « Mon Père, écrit Rosalie dans son *Journal à Victor*, ne tarda pas à m'envoyer remplir un devoir qui aurait dû ne me laisser aucun regret aux plaisirs que je quittais. »

Ces plaisirs, il faut l'avouer, n'en déplaise aux patriotes genevois qui liront ces lignes, étaient occasionnés par les brillants officiers français qui formaient l'état-major du marquis de Jaucourt. On se représente difficilement une ville matée par une nation étrangère, jouant et folâtrant avec ses oppresseurs. Mais, il faut se le rappeler, en 1782 nous ne sommes pas en 1798, les assiégeants ne viennent pas pour ravir à Genève ses libertés ; ils veulent simplement empêcher ses habitants de s'entredévorer ; ils ne sont pas usurpateurs, mais pacificateurs.

Nous avons déjà vu à la fin de notre première partie les amis genevois des Constant revenant à Saint-Jean, les jeunes officiers jouant la comédie dans le théâtre de Châtelaine et se répandant dans les maisons de campagne environnantes pour y trouver et apporter de la gaîté. On comprend que la vie ait semblé particulièrement sérieuse à Rosalie, au pied du lit de sa grand'mère ; mais elle n'hésita pas devant le service filial réclamé d'elle.

Glané dans les lettres de Samuel à sa fille tandis qu'elle était à Lausanne :

« Ton cœur doit être bien content de la manière dont tu remplis tes devoirs auprès de ta grand'mère… J'approuve ton sentiment sur la dépense que nous ferons chez elle ; procure-toi du bois et tout ce qu'il te faut.

« Par une suite de petites circonstances, je me suis vu obligé de donner une assemblée comme à Sécheron et un souper aux aides de camp. C'est peut-être bien pour ma petite vanité, ce n'est certainement pas pour mon plaisir.

« L'assemblée est remise à huit jours à cause de la mort du syndic Turretin, le souper est jeudi. Comme je gronde volontiers dans ce cas, tu es bien heureuse d'être un peu éloignée. Lisette aura tout.

« M. d'Hervilly, qui est grand critique, a dit du bien de la pièce de Mme de Crousas[2].

« Lisette te dit la pièce de M. de Clermont, qui est jolie et indigne de lui, et les coups de bâton à un bourgeois par condamnation de M. de La Marmora, qui scandalisent tout le monde, et M. de Jaucourt et les Français qui, à ce qu'on dit, resteront tout l'hiver[3]. »

« Je trouvai, dit Rosalie, ma grand'mère si bonne, si tendre dans son état d'affaiblissement, que je sentis mieux qu'on est toujours heureux de faire ce qu'on doit.

« Villars venait de se marier[4] et avait amené sa jeune femme au *Désert* que mon oncle Juste leur prêtait.

« Au bout de deux mois (oct. 1782), notre respectable aïeule resta dans nos bras et remit à Dieu une vie longue et bien remplie qui sans doute obtint sa récompense. Elle avait quatre-vingt-trois ans. Son habileté dans toutes les affaires qui peuvent être du ressort d'une femme, sa sage économie, étaient égales à sa générosité et à sa charité[5] ».

À la fin de 1782 on apprit subitement à Genève le retour de Charles de Constant à Londres. Rappelons qu'il avait quitté l'Europe en 1779, à l'âge de 16 ans, sur un navire frété par l'empereur Joseph II et destiné à établir en Chine une factorie pour développer le commerce des possessions impériales. Charles devait diriger cette factorie avec deux personnes venues sur le même navire que lui, mais leur temps se passa presque entièrement à attendre en vain des ordres d'Europe et des marchandises.

Les vaisseaux n'arrivaient en Chine qu'une fois l'an, dans la saison d'automne ; une et deux saisons s'écoulèrent sans rien apporter, ni ordres, ni argent, ni nouvelles de la famille. On conçoit le désespoir du jeune homme et le sentiment d'abandon qui s'empara de lui.

Cette lettre donnera une idée de l'état de son esprit :

« *19 janvier 1781, Canton...* Si vous avez encore un peu d'amitié pour moi, vous sentirez dans quelle affreuse situation vous m'avez réduit. Je ne sais à quoi attribuer votre silence. Qu'ai-je fait pour mériter une si cruelle punition ? Abandonné à moi-même dans un païs de sauvages où l'on ne respire que l'ennui et le désagrément, il faut étouffer mes sentimens, personne ne m'en témoigne. Il y a ici environ soixante Européens qui restent après le départ des vaisseaux, dont il y a quatre ou cinq qui sont élevés comme des personnes comme il faut ; les autres n'ont de plus grand plaisir que de bien manger et de bien se soûler. À Macao, il y a quelques dames européennes que ces ostrogoths regardent comme des déesses et qui me paraissent des lavandières, je ne cultive nullement leur amitié[6]. »

Enfin, au commencement de 1782, les rares amis que Charles s'était faits lui conseillèrent de regagner sa patrie, et, le 20 février, il mit à la voile pour mouiller, après neuf mois de navigation, en rade de Portsmouth.

Empruntons ici quelques lignes à son *Journal*[7] :

« Mon bagage n'était pas considérable et j'étais si mal en habits que mon ami D. me prêta une redingote pour en cacher le décousu. J'étais sans le sol, il me prêta quelque argent, fit les frais du voyage jusqu'à Londres. Vous dirai-je tout ce que j'éprouvai !… Portsmouth me parut une ville superbe, toutes les femmes étaient belles à mes yeux…, j'entrais dans toutes les boutiques sous le prétexte de chercher quelque chose... Aussitôt arrivé à Londres je courus chez mon ami De Morsier pour avoir des lettres et des nouvelles de mes parens. J'avais écrit de Canton à mon Père par les vaisseaux danois et suédois. On me remit quelques lettres ; hélas ! au lieu de consolations elles ne contenaient que des reproches et des accusations de ce que j'avais abandonné la partie trop tôt. Notre triste Compagnie avait expédié des vaisseaux en avril 1782 et on les croyait arrivés à Canton. La Compagnie avait pris des arrangemens pour l'établissement de sa factorie et m'y avait placé d'une façon satisfaisante[8]... »

De son côté, Rosalie dit dans son *Journal* :

« Mon Père, frappé du tems que Charles avait perdu, ne comprenait rien à sa conduite. Il témoigna son étonnement.

« Vous me blâmez ? répondit Charles. Eh ! bien, je vais repartir. Je suis venu donner des renseignemens, on me fait de nouvelles offres, je tente encore la fortune.

« On sent ce que ces résolutions si rapides nous firent éprouver, surtout en apprenant qu'en arrivant à Londres Charles avait subi une maladie violente. Dans le trouble et l'incertitude de ce qu'il y avait à faire, nous apprîmes par lui-même qu'il était reparti plein de courage, le 23 janvier 1783.

« Juste fut le seul de nous qui le vit, dans les Pays-Bas où ses affaires l' appelèrent. Après son retour en Chine, nous reçûmes son portrait peint par un Chinois et très ressemblant, mais avec une expression de tristesse et de sensibilité qui nous firent sentir plus vivement son éloignement et tout ce qu'il pouvait souffrir loin de nous[9]. »

La maison hospitalière de la Générale de Constant s'était fermée, mais Rosalie et Lisette continuaient à visiter souvent leurs amis de Lausanne et trouvaient l'accueil le plus tendre chez Mme de Charrière.

À Lausanne, ce qu'on est convenu d'appeler « la bonne société », « la société de Bourg », selon son appellation locale, s'amusait avec plus d'abandon que l'aristocratie genevoise quand elle n'était plus mise en belle humeur par les jeunes officiers français. Sans souci des bons gros yeux de l'ours bernois, jeunesse et âge mûr y allaient de tout leur cœur, et cette gaité pleine de bonhomie plaisait à l'esprit toujours un peu soucieux de Rosalie. Elle aimait à se laisser entraîner par ses bonnes amies Mlle de Constant d'Hermenches, Mmes de Crousaz, Hardy, entourées de leurs maris, de MM. Polier de Bottens, Servan, etc.

C'était le temps où la sociabilité de Gibbon avec son ami Deyverdun et son docteur Tissot battait son plein, mais il ne nous paraît pas qu'ils aient jamais été d'entre les intimes de Rosalie et de sa famille.

Il nous semble à propos — quoique ces appréciations aient été écrites passablement plus tard — de citer ici quelques lignes de Rosalie sur les mérites respectifs et successifs de Lausanne et de Genève :

« En examinant les choses sans prévention, dit-elle quelque part, ce beau pays [le pays de Vaud] est un de ceux où on peut mener la vie la plus douce quand on n'a pas d'ambition. On y trouve de l'amitié, une société agréable, des mœurs simples et pures. »

Sur Genève en 1797 :

« Triste séjour de travail et de discorde, comme dit Gibbon, cette ville a bien perdu de son éclat ; cependant je vois avec surprise que les Genevois se sont relâchés de leur morgue. Tout le monde salue tout le monde… »

Et enfin, en 1799 :

« Lausanne est toujours assez tranquille. À Genève ce sont des plaisirs plus bruyans. On joue la comédie, on danse et on chante. Mme de Staël dit que pour faire une société très agréable, il faudrait les hommes de Genève et les femmes de Lausanne[10] »

Pour revenir à 1783 : « Vous êtes bien heureuses, mesdames les coquines, écrit Samuel à ses filles, d'être avec votre ange Charrière. N'allez pas croire que cela durera longtems. Quand Rosalie n'y est pas, je ne sais contre qui avoir de l'humeur, et dès que Lisette est loin, je ne sais à qui donner de la peine ni à qui m'en prendre de ce qui va mal. Si cela durait, il faudrait être content de tout, et je n'y suis point disposé.

« Il y a des coups de vent qui veulent absolument nous emporter et nous regardons de tems en tems si le Salève ne bouge point. Pourquoi n'aurions-nous pas notre tour ? Les détails qui viennent d'Italie sur le désastre de la Calabre et de la Sicile sont affreux[11]. J'ai lu chez Mme Cramer Delon une grande lettre d'un Italien qui venait de Naples et qui fait une peinture effroyable de tout ce qui est abîmé, tué, renversé, écrasé… Un Chapeaurouge écrit de Messine dans le moment du renversement. Son associé et toute la maison ont péri. Lui ne s'est pas amusé à périr. Il a sauvé le coffre-fort, les balles de soie et les livres, et il était à bord d'un vaisseau d'où il voyait tomber et brûler les maisons. Il finit par dire : « Que Dieu conserve les perdans ». Apparemment c'est une prière genevoise qui ne regarde que les autres. Naples n'a pas bougé et la Sardaigne est parfaitement tranquille. Dites-moi les nouvelles que vous en avez[12].

« Rosalie, informe-toi à quoi en est la *Société littéraire*[13] ; s'il y a des sujets proposés, dis-les moi. J'espère que tu n'es pas froide et languissante sur ta guitare et que tu prendras de bonnes leçons. Je les paierai avec plaisir »[14].

C'est vers ce temps que Samuel de Constant publia le premier de ses romans.

« *Le Mari sentimental*, écrit Rosalie, eut un succès qui, s'il ne s'étendit pas loin, n'en fut pas moins complet dans le païs. Il était anonyme, et comme l'auteur n'avait rien publié encore, il ne fut point deviné. Ce que chacun venait nous en dire en le racontant avec plus ou moins de vivacité nous amusa parfaitement[15]. »

Plusieurs critiques ont attribué *Le Mari sentimental* à Mme de Charrière née de Thuyl, qui s'était déjà fait connaître par ses *Lettres de Lausanne*, mais Sainte-Beuve lui-même n'a pas tardé à reconnaître son erreur, et, dans un article sur Mme de Charrière qui se trouve dans un volume intitulé *Portraits de Femmes*, il fait une longue et élogieuse analyse de ce roman en en rendant la gloire à son véritable auteur. Si l'éminent critique s'y attarde si longtemps, c'est que la femme qui faisait l'objet de son étude a écrit une contrepartie de l'œuvre de Samuel de Constant, qu'elle a intitulée : *Lettres de Mistress Henley ou la Femme sentimentale*.

Nous n'avons ici à nous arrêter ni sur l'un ni sur l'autre de ces deux ouvrages, d'autant plus que Rosalie elle-même ne semble pas avoir attaché un grand prix aux œuvres littéraires de son père. Voici, avec celui déjà cité, les seuls paragraphes qu'elle leur consacre :

» Je m'accuse de n'y avoir pas eu assez de plaisir. Le genre roman ne me paraissait pas digne de l'esprit de mon Père, quoiqu'il sût y renfermer d'utiles leçons. J'aurais voulu que son âme, que j'estimais encore plus que son esprit, s'y montrât comme elle s'est montrée dans quelques autres ouvrages[16]. »

« Mon Père regrettant de ne pas employer plus utilement son activité, son esprit, ses connaissances, s'était mis depuis un an ou deux à écrire pour remplir quelques momens. Ses romans étaient des cadres où il faisait entrer ses idées philosophiques, politiques ou d'utilité pour le païs. Cette occupation l'amusait, fournissait quelque aliment à son esprit actif, à sa vive sensibilité, à son besoin de bonheur. Ses écrits sont une portion de lui-même[17]. »

« Souvent, dans les longues soirées d'hiver, il nous dictait en travaillant à de la tapisserie. Cela variait le tems et la vie. Il permettait les critiques, il y invitait même[18]. »

À nous qui avons lu d'un bout à l'autre ce petit volume revêtu de papier gris, un étonnement nous est venu, c'est que ni Rosalie ni aucun des contemporains de M. de Constant n'aient soupçonné que l'auteur n'avait pas eu besoin d'aller bien loin pour trouver l'original de ce *Mari sentimental* perdant peu à peu toutes ses illusions sur les joies qu'il avait attendues de la vie conjugale... En tout cas, si la fille a eu à cet égard le moindre soupçon, elle n'en parle nulle part, et nous ne saurions que respecter sa délicatesse et sa discrétion.

Le petit Victor avait été ramené de Dardagny à Saint-Jean après la mort de sa grand'mère de Constant. C'était alors un bonhomme de onze ans et son père lui donna comme précepteur M. Bourrit, fils de l'écrivain. Victor partageait ses leçons avec plusieurs amis ; l'un d'eux, M. Gaudy-Le Fort raconta plus tard dans ses *Promenades historiques* ce qu'il se rappelait de l'intérieur des Constant à Saint-Jean :

« Mes souvenirs de première jeunesse me représentent M. Samuel de Constant comme un homme d'assez petite taille, mince et vif, et en cheveux blanchissants. J'étudiais alors avec son fils Victor, sous la direction de M. Bourrit, fils aîné du peintre des Alpes, et j'étais reçu à Saint-Jean avec beaucoup d'affabilité par toute la famille. Deux choses de cette aimable maison me restent particulièrement présentes : une quantité de petits carrés de papier d'une écriture fine, répandus dans plus d'un lieu du logis, et une grande commode remplie de curiosités chinoises qui ornait le salon. Ces carrés de papier appartenaient aux brouillons des deux jolis romans qu'aidé de ses deux sœurs [filles], dit-on, composait alors Samuel de Constant, *Camille, ou lettres de deux filles de ce siècle*, et *Laure de Germosan* ; ces curiosités chinoises provenaient des voyages du fils aîné [second] du maître de céans, qui, à peine âgé de quinze ans, avait visité le Céleste-Empire. »

Les amis les plus intimes de Victor étaient Simonde qui, au grand amusement des Genevois, devait se faire appeler plus tard Sismondi, et deux jeunes Gallatin, Gratien[19] et Jean-Louis. Ce fut avec ces philosophes en herbe que Victor fonda la *Vertueuse république de Consigal,* dont le nom est formé des préfixes des noms Constant, Simonde et Gallatin, et dont les biographes de Sismondi parlent avec une admiration presque égale à celle que professe pour cette remarquable institution la grande sœur Rosalie.

« Sismondi, dit celle-ci, en fut le Solon et Victor le Thémistocle. Si les emplois civils et militaires y étaient cumulés, l'ambition ni la cupidité n'en étaient pas coupables. Montesquieu connaissait sûrement les lois qui furent écrites par eux lorsqu'il dit que la vertu est le principe des républiques comme l'honneur celui des monarchies. On avait fait un trésor, on parcourait les chemins pour défendre les faibles et secourir les pauvres après examen de leur situation. J'ai retrouvé un document que je conserve précieusement, mais ce sont les beaux discours de Sismondi qu'il aurait fallu garder et relire.

« Il en avait fait un de quatorze pages. Je vois encore l'admiration grave avec laquelle on le vantait.

« La République siégeait dans un lieu digne d'elle.

« Un citoyen de Genève, zélé partisan de Rousseau, avait un fils qu'il résolut d'élever comme Émile. Un sculpteur de ses amis lui proposa un groupe de figures qui exprimerait son idée et la ferait durer. L'exécution fut assez heureuse. Sur un piédestal élevé, on voyait la figure de Rousseau en pied, de grandeur naturelle et très ressemblant. Émile à ses pieds travaillait à un petit chariot. C'était le fils du citoyen

Argand qui *avait l'air de croire faire* quelque chose d'utile et *d'en être heureux*. Une chaîne de fleurs qu'il ne paraissait pas voir le soutenait. Le maître la tenait d'une main et de l'autre s'appuyait sur une colonne à demi brisée sur laquelle on avait représenté les moyens d'instruction des jésuites : les fouets et autres punitions corporelles, l'air sévère et menaçant, les pleurs, etc.

« Sur le piédestal se voyait l'opinion sur son trône élevé et posé sur une mer orageuse. Un père la montrait à son fils en lui faisant signe de s'y soustraire ; une mère amenait sa fille avec l'expression contraire. L'ensemble était agréable, quoique l'exécution ne fût peut-être pas parfaite. »[20]

Une maquette de ce groupe, où l'on peut voir tout l'Émile en raccourci, se trouve aujourd'hui à Genève, dans le Musée des Arts décoratifs, et vraiment cela fait un objet assez agréable à regarder. Le citoyen fanatique de Rousseau ayant tenté des spéculations fâcheuses, se trouva dans l'obligation de vendre son chef d'œuvre et ce fut Samuel de Constant qui l'acheta.

« Il fut placé, nous dit Rosalie, dans une salle de verdure et au fond d'une niche en rotonde garnie de coquilles qui faisait valoir la sculpture et les détails. Sur le frontispice mon Père plaça ces mots : *Homo erat*, pour excuser le tribut payé par Rousseau à l'imperfection humaine. Au bas du piédestal une devise en latin disait : Le citoyen Argand a érigé ce monument au citoyen Jean Jacques Rousseau. Constant le dédie au philosophe[21].

« Vis-à-vis de la rotonde était un banc circulaire et ombragé, et aux deux côtés deux volières que Lisette remplissait des plus jolis oiseaux. Par ses soins ils étaient heureux dans les feuillages où ils avaient assés d'espace pour se croire libres. Nous avons quelquefois rassemblé nos amis à déjeuner dans ce salon si bien orné par la nature et par l'art. Il était la métropole de la République de Consigal. Ingrat que tu étais ! Tu ne devais jamais avoir à te plaindre de l'Opinion et tu lanças un jour contre son trône de petites pierres qui détachèrent quelques-unes des têtes sortant du bas relief. Mon Père en fut fort en colère. Charles Bourrit n'eut point de repos qu'il n'eût fait tenir les petites têtes, ce dont mon Père fut fort touché[22]. »

Ce groupe était bien cher au cœur de Samuel ; car, lorsqu'il transporta ses pénates à la *Chablière*, quelques années plus tard, il l'emporta, et ceux qui venaient visiter les Constant pouvaient l'admirer à la place d'honneur. Sophie Laroche, entre autres, l'amie de Gœthe, en parle dans une de ses lettres, publiée par Gaulieur dans la *Revue Suisse* de 1858 :

« Ah ! mes amis, quelle famille ! et quelle campagne ! De la terrasse on jouit de la plus admirable vue sur le lac Léman. Au bout d'une allée majestueuse est élevé un temple à la nature avec la statue de J.-J. Rousseau,… » Suit une description semblable à celle que nous avons déjà lue.

Retournons aux *cahiers* de Rosalie.

« Je crois me rappeler que ce fut à la fin de l'été 83 que nous vîmes à Saint-Jean le prince Henri de Prusse. Mon souvenir me présente un petit homme d'une laideur amère, sans rien dans l'expression, la physionomie, les manières qui puisse en consoler. Il fut assez causant dans le salon de mon Père, mais je ne me rappelle aucune de ses paroles. On parlait de lui dans toutes les gazettes et les conversations. Sa défaveur auprès de la Reine de France éleva deux partis, de sorte qu'on le jugea fort diversement[23].

« Mon Père nous permit cette année-là, à ma sœur et à moi, de passer les vendanges à Lalex avec notre bon frère Juste qui était arrivé en semestre. Ce petit ménage dans cette demeure que nous aimions, tous les trois près de nos amis et de nos parens qui venaient souvent nous voir, au milieu de nos bons païsans qui nous aimaient et nous apportaient sans cesse des présens, tout cela a laissé dans mon cœur des souvenirs dont j'aimerai toujours à m'occuper[24].

« N'as-tu pas gardé quelques souvenirs du Prince de Ligne ? Il vint à Saint-Jean cet été-là, de Lausanne, où il était avec plusieurs de ses enfans, le Duc et la Duchesse d'Urzel.

« Toute cette société jouait la comédie au *Bois de Vaud*, chez mon oncle d'Hermenches. Juste y fut appelé pour y faire un rôle et nous allâmes voir une représentation. Mon oncle Juste donna aussi une fête champêtre au prince, à la *Chablière*.

« L'hiver arriva, rigoureux. Te souvient-il de la neige épaisse qui couvrit la campagne dès le mois de décembre ? Les loups descendirent des montagnes, on eut plusieurs exemples de malheurs arrivés dans les villages, et lorsqu'un matin on vit les traces du loup dans la cour de Saint-Jean et qu'on ne trouva plus que la queue si belle du cher petit chien Marasquin, Juste dans sa colère jura de tuer le loup et me promit un manchon de sa peau. Que de nuits inutiles il courut et veilla au froid pour le surprendre. J'eus quelquefois la folie d'attendre son retour[25]. »

À mesure que Samuel avançait en âge, il devenait plus cher à ses enfants. Son caractère s'adoucissait, ses exigences diminuaient, l'affection de ses filles parvenait seule à atténuer le vide que laissait dans son cœur le manque d'intimité avec son épouse. Les romans qu'il composait le distraisaient aussi de la réalité, qui n'était pas toujours conforme à ses rêves, et au moment où nous en sommes, 1784, *Camille*, la meilleure de ses œuvres, était sur le point de paraître.

Ce roman eut un certain succès puisqu'il compta plusieurs éditions et fut traduit en anglais et en allemand.

Les enfants de Samuel l'appréciaient, puisqu'ils avaient commandé à leurs frais à Paris les gravures qui l'illustrent.

Rosalie elle-même a-t-elle commis un roman, comme l'en accusent quelques personnes, dont l'une d'elles va jusqu'à donner un nom à cette prétendue œuvre, et l'appelle *Repsima* ? Nous n'en découvrons aucune trace dans ses papiers, et, si jamais une production de ce genre a existé, le soin que son auteur a mis à la détruire prouverait qu'elle n'en fut guère satisfaite.

Au surplus, d'après les *Lettres recueillies en Suisse* par le comte Fédor Golowkin, ce n'est point Rosalie de Constant, mais Mlle Bouillé, qui intitula une de ses productions *Repsima*, et cette œuvre était une tragédie qui fit le bonheur des amis lausannois de Mlle Bouillé en 1767, alors que Rosalie avait neuf ans.

Rosalie de Constant aida probablement de ses conseils ses amies Mme de Montolieu, Jeanette de Polier et Constance d'Arlens, qui ont écrit et publié plusieurs romans, elle noircit beaucoup de papier pour préparer des comédies et des vers de circonstance, elle s'aventura dans la composition musicale ; plus tard, on le verra, elle y alla de son roman vécu ; mais elle ne *publia* rien, nous osons le certifier.

Son goût pour les fleurs fut, elle le dit elle-même, un puissant dérivatif : « J'ai toujours fui la publicité, écrit-elle plus tard, et l'espèce de ridicule que donnent à une femme, et surtout à une pauvre demoiselle les vers ou la prose. Si mes fleurs m'ont ôté la tentation de barbouiller du papier, c'est encore une obligation que je leur ai. »[26]

Pour le moment, vers 1784-85, elle pensait surtout à la docte science prônée à Genève par les Saussure et les Charles Bonnet, et ces études étaient beaucoup plus profitables à son intelligence que la production d'une médiocre littérature. C'est alors aussi qu'elle se prit pour les plantes alpestres d'un goût très vif qui lui procura tout le reste de sa vie de grandes jouissances.

« Le printems 1785 vint plus beau que jamais et nous ramena ma tante de Charrière et son mari. Elle nous apportait un goût nouveau dont elle nous fit partager le charme. Ma tante venait de faire avec M. Garcin de Cottens et Alexandrine des courses dans le Jura et elle avait éprouvé qu'il n'est pas facile d'aimer modérément les montagnes et les plantes qu'on y trouve. Elle arriva donc à Saint-Jean avec des presses, des rames de papier et tous les ustensiles qu'il faut pour mettre Flore en sa puissance. On commençait seulement à cette époque à admirer cette nature gigantesque qui nous entoure. On venait de loin à Genève pour faire la course de Chamonix qui n'était pas connu depuis longtems. Rien ne peut mieux prouver l'empire de la mode : On eût dit que ces grands monts inébranlables commençaient seulement à être aperçus depuis les observations et les voyages de M. de Saussure.

« M. Bourrit avait passé quelques années à Paris chez Mme Delessert, l'amie de Rousseau, à laquelle il adressa ses *Lettres sur la Botannique*. Bourrit ayant aidé cette dame à classer et à sécher son herbier, avait acquis des connaissances très utiles. Nous cherchions des fleurs que Bourrit classait avec les noms latins.

« Dans notre zèle, mon Père voulut bien nous mener tous au Salève. Il me semble encore voir Victor grimper comme un chat et cueillir toutes les jolies fleurs sous ses pas. C'était la première fois [à 27 ans !] que je voyais de près le Salève. Je n'oublierai jamais ce joli jour, notre diner frugal sur le gazon devant la porte de l'auberge, ni la belle récolte de plantes que nous rapportâmes.

« Cette même année, M. Bourrit nous fit un cours d'électricité qui nous amusa beaucoup.

« L'invention des ballons vint aussi nous surprendre et nous charmer. La bonne tante ne les laissa pas passer sans avoir affaire à elle. Elle nous mit tous à l'ouvrage pour en essayer. Une provision du plus grand papier possible est achetée, on le colle de la grandeur du parquet du grand salon et d'une belle forme. Puis tout ce qu'on peut trouver de papier inutile est trempé dans l'huile. Chacun sacrifia ses vieilles lettres, on fit un réchaud de fil d'archal le plus léger possible, mais, avant d'essayer la machine, nous allâmes chez M. de Saussure, à Conches, en voir manquer un avec toute la science possible. L'illustre professeur en était d'une humeur massacrante, il grondait ses fils et plusieurs savans témoins qui l'observaient en silence, les bras croisés ou lui faisaient quelques questions qui ne l'égaïaient pas. Nous autres, nous riions de tout.

« Ce qu'il y a de sûr, c'est que, le lendemain, nous vîmes, du bord de la terrasse, notre ballon s'élever majestueusement, traverser le Rhône et le bois de la Bâtie, derrière lequel il s'abattit.

« Ma tante de Corcelles[27], autre cousine de mon Père, nous initiait aux arts, dont elle-même avait un sentiment si vif. Elle dessinait et peignait avec un vrai talent, saisissait toujours les ressemblances et mettait dans ses portraits, l'esprit, le caractère de ses modèles. Elle avait commencé les nôtres et vint cette année les continuer en nous faisant travailler autour d'elle[28]. »

Rosalie s'exerçait aussi sur le clavecin et la guitare, mais on le voit, de romans pas question ! Si elle avait des rames de papier à sa disposition, elle les employait à faire des ballons, même elle y consacra ses « vieilles lettres », peut-être ses lettres de jeunesse à sa famille, car nous n'en possédons aucune et nous ne pouvons nous empêcher de regretter qu'elles aient été lancées ainsi dans les airs.

« Un M. Adam fit le portrait de Victor, poudré, pommadé, habit bleu, collet rouge. Il avait bien fallu céder à l'usage, relever les jolis cheveux bruns de notre frère, les serrer dans une queue et l'enlaidir, comme si on n'était pas assez vite vieux, sans commencer à douze ans ! Cette affreuse coëffure était une des erreurs du 18ᵉ siècle.

« N'as-tu pas, cher Victor, quelque souvenir de *Belle-Fontaine* ? Ce lac, ces bateaux, ces belles et fraîches matinées de printems ne s'offrent-elles pas à toi comme un songe léger et riant ? Ta mère avait une jolie propriété au bas de la côte de Cologny, un verger, des vignes, une bonne maison de vigneron. Toutes les années nous y allions déjeûner au moins une fois avec les amis que nous avions à loger, et c'était une petite fête. Nous portions des provisions, tu en faisais les honneurs comme propriétaire. Lisette nous apprêtait un déjeuner excellent, surtout avec l'appétit que la traversée du lac nous avait donné. Ah ! qu'il faisait beau, que l'herbe était tendre, la rêverie douce ! S'il y avait des trouble-fêtes, je les ai oubliés[29].

« Ce fut cette année-là [1785] que nous fîmes, Lisette et moi, avec mon Père, Mlle Gallatin et Mme Hardy, le voyage des glaciers de Chamonix, et j'ai envie de rappeler ici un joli déjeûner sous nos ombrages où étaient nos camarades de voyage, venus nous prendre à Saint-Jean. M. Huber, père du célèbre naturaliste aveugle, et ami de mon Père, se joignit à nous. C'était un amateur célèbre de dessin et de peinture, l'inventeur de ces découpures qui ont eu beaucoup de vogue par la difficulté vaincue, et qui rendaient la nature avec agrément par un simple trait de ciseau et un carton blanc où la perspective et des détails admirables étaient exprimés. M. Huber était connu aussi par son esprit piquant et gai, et comme l'ami de Voltaire dont il a reproduit la figure de mille manières. Cet homme aimable nous amena encore le grand acteur Préville, qui avait quitté le théâtre depuis longtems. Ce fut une matinée charmante, nos trois hommes d'esprit se faisaient valoir réciproquement. Nous fûmes étonnés de ne le trouver ni farceur ni bouffon, mais homme du monde, moraliste, ayant bien observé les hommes, et sérieux.

« J'aurais dû, lorsque je voyais des personnes célèbres, ce qui arrivait assez souvent, écrire le soir ce qu'elles avaient laissé dans mon esprit, mais, quand on est jeune, le moment présent est tout. Pense-t-on que les souvenirs seront quelque chose et que le tems qui semble venir à nous s'enfuit ? Je n'ai jamais aimé à écrire, quoique j'en eusse alors la facilité[30] ».

« Je n'ai jamais aimé à écrire ! » Il faut bien que Rosalie nous le dise pour que nous la croyions. Il est vrai qu'ici, nous avons à nous plaindre d'une lacune. La voilà partant pour Chamonix, un pays presque inexploré à ce moment, et quatre lignes lui suffiront pour résumer ses impressions ! Évidemment elle écrivit un journal spécial de ce voyage, et ce journal a été perdu. Autrement nous ne lui pardonnerions pas sa négligence. Voici tout ce qu'elle nous dit ici :

« J'eus bien du plaisir. L'image de ces glaciers ne s'est pas encore effacée de ma tête quoique je n'aie jamais pu y retourner. J'en eus plus de fatigue encore et m'en suis ressentie longtems ».

La santé de Rosalie, déjà à ce moment, était une entrave à ses jouissances, et, bien souvent depuis lors, elle dut compter avec la faiblesse et la fatigue.

De Chamonix elle s'en alla à *Valency*, chez sa chère amie et contemporaine Charlotte Hardy, née Grenier. Le plaisir fut complet, car elle y trouva sa cousine Constance d'Hermenches, laquelle venait de se fiancer avec M. Cazenove d'Arlens.

« Ce fut pendant mon séjour à *Valency*, reprend Rosalie, que Lavater vint à Lausanne. Ma tante de Charrière, qui avait volontiers les primeurs des choses agréables, ne tarda pas à me mander pour un déjeûner qu'elle lui donnait. Elle avait réuni beaucoup de monde dans son grand salon de la rue de Bourg. Il y régnait une vive agitation.

« Je fus frappée des traits élevés du savant, de son nez pointu, de ses yeux gris et perçans. Il y avait dans sa physionomie une douceur qui rassurait. Il parlait à peine français. Chacun cependant voulait l'entendre, savoir comment il en était jugé. L'amour-propre bravait ses jugemens, ne doutant pas qu'il ne devinât les qualités, les vertus que chacun se croit, ou veut que les autres leur croient. Le pauvre homme ne savait que dire. Enfin, il tire un grand livre — c'était un album — et il somme chaque personne d'y écrire quelque chose. Ce fut alors qu'on fut embarrassé de cet impromptu obligé ! Je ne me souviens pas du mien, excepté que je le trouvai plat sans pouvoir faire mieux. Ce fut une matinée amusante et gaie. Il alla aussi à Saint-Jean, où il vit beaucoup de monde. Il remarqua un trait général chez les Genevois, les os du front avancés au-dessus des yeux et un creux dans le milieu, ce qui indique des penseurs soucieux[31] ».

Rosalie se trouvait si bien à *Valency,* avec ses deux amies, que son père et sa sœur désespéraient de la voir réintégrer le domicile paternel.

« Ma chère Rosalie, lui écrivait son père, tu t'accoutumes trop bien à te passer de nous. N'oublie pas les chaînes dont le bon Dieu t'a affligée. Tu sais que j'ai toujours besoin de toi et j'y ai recours dans ce moment pour deux objets importans. Le premier est pour un précepteur, car je ne sache rien qui ne puisse être de ton ressort… Pince-toi un peu l'œil et regarde, quand même c'est un homme, je me rapporterai à ce que tu décideras.

« L'indépendance et la dissipation des gens de Genève est très difficile à soutenir et je voudrais un peu d'assiduité dans ces tems de peine et d'ennui » [pour l'éducation de Victor].

« Une autre affaire est que tu sais que l'on veut réimprimer *Camille*. J'ai promis de faire des corrections, on les attend pour commencer l'impression. Les estampes sont gravées, je voudrais consulter M. Gibbon sur la manière dont on pourrait corriger les fautes de costume sans rien changer au fond… Vois M. Gibbon et demande-lui s'il veut me donner ce secours. Il s'agirait qu'il me donnât une ou deux matinées. J'irais exprès pour cela et ce serait une occasion pour te ramener… Chère Rosalie, je te distrais prodigieusement de tes plaisirs, tu sais que mon emploi est de donner la peine et le chagrin, et si tu as oublié comme je sais bien m'en acquitter, voilà de quoi t'en ressouvenir. Ta vocation à toi, est les belles actions.

« Je ne te dis rien de nous, parce que tu nous vois parfaitement. Tu entends comme Lisette se tait et tu vois comme elle n'est jamais là. Elle a bien voulu aller hier au bal. Mme Sales et Mlle Jacquet vinrent la prendre, et dans ce moment elles dorment là. Lisette a assez dansé et elle était jolie, elle n'est jamais assez bien mise.

« Votre gros prince blanc retourne aujourd'hui. Il aime bien Lausanne. Il a été fort honnête avec nous. Je te prie de lui faire beaucoup d'amitiés ».

De Lisette :

« Mais que deviens-tu, chère Rosalie ? Est-il possible que tu ne dises pas un mot de ton retour ? Les étrangers commencent à trouver ton absence bien longue, et moi je la trouve insupportable. Chère Charlotte, renvoie-moi ma Rosalie. J'ai été hier au bal, le prince de B.[32] ne m'a parlé que de Mme Hardy et des Mlles de Bons, il les aime mieux que toutes les belles de Genève. Adieu, cher ange de sœur, reviens, je t'en prie, et reviens aimant beaucoup ta sœur qui te chérit[33]. »

Rosalie céda aux tendres sollicitations de sa famille et rentra à Saint-Jean, qui, décidément, lui semblait un peu morne à cette époque.

Pauvre Rosalie ! La trentaine sonnait pour elle, l'âge où l'on rêve de bonheur donné et reçu avait passé sans laisser de sillage lumineux. Ses forces physiques, jamais bien considérables, allaient déclinant ; entre un père accablé de soucis pécuniaires, tiraillé par des scrupules de conscience, une belle-mère inerte, une sœur qui se taisait, il fallait certes une bonne dose de courage moral, d'oubli de soi, d'efforts intellectuels, pour chasser du salon familial les papillons noirs qui volontiers y voltigeaient.

Les comédies de circonstance, les pièces « à tiroirs », comme elle disait — un peu ce que nous appelons « revues » maintenant — étaient sa grande ressource. Elle s'en allait en famille les jouer à Pregny, chez l'amie Gallatin, aux *Délices* chez le voisin Tronchin, ou bien elle les jouait à son propre foyer en invitant quelques amis de Genève. On chantait aussi :

« Nous essayâmes de grands airs, des duos de *Didon*, et pour que Gluck ne fût pas jaloux de son rival (c'était le tems de la guerre des Piccinistes et des Gluckistes), nous apprîmes le bel air d'*Iphygénie en Tauride*. On en parla ; notre ami Huber, l'aveugle, cet homme si aimable, si intéressant, avait un vif sentiment de la musique. Il connaissait toutes les ressources de l'harmonie. Lorsqu'il improvisait et chantait, on aurait cru voir Ossian ou Milton. Il désira nous entendre. Une soirée fut arrangée en ville. Le bel air fut chanté plusieurs fois[34] ».

Un imprévu, une histoire de voleur, vint aussi rompre la monotonie de l'hiver.

Un ancien domestique éconduit s'était introduit, par une porte extérieure, dans une cave où il passa plusieurs jours, frôlant la robe de Lisette, qui venait arranger des pommes, et d'où il partit en emportant toute l'argenterie de la maison. On le découvrit quelques jours après à Bâle, et dans ce temps on n'y allait pas de main morte :

« Quoique nous fussions bien aise de ravoir notre vaisselle, poursuit Rosalie, l'idée que cet ancien serviteur *allait périr* par suite de son séjour avec nous était bien triste. Demander sa grâce aurait été inutile, il n'y en avait alors aucune pour un vol domestique. Bourrit et Victor allèrent le voir entrer en ville sur son chariot, le chapeau de Victor sur la tête et le parapluie du précepteur à la main. Dans ses dépositions il fit toute notre histoire pendant les cinq jours qu'il avait habité le petit caveau. Mon Père voulut le voir, mais ce même jour on apprit qu'il avait trouvé moyen de s'étrangler avec sa cravate. Dieu est miséricordieux, gardons-nous de deviner ses jugemens et de borner son immense bonté... Je dois ajouter que le gouvernement ne voulut pas que nous payassions aucun frais de transport ou autre pour notre vaisselle. C'était bien libéral.

« Le 5 décembre j'avais été sommée de remplir mes engagemens pour la noce de notre cousine Constance et de me rendre à Rolle où elle m'attendait. Le jour était superbe, aussi doux qu'au printems, et égayé par un beau soleil. Je les trouvai tous à la *Tête Noire*, c'est-à-dire Constance et son époux, M. et Mme Hardy, qui remplaçaient les parens protecteurs, et Henriette Cazenove, qui voulut accompagner son frère.

« Nous fîmes, elle et moi, la toilette de l'épouse, nous la coëffâmes de sa couronne et le grand deuil qu'elle portait encore pour son père disparu. Notre dîner fut fort gai et nous arrivâmes à St-Sulpice près Lausanne un peu avant le coucher du soleil, ce qui était nécessaire pour la légalité. M. Bridel, plus tard pasteur à Montreux, fit la cérémonie.

« Nous fûmes reçus à Lausanne dans un joli appartement, par la mère de l'époux et encore par d'autres parens. L'époux avait acquis un fief dans le canton de Fribourg, duquel ils prirent le nom de M. et Mme d'Arlens. Ils ont toujours été pour nous les meilleurs et les plus aimables amis[35] ».

En ce temps, l'argent se faisait rare à Saint-Jean comme ailleurs. Les Genevois avaient commencé à spéculer sur les *billets solidaires* qui devaient leur coûter plus de soucis qu'ils ne leur rapportèrent de louis d'or. « Quoique mon Père, nous dit Rosalie, crût comme les autres avoir fait de bonnes spéculations, quoiqu'il espérât au bout d'une année ou deux, voir augmenter ses rentes, nous étions encore des plus pauvres d'entre nos connaissances[36]. »

C'est alors qu'intervint M. Servan, que l'on considéra pour un temps comme le sauveur de la famille. Mais hélas ! combien le service qu'il rendit pesa lourdement sur Rosalie et Charles ! Par l'entremise de Mme de Charrière il avait offert à M. de Constant de lui servir immédiatement quelques milliers d'écus, moyennant une rente qu'on s'engageait à lui payer sa vie durant. L'affaire fut conclue et les écus furent les très bien venus, mais une grosse question restait pendante.

« Mon Père, dans sa justice et sa délicatesse, nous explique Rosalie, sentait toujours plus la nécessité de quitter Saint-Jean. Nous en jouissions depuis onze ans (sans payer un sou de loyer), tandis que mes frères (à qui il appartenait aussi), Charles surtout, n'y avaient fait que de courts séjours. Pour suivre à sa carrière militaire Juste était appelé à des sacrifices d'argent[37]. »

Vendre Saint-Jean était la seule alternative qui se présentait, et justement Charles allait revenir de Chine pour la seconde fois. C'était lui qui trancherait cette grave question.

« Le but de mes travaux, aurait été de garder notre propriété, répondit Charles, le plus genevois de nous tous. Jusqu'à présent, les circonstances ne m'ont pas été favorables, je n'en ai pas le pouvoir[38]. » Il l'eut, plus tard, ce pouvoir, Saint-Jean lui appartint en propre et jamais il ne le vendit.

En attendant de trouver un locataire, voire même un acheteur, la famille était tout à la joie d'avoir retrouvé le cher Chinois.

« Notre vie, continue Rosalie, fut extrêmement égayée par la présence de notre frère. Mon Père avait du plaisir à le mener chez ses plus fashionables amis, entre autres chez M. Bonnet, qui témoigna du plaisir à l'entendre et qui sut le faire parler d'une manière intéressante, tandis que d'autres l'accablaient de questions absurdes qui se tournaient en gaîté parmi nous.

« On venait beaucoup nous voir. Ce fut cet été-là que notre amie Mme de Crousaz, la très jolie veuve, épousa le Baron de Montolieu. Ils nous firent une visite de quelques jours avec leur sœur Mlle de Bottens.

« Parmi les étrangers que la belle saison attirait sur les bords de notre lac, on vit paraître cette année-là le Duc de

Glocester, frère de Georges III et sa femme, d'une beauté remarquable, blanchisseuse dans sa jeunesse. Avec leurs deux jolis enfans qui jouaient avec Victor, des chambellans, des gouvernantes, Lady Almerica Carpenter, amie de l'un et de l'autre époux, ils s'établirent au *Château-Banquet*, tout près de la ville et reçurent leurs voisins. Nous y allâmes souvent.

« Cette cour complète se répandit plusieurs fois sur notre terrasse. Charles, parlant l'anglais comme sa langue, y fut très bien reçu. En général il y avait beaucoup de mouvement dans la société.

« À peu près en même tems arriva la Duchesse de Bourbon, mère du duc d'Enghien[39]. Elle était séparée de son mari et, quoiqu'il fût plus à blâmer qu'elle, sa renommée n'était pas bien pure. Elle vint aussi souvent à Saint-Jean. L'esprit et le talent de plaire qu'avait mon Père étaient plus excités par une princesse française, une descendante de Henri IV, qui avait de beaux yeux noirs et qui savait l'entendre, que par ces belles anglaises qui croyaient faire assez en se montrant. La duchesse n'était pas jolie, mais elle avait la grâce, le tact, qui ne manquent presque jamais à ses pareilles. Elle jouait de la harpe et chantait avec expression.

« Parmi les dames qui l'accompagnaient, la Comtesse de Serrant[40] était fort spirituelle. Elle me prit dans une sorte de gré et nous causions souvent ensemble.

« Je les accompagnai un dimanche à Saint-Pierre. Elle trouvèrent notre culte fort beau ; le chant des Psaumes les édifia, mais il ne tint pas au prédicateur de les refroidir. M. le Pasteur de l'Escale était un des plus médiocres de ce tems-là. Son chapeau à trois cornes, ses gestes faisaient toute la gravité du service[41] ».

Pris comme complément, dans une lettre de Samuel à ses enfants, alors en séjour à Lalex :

« Il y a un bal au chauffoir de la comédie pour une Princesse Lubomirska et sa fille Potoka. On a envoyé des cartes pour ces demoiselles. Il y a aussi des ducs de Liancourt.

« *Laure*[42] a paru samedi, mais je ne sais pas si on s'est bien jeté dessus.

« Il se fait un nouvel emprunt en loterie, le billet de 400 livres au 5 %, et outre celle-ci, des lots de cent mille francs. Il faut que Rosalie y mette quelques billets avec l'argent que M. Lullin lui remettra. J'ai écrit à M. Mallet de Paris de lui en retirer cinq qui feront 2000 livres. Il faut qu'elle envoie à M. Lullin la lettre suivante…[43] ».

Cette lettre peint bien M. de Constant. Il vient d'écrire *Laure*, un roman où il met en garde contre les dangers des spéculations, et en même temps il pousse sa fille à en entreprendre, il en entreprend lui-même. C'est ce qui faisait dire à l'un de ses amis, en parlant de lui après sa mort : « Par quelle fatalité le flambeau de l'esprit, si lumineux pour les autres, laisse-t-il souvent celui qui le porte dans l'obscurité ?[44] ».

Laure, à en croire Rosalie, eut un grand succès. Il fut traduit en plusieurs langues et la Reine de France ne le trouva pas trop long, puisque, après quatre volumes, elle fit demander la suite à l'auteur !

Empruntons ici quelques pages au *Journal de Charles de Constant*.

« Genève était, à l'époque où je l'ai revue, dans une grande prospérité qui était due à deux sources : l'agiotage que ses habitans entendaient et entendent fort bien, et l'abord nombreux des étrangers qui y dépensaient beaucoup d'argent.

« Il était honteux d'être pauvre et de ne pas faire comme les autres, car il fallait être inepte pour ne pas gagner de l'argent. Il n'y avait pour cela qu'à vendre et acheter les fonds publics. On avait inventé bien des moyens : les billets solidaires épargnaient aux ignorans les calculs à faire comme les logarithmes. « Donnez votre argent, disait-on, et dans peu d'années vous aurez la rente du capital engagé ». Il fallait être un sot pour ne pas mettre à une loterie où tous les billets sont bons, car pour que la spéculation manquât il aurait fallu que la France fît banqueroute, et c'était une éventualité que personne à ce moment ne regardait comme possible.

« On me fit donc partir pour Paris dans l'espoir que, n'étant point un sot, je serais entraîné par l'exemple de mes concitoyens qui, en grand nombre, agiotaient à la Bourse avec succès.

« Mon oncle Juste menaît à Paris son fils Benjamin pour achever son éducation et entrer dans le monde. Nous fîmes la route ensemble. Mon oncle était un homme de beaucoup d'esprit, mais d'un caractère difficile, caustique et impérieux. Il avait une ambition sans borne pour son fils et sacrifia beaucoup pour lui donner une brillante éducation.

« L'esprit et les talens naturels de Benjamin avaient bien profité de cette éducation ; il parlait allemand, français et anglais, avait passé par tous les degrés de l'université et avait déjà fait plusieurs compositions fort approuvées. Il avait les passions vives et était peu disposé à les tenir en bride. Lorsque nous vinmes à Paris il n'avait pas encore vingt ans. À cette époque son père et lui ne vivaient pas confortablement ensemble. Mon oncle ne demandait rien pour lui, mais il était jaloux de tous ceux ayant quelque avantage qui était refusé à son fils. Le père et le fils se querellèrent pendant les dix jours que dura notre voyage dans le carrosse de mon oncle.

« À Paris, mon oncle se faisait appeler M. Constant, et son fils, M. le baron de Constant.

« J'étais porteur de plusieurs lettres de recommandation et fus bientôt présenté chez mes compatriotes, M. de Germany, frère de M. Necker, le comte Diodati, les Rilliet, les Thelusson, etc. Je fus aussi présenté à M. et Mme Suard, chez qui se réunissaient les lundis un grand nombre de personnes célèbres : l'abbé Morelet, le président Dupaty, Condorcet, La Fayette, Garat de Chabanon et autres, auxquelles se joignaient les célébrités de passage et les étrangers de marque. La conversation était toujours d'un grand intérêt, j'écoutais avec une avidité curieuse. Quelquefois on me questionnait sur la Chine.

« Benjamin se faisait déjà remarquer par son érudition et son esprit. Son père le gênait, quoiqu'il parlât peu. Quand mon oncle retourna à son régiment, son fils n'en fut pas fâché.

« Je me liai beaucoup avec mon cousin. Il prit du goût pour Mlle P… Son père aurait voulu qu'il fît un riche mariage. Cette demoiselle avait une grande fortune et aurait volontiers accepté Benjamin, mais Mme P… avait l'ambition de faire de sa fille une femme titrée. La passion de Benjamin lui monta la tête ; il s'emporta comme une soupe au lait, il voulut s'empoisonner, et finit par faire une fugue en Angleterre après avoir manqué son projet d'enlever la belle, qui y avait à moitié consenti.

« J'allais quelquefois chez M. Necker, où on voyait la cour et la ville, et plus souvent chez sa fille, à l'hôtel de Suède. Au spectacle, je m'amusai royalement. Le Théâtre français était ce qu'il n'avait jamais été et ne sera jamais plus. Mole, Thuri, d'Azincourt, la Contat, la Durienne, faisaient oublier que ce qu'on voyait et entendait, était une imitation.

« Et l'agiotage ? demanderez vous. J'avais et j'ai encore une répugnance presque insurmontable pour ce moyen de faire fortune aussi immoral que contraire à toute véritable industrie et prospérité, ainsi qu'à cette loi de la nature acclamée par Dieu : « Tu travailleras ».

« Mon Père m'écrivait souvent pour me demander quelle bonne affaire j'avais faite et pour me gronder. Enfin, poussé à bout, j'achetai des effets publics pour une somme considérable, mais à terme, et déposai mille écus qui devaient être perdus si je ne tenais pas le marché. Les effets baissèrent le lendemain et perdirent de leur valeur et au delà jusqu'au jour fixé pour les prendre. J'avais mal calculé, j'étais un sot, il aurait fallu jouer à la baisse. J'écrivis à mon Père ma triste aventure, presque en triomphe. On ne me pressa plus[45] ».

Charles de Constant a rédigé son journal en 1824, bien des années après les événements qu'il raconte, lorsqu'il fut devenu un bon père de famille, bien assis dans la vie, les vicissitudes de son existence n'étant plus que des souvenirs. Ce journal est tiré des lettres qu'il écrivait à ses sœurs, et nous préférons beaucoup les lettres au journal, car, s'il y perce quelque amertume, elles sont animées de plus de juvénile gaîté aussi. Sa sœur Rose est de notre avis du reste, car voici ce qu'elle écrivait à Charles sur ce sujet :

« Je crois bien que tu gâtes tes journaux en les allongeant. Il est difficile de ne pas flétrir des souvenirs au bout de 30 ans en voulant les rajeunir. Si cela t'amuse tu fais bien, mais laisse subsister les deux éditions afin que nos neveux puissent choisir[46] ».

De Charles de Constant à Rosalie.

18 novembre 1786 [en route entre Genève et Paris].
« Nous voilà partis dans une bonne voiture ayant pris toutes les précautions contre le froid. Mon oncle, Benjamin et moi sommes d'un caractère fort différent. Benjamin est toujours occupé de son malheur extrême, il ne parle jamais d'autres choses. Je vous avoue que j'ai découvert que je ne suis qu'une bête, je n'entends rien à tous les profonds raisonnemens de mes compagnons, je pense à vous, je dis à Benjamin qu'il m'ennuie lorsqu'il me dit que tous les hommes sont malheureux, que toute la nature humaine est combinée pour notre malheur, je lui cite des exemples, il me dit que ce n'est qu'une illusion et je finis par lui chanter une petite chanson.

Paris, 4 déc. Hôtel des États-Unis. — Il faut que je vous parle de mon oncle. 1° il m'impatiente ; 2° il m'ennuye ; 3° il n'est pas de mon goût. Je conçois fort bien le désespoir de Benjamin ; le jeune homme, avec des passions d'une grande vivacité et l'amour outré de la liberté trouve sa position cruelle.

11 déc. — J'ai soupé chez Mme Steal[47], il y avait beaucoup de monde et par conséquent je m'y suis fort ennuyé. J'ai fait une visite à M. de Condorcet. J'ai dîné chez Mme Tronchin où j'ai fait connaissance avec Vernet le peintre. »

En ce temps, on le voit, Benjamin laissait son cousin aller seul chez Mme « Steal » ; il était amoureux ailleurs ; c'est à ce moment aussi qu'il fit la connaissance de Mme de Charrière de Colombier qui devait le charmer assez longtemps. Charles était également amoureux, et c'est ce qui rapprocha les deux jeunes gens. Quelques jours après, Charles écrit :

« Benjamin et moi sommes liés étroitement, il est revenu de ses idées sinistres.

« J'ai soupé vendredi chez Mme Stael ; en confidence je vous dirai que je m'y ennuyai à la mort, que je déteste le ton pédant et haut de cette parvenue. N'en disons point de mal, car elle me fait des honnêtetés. La société de Mme de Suard est celle qui me plaît davantage, voilà mon maître de flûte, adieu...

6 février. — Des banqueroutes effroyables se découvrent tous les jours, le roi vient d'emprunter 80 millions de la Caisse d'Escompte qui à son tour les emprunte au public. Si, comme les Genevois, j'avais quelques centaines de mille livres, j'aurais vite fait de bonnes affaires sans blesser la délicatesse. Sans argent, on ne fait rien, on dira que je suis une bête ou un fou. Il faut chercher le bonheur ailleurs que dans le tripot des affaires.

12 avril. — M. De Calonne, que tout le monde méprisait, est détesté et déchiré… Une personne me dit qu'en passant devant le Trésor royal elle avait vu du fumier [destiné à atténuer le bruit de la rue]. — Qui est malade ? a-t-elle demandé à la sentinelle. — C'est le trésor royal. — Et de quelle maladie ? — D'un grand épuisement. — A-t-on fait quelque chose pour lui donner des forces ? — On a assemblé les principaux médecins du royaume, ils ont ordonné l'émétique… des insectes le rongeaient intérieurement, on espère qu'il se remettra. » Tu vois que dans ce païs les choses les plus sévères sont le sujet de plaisanterie.

« Je suis bien heureux de n'avoir pas touché à notre argent, j'ai toujours un pressentiment que les affaires ne s'arrangeront pas très bien…[48] »

Pendant le séjour de Charles à Paris, une décision importante avait été prise par sa famille, décision déjà méditée depuis quelque temps, comme on se le rappelle.

« Cette année 1786, écrit Rosalie, préparait de grands changemens parmi nous et nous commencions à nous en occuper. Il fallait tâcher de vendre Saint-Jean. Une locataire se présentait : La duchesse de Bourbon[49].

« Mon oncle Juste, possesseur de campagnes charmantes nous appelait à nous réunir à nos parens de Lausanne, en nous pressant d'en habiter une. Il nous avait envoyé

Benjamin dans l'été (avant son départ pour Paris) pour commencer à traiter de *la Chablière*. Ma tante de Corcelles nous assurait que, n'ayant pas pris l'esprit ni le caractère du païs, nous n'étions qu'une colonie suisse aux portes de Genève.

« Le charme de Saint-Jean porté, à ce qu'il nous semblait, à son comble, nous faisait hésiter. Avec ses belles fleurs, l'ordre et le soin enchanteur dans les promenades, ses beaux ombrages, Saint-Jean avait mille charmes pour la solitude et la vie de famille ; il était aussi favorable aux grandes assemblées. C'était pour nous un mélange de regrets et d'espérance. Jusqu'à ce que la transplantation fût faite, les regrets étaient les plus forts, augmentés par la peine d'un nouvel établissement[50]. »

Au fond Lausanne a toujours eu plus que Genève les sourires de notre arrière grand'tante et si plus tard, quand elle eut quitté Saint-Jean, elle crut l'aimer passionnément, c'est parce que, son imagination aidant, l'éloignement lui faisait idéaliser le souvenir qu'elle en avait.

Dans une lettre à Charles, écrite plus tard, elle dit ceci :

« Si mon Père n'avait point eu de dettes, si sa femme avait été raisonnable et bonne, si ses enfans avaient un peu flatté son amour-propre, s'il n'avait pas été sujet à l'inquiétude et à la défiance de lui et de ce qui lui appartenait, il aurait été très heureux à Saint-Jean avec les goûts et les occupations agréables qu'il savait se créer.[51] »

On voit à tous ces *si* que le bonheur de Rosalie, reflet de celui de son père, ne devait pas être absolument sans mélange dans ce séjour qu'elle veut nous peindre sous des couleurs enchanteresses. Eût-elle parlé d'elle-même et non de lui, les *si* auraient peut-être été encore plus nombreux.

En automne on donna un bal d'adieu aux amis genevois, et puis on pensa à préparer le départ.

C'est à *la Chablière* près Lausanne, que nous chercherons Rosalie à partir de sa trentième année. Cette belle propriété existe encore. La maison a été agrandie, mais les beaux arbres qui l'ombragent sont ceux que planta la générale de Constant. Si vous vous reposez quelques instants sur le vieux mur qui sépare le parc de la route conduisant de Lausanne à Échallens, vous contemplez le même panorama éblouissant qu'admira Rosalie : au fond, les Alpes et le lac, au premier plan, les campagnes vaudoises, et tout près de vous, vous cherchez instinctivement la petite mousse qui déjà intéressa notre grand'tante.

Rosalie passa dans cette demeure des jours assombris par les révolutions politiques et par les soucis pécuniaires. L'ennui aidant, la mélancolie qui lui était naturelle s'accentua.

Pas de chevaux ni de carosse pour aller visiter les amis ; en hiver, de la neige pleins les chemins, peu de bois dans le bûcher. De temps en temps quelque nouvelle politique, la faillite d'une maison amie, la mort d'une connaissance sur un champ de bataille venait secouer la torpeur, et puis on y retombait, sans courage pour se distraire. Le Père n'était pas content quand il voyait ses filles s'abandonner à la tristesse ; il aurait voulu qu'elles l'égayassent un peu, mais il savait qu'il perdait son temps à le leur demander.

« Pour du plaisir, écrit-il un jour à Rosalie, garde-t'en bien, je pourrais croire que tu l'aimes, et c'est un tort affreux. Vous ne savez que trop bien vous ennuyer, ta sœur et toi, et c'est un vice selon moi.[52] »

Le *journal à Victor* s'est fermé en même temps que la porte de Saint-Jean. Victor est maintenant un homme lancé dans la vie. Son frère Juste l'a conduit dans un institut de Colmar où il doit se préparer à la carrière militaire. Plus n'est donc besoin ni possible de lui raconter son enfance, mais par une circonstance heureuse pour nous, c'est justement quelques mois avant, le 1er janvier 1787, que Rosalie avait commencé à prendre pour confidents ses petits *cahiers verts* auxquels nous avons déjà fait maints emprunts. Dès maintenant nous les consulterons au jour le jour comme des agendas.

Il s'y trouve un peu de tout dans ces « livres de souvenirs », comme Rosalie les intitule. Et tenez ! qu'y lisons-nous à la première page ? L'adresse d'un apothicaire de Paris.

« Le Roi de la Fauciguère, rue Saint-Honoré, a un élixir qui prévient et guérit tous les maux de dents. »

Charles était encore à Paris en janvier 1787. La bonne sœur avait certainement pensé au bien-être de son frère en notant ce précieux spécifique.

Après un remède contre les engelures, viennent quelques vers à l'adresse du Père, et puis on retombe dans la pratique, pour s'élever ensuite à la poésie.

« Penser aux comptes de boucherie les 1er du mois. »

« Donne à d'autres ces fleurs si fraîchement cueillies.
« Je veux celles, Philis, que tes doigts ont flétries

« Au printems 1787, nous nous sommes établis à *la Chablière*. Nos regrets de quitter Saint-Jean étaient balancés par le plaisir de venir vivre au milieu de nos parens et amis. C'est avec ces sentimens que nous nous occupâmes à arranger, à embellir *la Chablière* qui devint une demeure charmante.

« Au mois de mai, Charles revint de Paris. Le 7 août, nous célébrâmes avec tous nos amis l'anniversaire de son retour de la Chine. Peu de tems après, Benjamin revint après sa fuite de Paris en Angleterre, et s'établit à *Beau Soleil*[53]. Toute la famille se trouvait à peu près réunie, à la réserve de mon oncle et de mon frère Juste. C'est dans ce temps-là que mon oncle a sauvé la ville d'Amsterdam du pillage et que commença son fatal procès. Les officiers du régiment en semestre repartirent. Mon oncle Juste fit connaissance avec le duc de Brunswick, auprès duquel il plaça son fils qui partit pour Brunswick à la fin de l'année.

« L'hiver 1788 a été rempli par beaucoup de plaisirs. Nous jouâmes la comédie avec les Villars établis au *Bois de Vaud*, et notre liaison avec la famille *** devint toujours plus intéressante. »

C'est dans cette famille que Charles devait trouver une fiancée, laquelle, plus tard, l'abandonna, trouvant que la fortune tardait trop à lui sourire.

Rosalie avait joui de retrouver ses amies Hardy, d'Arlens, de Montolieu. Elle composait avec elles beaucoup de comédies et de vers de circonstance, mais, nous l'avons déjà dit, elle résista à la contagion de l'impression. Ce n'est donc pas à elle que s'applique cette lettre de Louis Bridel, que nous citons aux fins de montrer un peu ce qu'était la société féminine de Lausanne à cette époque.

« Jamais notre littérature n'a été si stérile qu'à présent. Il ne sort rien de nos presses que d'extrêmement médiocre. Ce mot est même bien adouci, mais il faut être honnête.

Cependant le roman de *Caroline* et l'espèce de réputation qu'il a procurée à son auteur[54] a causé une telle fermentation parmi nos têtes femelles qu'elles barbouillent une incroyable quantité de papier. Mais, Dieu merci ! nos papeteries sont en si bon état, et nos oies si bien portantes qu'elles n'ont pas encore amené la disette de ces deux articles. Elles passent leurs journées à composer des romans, leurs toilettes ne sont plus couvertes de chiffons, mais de feuilles éparses, et si l'on déroule une papillotte, on est sûr d'y trouver des fragmens de lettres amoureuses, des descriptions romantiques[55]. »

Tant mieux si ces honnêtes distractions pouvaient faire passer le temps sagement et joyeusement à Rosalie et à ses amies. La joie devait être rare et bonne à recueillir, car le ciel s'assombrissait de toute part. « Le jour de Saint-Louis, reprend Rosalie, on apprit la réduction des rentes de France par la bourse, ce qui fut le principe de la Révolution, elle commença à jeter l'épouvante et la tristesse dans les esprits. »

Le lendemain arriva à Lausanne la nouvelle de la catastrophe qui ruina la carrière de M. Juste de Constant, le père de Benjamin. Officier au service de Hollande, il avait commis nous ne savons quelle infraction qui, beaucoup exagérée par les ennemis que lui avait faits son caractère irascible, le porta à un parti qui lui fut fatal : En face des calomnies dont il était l'objet, il perdit la tête et s'enfuit, ce qui était le meilleur moyen de faire croire à sa culpabilité.

Son frère Samuel, âgé et pauvre comme il l'était, n'hésita pas à voler à son secours. « Jamais, dit Rosalie, la chaleur bienfaisante de mon Père n'a mieux paru que dans cette circonstance. Durant sept mois, sa vie, ses forces, son éloquence, son courage, furent employés à soutenir son frère, à parer les coups qu'on lui portait[56]. »

Pendant l'absence de Samuel, Charles se décida à quitter de nouveau sa patrie pour la Chine. Il s'embarqua en janvier 1789.

La plus grande partie des lettres échangées entre le frère et la sœur pendant ce troisième voyage ont été conservées. Celles de Rosalie se ressentent un peu des circonstances politiques et des tribulations que traversait sa famille. Nous n'y ferons que peu d'emprunts, de peur que le lecteur ne trouve la note monotone et triste.

Aussi bien, ce qui est surtout remarquable dans ces lettres, ce qui dénote un esprit admirablement clair chez leur auteur, c'est le talent avec lequel y sont racontés les grands événements qui se succédèrent depuis la prise de la Bastille jusqu'à la mort de Louis XVI, mais que n'y est-il pas narré qui ne soit connu aujourd'hui, qui ne se retrouve dans toutes les bibliothèques, sinon dans toutes les mémoires ?

Le contre-coup de ces événements sur les particuliers intéressera peut-être davantage que le récit des faits eux-mêmes, et c'est plutôt là ce que nous rechercherons.

À M. Constant. Supercargue de la Cie française des Indes orientales. Recommandée à MM. de Ribaupierre et Dacier à Cadix.

Chablière, 12 novembre 1788. — « La neige et les rigueurs de l'hiver empêchent les courriers d'arriver et augmentent notre cruel éloignement.

« Nous sommes au coin du feu, dans cette *carette* où nous nous promettions de si doux momens avec toi. Il y a aujourd'hui un an, veille de Noël, que nous faisions ensemble des sortilèges et que nous étions bien loin d'imaginer ce que le sort nous réservait. Hier la tante Charrière voulut réunir toute la famille à dîner, on but à la santé de Charles. Miss Gallatin est enterrée dans les neiges de Pregny. On dit de tems en tems pour se divertir que la banqueroute de la France est inévitable, que M. Necker ne tiendra pas. Eh ! bien, Charles nous nourrira. Il sera notre bien, notre richesse.

31 décembre. — « Te voilà donc en mer, frère chéri, nous n'y pensons pas sans la plus vive émotion. Si tu te transportes du milieu de l'Océan dans le petit coin qu'habitent tes sœurs, vois-les s'occupant de toi et gelant au coin du feu. C'est une souffrance générale dans tout le païs. Une bise cruelle faisant des monceaux de neige, la plupart des chemins sont bouchés. Toutes les provisions gèlent.

Comme, depuis longtems, on ne peut pas moudre, on craint de manquer de pain. Plusieurs boulangers ont déjà fermé leurs boutiques. La misère est grande.

« Cependant les plaisirs vont leur train. La *Société du lundi* recommence la semaine prochaine. Pour nous, nous n'y allons point, nous n'avons point de dispositions à nous amuser, et il y aurait du danger à revenir de nuit.

« L'absence du Père n'en finit pas ; il se meurt d'ennui, de froid, il se désole pour l'argent qui est un vrai fléau.

6 janvier 1789. — Le froid de cet hiver surpasse celui de l'an 9. Les vieillards ne se souviennent pas d'en avoir vu un pareil. La bonne tante Charrière est venue geler avec nous. On a renvoyé toutes les sociétés, les assemblées. Il n'y a que les Cazenove qui ont voulu se réjouir à toute force. Henriette a fait danser le *lundi* contre l'avis de tous les membres.

24 février 1789. — « Aujourd'hui il fait un beau soleil, je pense qu'il t'éclaire aussi, hélas ! c'est le seul rapport qu'il nous reste avec toi. Nous avons vu souvent nos amis, mais en petite société.

« Les plaisirs interrompus un moment pendant les rigueurs de l'hiver vont grand train maintenant. Les *samedis* ont été jolis, un concert toutes les semaines à *la Redoute*, que les acteurs trouvent fort beau, en quoi ils ne sont pas de l'avis des spectateurs. Nous irons mercredi. Hier, mon cher

Charles, tu nous fis passer une jolie soirée, les tantes Corcelles et Charrière, les d'Arlens, les Villars, Mlles de Sullens, d'Albenas, le Chevalier se rassemblèrent ici et nous lûmes ton journal et tes lettres de Cadix. Tu ne peux pas croire avec quel plaisir on l'écoute. On frémissait, on riait.

« J'ai trouvé heureux un moment que tu fusses absent pendant la singulière révolution arrivée à Genève. Tu aurais voulu y aller et ta vivacité nous aurait donné bien de l'inquiétude[57].

« Genève n'est pas une patrie à regretter, on n'y sera guère heureux malgré tous ses avantages, et tout ceci nous fait bien du tort pour Saint-Jean. Une famille hollandaise pensait à le louer, mais depuis ce tintamarre, elle y a renoncé. La misère est après nous.

« Les lettres de convocation pour les États Généraux sont données. Il y a un parti très considérable contre M. Necker. Si on parvient à le culbuter, c'est fait de nous et tu nous trouveras bien maigres à ton retour.

« Victor est très charmant, il montre une sagesse bien rare dans un officier de 15 ans. Benjamin se marie à Pâques, je n'ai pas grande opinion de son bonheur[58]. »

Victor de Constant, grâce à l'influence des Gallatin, ses parents maternels, dont plusieurs avaient servi en France, devait entrer aux Gardes suisses.

Quant à Benjamin, voici ce que dit Rosalie sur lui dans son *Cahier vert* à cette date :

« Benjamin annonça de bonne heure de grands talens et des passions ardentes, ce qui, joint à une santé faible, rendit son éducation fort difficile. Son Père, en y consacrant ses soins et sa vie, a pu se tromper quelquefois. À dix-huit ans, il était aussi avancé pour l'esprit qu'on l'est à trente. Entraîné par ses passions et son amour-propre, se croyant dans une position brillante, il fit des fautes, il mangea beaucoup d'argent. Placé à la cour de Brunswick, il s'attacha à une dame d'honneur nommée Mlle de Cramm[59]. Les qualités de son esprit et de son cœur firent naître cette inclination sans le secours de la fortune ni de la beauté. Benjamin l'a épousée à vingt et un ans, dans le moment des malheurs de son Père. Bientôt après il a volé à La Haye pour le défendre. »

De là, le *cahier vert* passe à des « adages anglais » dont voici quelques-uns :

« Il vaut mieux s'endormir sans souper que de se réveiller avec des dettes. »

« Il n'y a point de gens plus vides que ceux qui sont pleins d'eux-mêmes. »

« Un faux ami est comme l'ombre du cadran solaire, qui se montre quand le soleil luit et disparaît à l'approche du plus léger nuage. »

« Les richesses servent le sage et gouvernent le sot. »

« Un sot a beau faire broder son habit, il ne portera jamais que l'habit d'un sot. »

« On triomphe d'une mauvaise habitude plus aisément aujourd'hui que demain. »

« La Révolution de France occupe tous les esprits, excite tous les sentimens, toutes les craintes, toutes les espérances et divise la société. Les Français émigrés inondent Lausanne. »

De Rosalie à Charles.

1er déc. 1789. — …Après le pénible récit des événemens publics[60], je vais commencer à te parler de nous. Le 20 mai, nous avons vu revenir mon Père et mon oncle. Tu comprends quel déficit a fait ce voyage de Hollande. Ce n'est qu'avec la plus sévère économie et les plus grandes privations qu'il nous est possible de vivre. Au mois de juillet, nous avons vu arriver Benjamin et sa femme. D'après les goûts de Benjamin, nous nous attendions à voir une perfection, et nous fûmes étonnés de la trouver très laide, le visage labouré de la petite vérole, les yeux rouges, très maigre. Enfin le premier abord n'est pas en sa faveur, mais lorsqu'on l'examine avec plus d'attention, on voit qu'elle est bien faite, qu'elle a des manières douces et agréables, une jolie main, de beaux cheveux, un joli son de voix, de l'esprit, de la gaîté, aucune roideur allemande. En peu de tems, elle a captivé l'amitié de tout le monde, surtout de mon oncle. Son mari l'adore comme si elle était très belle. Elle l'a rendu sage ; il a beaucoup gagné pour le caractère. Ils ont passé trois mois à *Beau-Soleil,* puis sont repartis pour la Hollande. Benjamin s'occupe sans relâche avec tout l'esprit et l'activité possible de l'affaire de son père.

« Nous avons le plaisir d'avoir Victor depuis deux mois, il est bon et aimable. Tout le païs est plein de Français, de grands seigneurs, de députés ; on ne voit dans les rues que des abbés, des croix de Saint-Louis, de belles dames, et cela change un peu la société. Nous allons quelquefois en ville, nous y passons des soirées agréables. Nous avons eu cet été à Lausanne M. et Mme de Servan.

Chablière, le 14 janvier 1790. — …Lausanne est très brillant. On danse, on joue la comédie, il y a partout des fugitifs. Quelques-uns sont aimables. Samedi nous nous amusâmes beaucoup chez ma tante. Nous fîmes une soirée villageoise, chacun à son tour racontait quelque chose. On finit par danser et souper. À Genève, on craint à tout moment quelque nouvelle révolution.

Saint-Jean, 11 mars. — Nous avons enfin loué Saint-Jean à des Français fugitifs pour 100 louis. À Lausanne, on n'a jamais été si entrain, on ne cesse de danser, de jouer la comédie, de varier les manières de s'amuser. Victor trouve cela charmant.

28 octobre. — Comment te dirai-je le plaisir délicieux que nous a fait ton journal reçu le 15 juin. Tous nos amis ont désiré l'entendre. Tu nous as procuré des soirées charmantes, on était amusé, intéressé, attendri, on aimait, on chérissait Charles. M. de Servan et M. Gibbon nous l'ont demandé. Je l'ai lu d'une manière que tu aurais admirée, avec points, virgules, remplaçant les mots sautés, redressant les phrases fourchues. Nous avons pleuré, ri tour à tour, nous croyions être sur le vaisseau. J'ai lu ces pages pour la vingtième fois avec autant de plaisir que la première. Vois-nous ensuite, ouvrant tes caisses qui nous sont enfin parvenues, entends nos cris, notre surprise. Nous n'avions pas assez d'yeux pour tout voir. Mais comment faire pour ces marchandises à vendre ? Nous n'y entendons rien, nous ne pouvons lever boutique ici. Et puis il nous semble que si nous avions de la vertu, nous vendrions tout, mais quel dommage ! Il y a de si jolies choses !

« Je t'ai écrit l'autre jour une lettre toute de politique. Elle m'a si fort ennuyée que je veux me donner aujourd'hui le plaisir de ne pas t'en dire un mot. Tes amis te diront les embrouilles de Genève. On a voulu aussi essayer de remuer ce païs, mais l'ours n'a eu qu'à lever la patte, et personne n'a bougé.

« Nous voilà à goûter ta fleur de thé. Nous nous en promettions de grandes voluptés, mais nous fîmes une violente grimace. Nous dîmes : Charles a voulu nous donner une médecine. Il paraît que les palais chinois sont faits différemment des nôtres.

Chablière, le 11 février 1791. — L'Europe n'est pas, comme tu peux te le représenter, le séjour du bonheur ; le trouble, l'agitation y règnent. La brûlante inquiétude des hommes les empêche de jouir des biens qui sont à leur portée. Les tranquilles Asiatiques ont raison de nous regarder avec pitié, ils savent mieux tirer parti de la vie que nous. Nous ne sommes guère plus heureux et plus tranquilles que l'Europe, mon cher Charles. Tout à coup il éclate des orages [intérieurs] qui nous secouent, nous renversent… Dans ces momens, il n'est point de parti qu'on ne fût disposé à prendre. Nos amis nous en proposent, mais dès que nous sommes tranquilles, nous n'osons plus former de projet.

« Je préfère l'espérance de vivre avec toi plus tard à l'idée de faire un mariage où le cœur n'aurait point de part et qui ne serait pas approuvé généralement, lors même qu'il serait bien riche.

« Quant à Lisette, elle pourrait, si elle voulait, accepter la main d'un honnête homme qui la lui tend depuis longtems ;

nous vivrions ensemble dans une honnête aisance et avec tranquillité, mais elle ne l'aime point, et je ne puis rien dire pour l'y engager.

« Personne ne pense à acheter Saint-Jean. Les Genevois au contraire achètent des fonds dans ce païs. M. Necker y vit dans l'obscurité[61], et son nom n'est plus prononcé. Étrange injustice des hommes ! Sa fille, Mme de Staël, a passé quelques jours chez Constance. C'est une femme bien extraordinaire et d'un génie bien supérieur. »[62]

Qu'est-ce que ce mariage « auquel le cœur n'aurait point de part » et que Rosalie ne put se résoudre à contracter ?

On sera peut-être étonné d'apprendre qu'il s'agissait de M. de Monthyon, celui-là même qui fonda les prix académiques.

Il était fort riche et se réfugia à Lausanne pendant la révolution. À ce moment il avait dès longtemps fondé son prix de vertu. Remarquons que Rosalie aurait pu bénéficier de sa grande fortune sans accomplir un acte de vertu exceptionnel, à moins que c'en fût un d'accepter la main du noble émigré que la tradition dépeint comme passablement atrabilaire.

Pour nous, nous la louons plutôt d'avoir su refuser ces millions, et, quoique M. de Monthyon, ne fût peut-être pas de notre avis, il conserva pour Mlle de Constant une grande estime mêlée d'admiration. En effet, ayant retrouvé plus tard Charles de Constant à Londres, il s'empressa de lui parler de sa sœur.

Charles eut l'occasion de rendre à M. de Monthyon un service d'une assez singulière nature : Pendant que celui-ci était à Lausanne, ne sachant probablement pas que faire de la fortune qu'il avait sauvée de France, il en avait placé une partie en rente viagère dans le pays de Vaud.

Après avoir vécu trois ans dans ces parages, de 1789 à 1792, il était rentré en France puis s'en était allé en Angleterre. C'est alors que les personnes qui devaient lui payer le viager sus-dit imaginèrent, pour se soustraire à cette obligation de déclarer que le vrai M. de Monthyon était mort et que celui qui se disait tel n'était point lui !

Ayant appris que Charles de Constant habitait Londres, M. de Monthyon vint lui conter sa mésaventure. Charles trouva facilement parmi ses compatriotes, plusieurs personnes qui, comme lui, avaient connu le noble émigré à Lausanne et fit rédiger par un *barister* un acte dûment signé et parafé, par lequel on reconnaissait que « M. Antoine Jean Baptiste Robert Auget de Montyon était vivant et la même personne qui avait vécu à Lauzanne et à Genève en l'année 1789 et quelques années suivantes[63] ». À force de démarches et d'écritures Charles réussit à faire rentrer les rentes récalcitrantes qui, en ce moment de guerre et de blocus, étaient probablement assez nécessaires à notre émigré.

Rosalie mise au courant par son frère de la rencontre qu'il avait faite, se rappela en riant les prétentions matrimoniales de naguère.

Charles lui écrivait : « J'ai vu à Richemond chez les Achard MM. de Lalli et de Monthion tout récemment arrivés de Lausanne. M. de Lalli a raconté les assemblées du samedi de ma bonne tante de Charrière ; « c'est là, a-t-il ajouté que l'on jouit des plaisirs, de l'esprit, de la raison et de l'harmonie qui régnent dans les familles en Suisse[64] » M. de Monthion est le portrait vivant du règne de Louis XV et des gens de robe et de finance de ce tems-la. Il fit une pompeuse profession d'admiration de vous tous, il vanta les grâces, les talens, l'esprit, la vivacité de ma sœur Rosalie, qui, dit-il, sont gravés dans son cœur ».

Rosalie répond : « La visite de M. de Montion me fait mourir de rire. S'il veut m'épouser à présent, il n'a qu'à dire, je serai près de toi et je lui volerai un peu de son cher argent. Si tu étais intéressé tu t'attacherais à lui avec le projet d'en hériter et tu y réussirais, mais cette manière de faire fortune n'est pas en nous ».

Quelques lettres de M. de Monthyon conservées par Charles montrent que l'âge et les infirmités ne lui avaient rien enlevé de son esprit galant.

« Si vous n'étiez pas invisible, écrit-il à Charles, je crois que vous n'auriez point de défauts. Tachez donc de vous corriger de celui-là, car il me fait bien de la peine ».

Ailleurs : « Ces dames[65] reçoivent-elles les sourds et les aveugles ? Dans ce cas j'irai certainement leur faire ma cour, mais c'est chez elles que ces infirmités me paraîtront le plus fâcheuses…[66] »

Non loin de MM. Monthyon et Lally vivait à la même époque à Lausanne le chevalier de Buffévent qui habitait *Petit Bien* et voyait Mme de Charrière et Rosalie ; mais nous le retrouverons plus tard lors d'un autre séjour qu'il fit là : nous avons à parler ici d'un ami que Rosalie ne vit jamais et qui joua pourtant un rôle important dans sa vie.

En ce temps, Rosalie s'ennuyait. Elle n'allait que rarement à Lausanne fréquenter ses amies et la société des émigrés. Très souvent seule à *la Chablière* entre un Père morose, une belle-mère qu'elle n'aimait guère et une sœur qui lui était prise graduellement par les sectaires, elle éprouvait du vide. Ses amies, de leur côté, n'abordaient que peu ce triste séjour et les meilleurs moments étaient ceux où arrivaient les lettres de Charles et de Victor, mais, entre temps Rosalie avait bien du loisir pour savourer sa tristesse.

Comme beaucoup d'autres personnes, elle voyait dans la maladie de l'ennui un signe d'infériorité intellectuelle, et, pour rien au monde, elle n'eût avoué qu'elle en était victime.

Un jour, en lisant un ouvrage du Comte de Ségur, elle tomba sur une phrase qui la ravit d'aise et que vite elle transcrivit dans son *cahier vert,*

« Les gens d'esprit ne veulent pas convenir qu'ils connaissent l'ennui, mais quand ils en parlent, ils en font des portraits si ressemblans qu'on ne peut douter qu'ils l'aient vu de près ».

— Les gens d'esprit s'ennuient parfois ? Bravo, je ne suis donc pas une sotte. Mais voici une autre pensée du même auteur qui rabat un peu ma joie et que ma droiture me force à transcrire également :

« Quand on avoue qu'on s'est ennuyé seul, du moins l'ennuieux n'est pas difficile à trouver. »

Un des auxiliaires de Rosalie contre ce fâcheux qui venait la chercher jusque dans sa chambre était la lecture. Après Ségur, elle prit Catherine II, Fénelon, Rousseau, Florian, puis Bernardin de St-Pierre et désormais l'ennemi fut chassé pour longtemps…

Ici commence ce qu'on peut appeler le roman de Rosalie, roman dont quelques-uns ont beaucoup exagéré la portée, et qui, nous en sommes persuadé, se déroula plus dans l'imagination que dans le cœur de l'héroïne.

Comme toutes les femmes, elle avait besoin d'aimer. Les épouseurs qui s'étaient offerts n'avaient fait vibrer en elle aucune corde. Force était donc, pour remplir le vide de son âme, de mettre l'imagination en jeu. Un homme qu'on n'a jamais vu, qui se peint dans ses livres comme un être incompris, n'y a-t-il par là de quoi remuer un cœur sensible et sans objet ? En outre, cet homme n'est pas le premier venu, il s'appelle Bernardin de St-Pierre, il a écrit un livre intitulé *Études de la nature*, et cette nature qu'il aime autant qu'il s'aime lui-même, Rosalie en est une adoratrice.

— Oh ! si je pouvais lui dire la sympathie que m'inspirent et lui et ses *Études* !.. Qui sait ? Il souffre ! peut être mes paroles panseraient-elle ses blessures.

La chère naïve ne se doute pas que nombre de femmes sensibles ont eu le même élan et que dès longtemps leurs cœurs sont aux pieds du prétendu incompris.

Dans son *cahier vert* à la date du 12 décembre 1791, Rosalie a raconté toute cette histoire, en la mettant sur le compte de deux êtres fictifs qu'elle nomme Valérie et Théodore. Voici comment elle décrit son héroïne qui, on le verra, n'est pas si fictive qu'elle veut la dépeindre :

« Valérie avait passé sa première jeunesse sans avoir connu le bonheur ; il ne s'était montré à elle que comme un éclair passager et trompeur, toujours suivi de la nuit la plus sombre. Après avoir beaucoup souffert et beaucoup réfléchi, le calme revint dans son âme. Elle avait une vraie curiosité de connaître et de sentir, et lorsqu'un livre offrait à son cœur les consolations dont il avait besoin un sentiment de reconnaissance l'attachait à l'auteur… Un ouvrage surtout réunit à ses yeux les agrémens et les beautés qu'elle avait trouvées éparses ailleurs. L'auteur était vivant, il se disait malheureux et n'ayant pu réaliser les projets qu'il avait formés. Valérie trouvait une sorte de rapport entre elle et lui, la reconnaissance qu'il lui inspirait lui donnait le désir de le voir plus heureux.

« Un jour qu'elle était seule et que, pour se distraire de mille chagrins, elle avait relu un des ouvrages de cet auteur son imagination s'exalta, l'envie de communiquer avec lui devint si vive qu'elle y céda. Elle écrivit, mais sans se nommer. Ce n'est pas de sang-froid qu'on écrit une pareille lettre, les idées et les expressions ne lui manquèrent pas, elles eurent toute la chaleur du sentiment qui l'animait. Bientôt après, ne croyant pas que sa lettre parvint ou qu'elle pût produire quelque effet, elle l'oublia… »

Cet oubli, nous nous permettrons d'en douter. Celle que nous n'appellerons plus Valérie, mais Rosalie, parce que tel est son nom, dut même trouver le temps un peu long depuis le 2 mars 1791 qu'elle envoya sa lettre jusqu'au milieu de septembre qu'elle reçut la réponse. Cette réponse était signé non pas Théodore mais « De Saint Pierre ». Elle ne pouvait pas avoir été adressée directement puisque Rosalie avait écrit sans signer : mais son correspondant, après avoir beaucoup cherché, avait cru avoir affaire à une dame Williams habitant Lausanne, et lui avait envoyé sa réponse. Cette dame instruite, nous ignorons comment, du nom de la véritable correspondante de Bernardin de St-Pierre, fit parvenir à celle-ci la lettre qui suit :

« Madame,

« J'ai reçu dans le courant de cette année une lettre dattée[67] du 2 du même mois dans laquelle on me faisait une description charmante de votre pays. Ce qui m'a le plus intéressé est le caractère de la personne qui me la écritte, mais, par une modestie qui a peu d'exemples elle n'a pas jugé à propos de s'y nommer. Quoique je reçoive un grand nombre de lettres et que je sois souvent dans l'impossibilité d'y répondre, celle-ci m'a paru si intérressante que j'ai fait tout ce qui dépendait de moi pour en découvrir l'auteur. J'ai fait insérer dans le *Journal de Lauzanne* une réponse anonyme et fort courte pous engager la personne qui sait si bien parler au cœur à m'envoyer son adresse, mais je n'ai point réussi. À la vérité, elle me donnait des renseignements qu'elle croiait suffisans pour m'engager à entreprendre le voyage de Lauzanne, mais il me fallait des motifs plus déterminans pour quitté mes amis et mes travaux. Il n'est pas besoin d'aller en Suisse pour admirer la nature, mais je ferais le tour du monde pour trouver l'être qui manque à mon bonheur. J'avais donc besoin d'informations plus précises sur les convenances que je cherchais et que je désirais donner sur moi-même. Elle ne me connaissait que par mes *Études* de la nature et moi je ne pouvais m'en former une idée sur une invitation vague qui pouvait au bout du comte, n'être que l'effet d'une simple curiosité. Touttes ses indications consistaient a me décrire son habitation avec des caractères qui pouvaient convenir à beaucoup d'autres. Une pettite maison avec une galerie soutenue par des colonnes de bois, doublée par un berceau d'accacia, des vignes, une allée de cerisiés, une vue ravissante du lac Léman, tous ces objets ne doivent pas être rare dans votre beau pays et ils le sont sans doute bien moins que les deux sœurs qui l'habitent.

« Malgré mes recherches, aucun voyageur de ma connaissance ne pouvait m'éclairer, enfin je viens d'aprendre qu'il y avait en effet, deux sœurs très aimables qui vivaient auprès de Lausanne dans une demeure semblable à celle dont on m'a envoyé la description.

« Si vous êtes, Madame, celle de ses deux sœurs qui m'a écrit la lettre anonyme je vous prie de me le faire savoir le plus tost que vous pourez. Si au contraire je m'étais trompé, je vous prie de m'aider dans mes recherches et de brûler cette lettre qui ne vous est point adressée. Je vous en prie au nom de l'amitié, ce besoin des âmes sensibles et malheureuses ; comme l'amour, elle a ses mistères. Faittes pour moi ce que je voudrais faire pour vous. Une autre fois je m'étendrai davantage ; en attendant, recevés les hommages qui sont dus à votre réputation d'amabilité et les assurances de respect avec lesquel j'ai l'honneur d'être.

Votre très humble et très
obéissant serviteur
De Saint-Pierre.

« À Paris, rue de la Reine blanche, Faubourg Saint-Marceau ce 11 septembre 1791.

« Adressés moi je vous prie votre réponse sous l'enveloppe de M. Mesuard de Conichard, administrateur des postes, chaussée d'Antin, à Paris[68] ».

Au premier moment Rosalie s'abandonna au délice d'avoir reçu une lettre de *lui*, de se dire que peut-être elle était « l'être qui manquait à son bonheur », cet être qu'il chercherait à travers le monde entier et « qui savait si bien parler au cœur » et puis… pourquoi faut-il sentir partout la feuille de rose qui blesse ? Et puis elle tourna et retourna ce pli ; elle remarqua qu'il ne venait pas directement de Paris, que son nom sur l'adresse n'était pas écrit de la main qui avait signé « De Saint-Pierre. »

— Ah ! s'il avait été induit en erreur, si sa réponse avait d'abord été adressée à une autre femme et que cette femme m'eût cherchée et finalement découverte !

« Quelle sottise j'ai faite ! Cette femme parlera et je vais être la risée de tous. Et lui. Pourquoi, si vraiment « j'ai su parler à son cœur », n'est-il pas parti pour me chercher et me trouver, au lieu de livrer notre secret au hasard de la poste ? Non, j'ai eu tort de croire un instant que le bonheur pût s'arrêter chez moi. Vite écrivons lui quelques lignes bien sèches, bien cérémonieuses, où je le prierai de brûler mon absurde billet et de ne plus s'occuper de moi. »

La lettre est écrite, envoyée, et Rosalie reste plus renfermée que jamais dans sa chambre, croyant deviner dans les regards de toutes ses connaissances la moquerie ou le blâme.

Quinze jours après, arrive une réponse, adressée de la main même de Saint-Pierre !

« À Mademoiselle Rosalie Constant en sa maison près de Lausanne, à Lausanne.

« J'ai cherché à vous causer du plaisir et vous me faittes de la peine. Vous vous faittes un crime de m'avoir écrit et vous m'en faittes un autre d'avoir tenté de vous répondre. Aimable Rosalie, nos âmes se sont touchées. Ne vous reprochés point votre lettre ni mes tentatives. La publicité de mes ouvrages m'a attiré au moins quatre mille lettres, la plus part de personnes inconnues, parmi lesquelles il y en a un grand nombre de femmes et même de demoiselles. Aucune ne m'a causé une émotion aussi touchante que la votre. Je croyais… mais pourquoi nourir de vaines illusions ? Il était au moins de la décence de vous remercier du plaisir que vous m'avies fait. J'ai répondu à la plus part de mes lecteurs pour me débarasser de leurs correspondances, que mes travaux, ma santé et ma fortune même rendent impossibles. La vôtre était du petit nombre de celles que je réservais à mon bonheur.

« Était-il de la prudence d'entreprendre un voyage sur une lettre anonyme. J'ai voulu au moins savoir le nom de celle qui me l'avait écritte. Pour cela, j'ai pris les précautions les plus propres à rassurer votre délicatesse. J'ai fait à Paris, auprès d'un petit nombre d'amis qui ont été à Lauzanne quelques informations, mais sans succès, jusqu'au moment où, sur les indices d'une maison à colonnade, habitée par deux sœurs aimables, un étranger m'indiqua les dames Williams. Il se présentait une difficulté, c'est que leur maison était le rendés-vous de tous les émigrés, ce qui ne raccordait pas avec la retraite solitaire dans laquelle j'aimais à croire que vous viviés. Cependant j'entrepris sur le champ d'écrire à une de ces dames avec toutte la circonspection convenable. Au lieu de sa réponse, j'ai reçu la vôtre, et au lieu d'une lettre d'intimité, je suis obligé d'en écrire une de justification. Vous exigés de moi que je ne fasse plus à votre sujet aucune information, que je brûle vos deux lettres. Vous ignorés que j'ai été trompé par de pareilles correspondances. Des demoiselles m'ont écrit et m'ont offert leurs personnes et leurs fortunes en feignant d'avoir pour moi une passion extrême, mais elles m'ont caché la vérité sous tous les raports.

« Votre première lettre, ma chère Rosalie, m'avait rappelé mes anciens plans de bonheur. Je vous regardais comme un présent de la providence et comme la récompense qu'elle réservait à mes travaux. Je me disais voilà le cœur où je reposerai mon cœur, mais vous rejettés les tentatives que je fais pour vous connaître, elles deviennent pour vous des sujets de douleur. À Dieu ne plaise que je sois pour vous un sujet de chagrin. Il suffit pour moi de celui que vous m'avés donné, lorsque je cherchais à contribuer à votre bonheur. Je veux au moins vous rendre votre tranquilité, je vous promets de faire tous les sacrifices que vous exigés de moi si vous persistés à vous reprocher votre démarche et à condamner les miennes, mais si votre première lettre a été écritte du fonds de votre cœur, j'exige à mon tour que vous me donnerés vous même sur votre propre personne les informations que vous me déffendés de demander à d'autres, c'est-à-dire que vous me mandiés votre âge, et que de ce pinceau qui sait si bien rendre les paysages de la Suisse, vous me fassiés votre portrait de la tête aux pieds, que vous y joignés le caractère de votre cœur et l'état de votre fortune. J'userai à votre égard de la même confiance par rapport à moi.

« Adieu, aimable Rosalie, à quelque parti que vous vous déterminiés, je ferai toujours pour votre bonheur les vœux qui vous ont échapé une fois pour le mien.

« Votre ami De Saint-Pierre.
« *À Paris, ce 27 7bre 1791.*

« Quoique je sois accablé d'écritures, soyés convaincue que j'aurai toujours du plaisir à vous donner des preuves de mon estime et de mon amitié[69]. »

— Ah ! le cruel ? il ne veut pas croire à mon indifférence. Mais serait-il possible qu'il m'eût regardée comme « un présent de la Providence ? » S'est-il vraiment dit que mon cœur pourrait être celui où reposerait le sien ? Si je pouvais le croire ! N'ai-je pas été trop froide, même dure avec lui, tandis que lui cherchait à contribuer à mon bonheur ? Ah ! combien j'ai mal récompensé sa bonté ! Un mot de sa lettre me blesse pourtant. En me demandant mon portrait, il s'enquiert de « l'état de ma fortune ». Se pourrait-il qu'un être aussi intéressant fût intéressé ? Non ! c'est par affection pour moi qu'il me parle ainsi. Ne lui répondrai-je pas pour lui donner sur moi les informations qu'il aurait si bien pu demander à Mme Williams ? Le plus pressé d'ailleurs est de m'assurer de la discrétion de celle-ci, mais comment ? Oserai-je jamais me présenter devant elle ?

Mme Williams était assurément une dame à la fois très aimable et très discrète ; sociable de sa nature, puisque son salon était ouvert à tous les émigrés, elle savait réserver certaines heures aux confidences intimes. Est-ce elle, est-ce Rosalie qui fit les premiers pas ? nous ne le savons. Le fait est que Rosalie comprit vite qu'il n'y avait pas à craindre que son secret s'ébruitât, même Mme Williams poussa la bonté jusqu'à lui remettre une nouvelle lettre que Bernardin de Saint-Pierre lui avait adressée ; Rosalie la dévora dès qu'elle se retrouva seule ; elle l'a conservée avec celles qui lui furent adressées directement. En voici quelques fragments :

De Bernardin De Saint-Pierre à Mme Williams.

« Madame.

« Mon indiscrétion m'a valu de votre part une lettre bien obligeante. D'un autre côté elle a produit un mauvais effet. La personne qui m'écrivait voulait absolument rester inconnue, elle se reproche comme un crime sa lettre anonyme et m'en fait un autre de ma démarche... Jamais ma correspondance n'a pu faire tort à qui que ce soit ; d'ailleurs il m'est impossible de satisfaire la curiosité d'une foule de personnes qui m'écrivent de tout côté. Il y en a cependant parmi elles d'un rare méritte ; vous êtes sans doute du nombre, madame, ainsi que la personne qui a occasionné mon indiscrétion. Si vous savés quelque moyen de la réparer, je vous prie de l'employer et d'en faire même un acte de vertu, car il m'est pénible de penser que j'aye pu être l'occasion de quelque chagrin à l'égard d'une personne que j'estime et qui m'a témoigné de la confiance. Au reste il me semble que le temps et le silence produiront cet effet d'eux-mêmes ; mais ces contretems seraient suffisans pour m'éloigner de votre beau pays, où la même force qui m'attire me repousse... Je cherchais un cœur où je puisse reposer mon cœur ; je me suis fait illusion : tout ce que je désire maintenant est de rétablir la tranquillité d'une personne beaucoup trop sensible, puisque je l'ai offensée par les démarches même et les attentions qui devaient me l'attacher comme amie.

« Au reste, accablé d'écritures et d'une mauvaise santé, je veux me renfermer uniquement dans mes travaux si souvent interrompus par des correspondances très flatteuses mais qui, semblables à celles de l'autre monde, ne me présentent que des objets invisibles qui m'échapent dès que je veux les saisir… »

En d'autres termes : Si la correspondance lausannoise cesse, je saurai m'en consoler.

De là, notre monsieur un peu piqué s'élance, d'un ton qui voudrait être dégagé, mais que nous trouvons fort lourd, dans des dissertations sur ses ouvrages, et, pour conclure : « C'est bien assés parler de moi à une personne bien mieux faitte que moi pour intéresser par les qualités de son cœur et de son esprit. Vous vous exprimez, madame, avec toutes les grâces d'une femme et tout le goust d'un homme de lettre…

« On m'a adressé beaucoup de lettres où il y avait des vers, des complimens, de l'admiration, de l'enthousiasme, mais la votre est une de celles qui m'ont le plus touché, parce que j'ai cru y trouver de l'amitié, c'est dans ce sentiment que j'ai l'honneur d'être madame

Votre très humble et très
obéissant serviteur
De Saint-Pierre.

À Paris ce 7 octobre 1791. »

Certaines phrases de cette lettre étaient propres à faire souffrir la tendre Rosalie, mais elle sentait surtout une chose à cette heure, c'est que son secret était bien gardé. Elle pardonna à « la personne d'un rare mérite » son indiscrétion involontaire, même les compliments galants que lui adressait Saint-Pierre, et elle s'attendrit sans scrupules sur le pauvre grand homme si doucement résigné. « Il est froissé, c'est évident, du mystère dans lequel je m'enveloppe, mais il fait allusion à ses regrets avec tant de délicatesse ! comment lui tiendrai-je rigueur ? » Incontinent une lettre un peu moins impersonnelle est écrite et expédiée.

La réponse se fit attendre ; la voici :

De Bernardin Saint-Pierre à Rosalie de Constant.

« Je ne vous ai point répondu, aimable Rozalie, parce que depuis douze jours je suis malade. Je me porte un peu mieux. Mme W. s'est conduite bien noblement, je lui dois des remerciements que je n'ai pas le tems de faire à présent.

Vous m'avés fait de la peine et vous m'en faites encore. Vous vous repentés de m'avoir écrit. Votre première lettre avait ouvert mon cœur, la deuxième le referme, la troisième le dispose à se rouvrir. Trop sensible Rosalie, ma principale peine est de vous en avoir causé. Vous insistés sur la nécessité de brûler vos lettres, je le ferai si vous me le demandés encore une fois, mais si vous êtes touchée des démarches que j'ai faittes, vous n'en parlerés plus. Comme auteur, j'apartiens à tout le monde ; de plus, une relation avec un homme de mon âge et à cette distance ne peut vous faire aucun tort.

« Pour moi, je l'avoue, il m'est impossible d'aimer un être idéal. Vous me faittes entendre que vous n'êtes pas jolie, mais vous pouvez me dire si vous êtes grande ou petite, blonde ou brune, grasse ou maigre, jeune ou âgée. Si vous me regardez comme votre ami, cette peinture ne vous coûtera rien ; je ne vous demande que votre buste. Pas une de ces dames et demoiselles inconnues qui m'ont écrit ne m'a refusé le sien ; il y en a même qui se sont peintes de la tête aux pieds, mais avec des draperies. C'est en cela qu'elles m'ont trompé. Donnés-moi donc cette marque de confiance, comme à un ami qui s'honore intérieurement de vous avoir pour son élève. Les charmes de votre esprit vous dédomagent de ceux du corps si vous en manqués. Faites donc cet effort sur vous-même !

« Vous n'avez point dittes vous demandé d'informations sur moi, mais il vous est facile d'en prendre, et vous me les avez interdites par raport à vous. Je désirerais savoir aussi quels sont les endroits de mes *études* qui vous ont le plus intéressé. Ne réglés point vos lettres sur les miennes, les vôtres sont trop courtes, le papier en est trop petit. Parlés moi comme à votre ami. Puisque nos âmes se sont touchées, elles doivent se communiquer ; peut-être contriburai-je à adoucir vos peines, si vous en avés dans votre heureux séjour dont la révolution, peut-être, s'aproche.

« Nos troubles s'apaisent, la constitution s'affermit. Je m'occupe du soin d'ajouter quelques *vœux* à ceux d'un *solitaire*. Mes travaux ont été suspendus par mes indispositions ; quand le corps soufre, l'esprit soufre aussi. Aidés à le dissiper, sensible Rosalie, par les nouveaux témoignages de votre amitié. Entrés aussi dans quelques détails sur votre manière de vivre. Bâtissés une Suisse dans mon esprit afin que je puisse m'y reposer lorsque je serai fatigué des affaires et du monde. Là, je ferai société avec vous. Vous avés fait, dittes-vous, des vœux pour mon bonheur ; je voudrais de tout mon cœur concourir au vôtre. Il dépend pour tous les êtres sensibles de savoir régler son imagination. La vôtre est trop mobile, elle passe aisément d'une extrémité à l'autre. Vous ne m'avés point fait de peine que vous n'eussiez adoucie. Puisse mon amitié vous consoler de celles que je vous ai causées par le désir que j'ai témoigné de me lier avec vous.

Adieu, mon aimable Rosalie, je vous embrasse comme votre ami, ne le voulés-vous pas bien ! au moins dittes-moi que vous me pardonnés le mal que je vous ai fait.

Paris, ce 31 octobre 1791. »

— « Un homme de son âge ! » — et moi, ai-je donc vingt ans ? Et que s'avise-t-il de trouver « mon imagination trop mobile » ? N'est-ce pas le signe de la sensibilité que de « passer d'un extrême à l'autre » ? Mais non ! je suis ingrate, c'est par intérêt pour moi qu'il m'adresse des conseils, et puis comment peut-il savoir s'il ne parle pas à une enfant, puisqu'il ne sait rien sur moi, puisqu'il en est à se demander si je suis brune ou blonde, puisqu'il ignore jusqu'à mes goûts ?

« Vous voulez mon portrait ? Eh bien ! vous l'aurez. Ma franchise ira jusqu'à me peindre bossue et pauvre… »

Hélas ! ces aveux partis d'un cœur sincère ne furent pas sans refroidir Théodore, si enclin naguère à « reposer sur son cœur le cœur » de sa correspondante, et dans une nouvelle lettre, nous le trouvons plus disposé à parler de lui et de ses maux que des charmes de Rosalie.

Paris, ce 19 novembre 1791.[70] — Votre longue lettre, aimable Rozalie, m'a fait le plus grand plaisir, je l'ai reçue au milieu d'une convalescence qui n'est pas parfaitte. J'ai eu des coliques auxquelles je ne suis pas sujet. Ce qu'il y a de pis, c'est qu'il se joint à tous mes maux le mal des nerfs qui les empire et les surpasse. Si vous les voulés connaître en théorie, lisés le commencement de la 54me épitre de Sénèque à Ménélius, je sais bien le remède ainsi que Tissot, ce serait de jeter ma plume au feu, mais j'en ai besoin au moins pour vous écrire.

…Vous me questionnés sur mes goûts, ils sont un peu mélancoliques, la solitude, le voisinage des forêts, quelquefois les bords des rivières sont les lieux qui plaisent le plus à mon imagination…

« Je relis quelques unes des lettres qui m'ont fait le plus de plaisir, les vôtres sont du nombre, j'en ai bien quatre mille et il y a je ne sais quelle vanité à les conserver, mais comme je ne les communique pas, je crois plutôt que c'est par un sentiment d'amitié que je les garde.

« J'ai communiqué la première que vous m'avés adressée par ce qu'elle était anonyme, on l'a admirée, je me proposais un autre but, celui de vous découvrir et depuis que j'y ai réussi, personne au monde n'a vu aucune des autres, j'effacerai votre nom ainsi que dans celle de Mme de W. afin que dans aucun cas vous ne soyés compromise. Etes-vous contente de ce sacrifice ?...

« Je ne trouve point d'inconvénient que vous mettiés M. votre père dans votre confidence, un auteur appartient au public comme son livre, vous avés pu m'écrire comme à un homme né en 1737, on écrit à un avocat, à un médecin, à un homme de lettres sans en être connu, enfin à l'appui de vos raisons vous pourriez citer J.-J. qui avait une malle pleine de lettres, à la vérité il n'y répondait pas.

« Voilà ma chère Rozalie, tout ce que je peux vous dire pour vous tranquiliser, j'ajouterai que si un homme eut fait imprimer une lettre pareille à votre première je lui eusse écrit encore que j'eusse été fille. Après tout je ne scais si je ne préférerais pas la dernière, il y a tant de délicatesse de raison et de confiance que mon estime pour vous en est devenue parfaitte ; la première a tout l'éclat d'un bouquet de fleurs, mais la dernière est un rameau de fruits, l'amie qui a fait votre portrait a beaucoup d'esprit, si comme elle le fait entendre vous avés des défauts dans votre taille, la nature vous en a bien dédommagée en comblant votre âme de mille charmes. Après tout il ne m'est pas possible de me former une idée de vous, votre peinture ne m'a montré que vos cheveux bruns, vos yeux bleus, ce qui va très bien et votre nés avec vos dents tout cela ne fait point un ensemble, je serai bien curieux de voir comment vous vous y prendriés pour faire mon portrait sans m'avoir vu, vous pouvés y donner carrière à votre imagination. Pour moi j'amuse quelquefois la mienne en pensant qu'il serait possible que vous vinsiés chercher le repos en France et à Paris après m'avoir invité à aller un jour chez vous ; la fortune se moque des vœux des hommes, peut-être en feriés vous autant des *vœux d'un solitaire* si je pouvais vous les faire parvenir, je suis fort occupé à les continuer, le *traité d'écucation* auquel vous m'invités demande un loisir et un calme dont je ne peux jouir que dans quelque campagne, il me faut surtout le santé, et la mienne… etc. Portés vous bien ma chère Rosalie, vous ne m'avés rien dit de l'état habituel de votre santé, puisse cette lettre longue pour mes occupations mais trop courte pour vous exprimer les sentiments que vous m'avés inspirés vous être aussi agréable que la votre me l'a été, elle a adouci mes maux, je suis pénétré de la confiance que vous m'y témoignés, puisse la mienne vous être un sur garant de mon amitié et des vœux que je fais pour votre bonheur ».

C'est peu après la réception de cette lettre que Rosalie écrivit l'histoire de Valérie se terminant par la mort de l'héroïne. Valérie avait eu l'imprudence de céder à des vœux assez vaguement exprimés par Théodore et de partir pour Paris. Mais elle se croise avec une lettre de celui-ci lui disant : « Ne venés point ce serait trop hasarder sans être sur de s'aimer et de se plaire… »

Suit une rencontre inopinée, surprise, désillusion, malaise de la part de Théodore, désespoir muet de Valérie ; elle s'enfuit et, bientôt après être rentrée dans sa patrie elle meurt ayant à ses pieds Théodore qui pousse des cris…

Le mot de la fin rachète l'emphase des pages qui le précèdent : « La douleur de Théodore intéressa, on s'empressa de le consoler ; on assure que ce ne fut pas difficile. Il ne remporta à Paris que le souvenir de ses succès et la certitude de son mérite ».

À la suite de ces mots vient dans le *cahier vert* une recette de gâteau anglais, et puis, comme moralité : « Ne cherchez jamais à voir de près l'auteur dont l'ouvrage vous enchante. Songez que c'est la meilleure partie de lui-même que vous connaissez… »

Rosalie profita de la leçon que lui donna Valérie. Pendant l'hiver 91-92 elle ne reçut pas de lettres de Théodore et c'est le 10 mars 1792 qu'elle écrivit à Charles :

« Je tâche d'entretenir mes relations, il me semble que la vie n'a de prix que lorsqu'on a des amis et des liaisons. J'en avais formé une, mon cher Charles, dont je me promettais beaucoup de bonheur et qui flattait mon cœur et mon amour propre.

J'aurais eu du plaisir à t'en parler, mais mon mauvais sort l'a brisée au moment où, après en avoir eu quelques chagrins, je n'en attendais plus que de la douceur. Voilà la vie[71] ».

La relation se renoua un peu, cependant, au mois de mai ; Saint-Pierre poussé, par des maux de tête, à aller passer quelques jours à la campagne se souvient de son « aimable Rozalie ».

« La cause de mes maux, lui dit-il vient de celle de vos plaisirs : mes travaux. Dans cette surcharge d'écriture, vous jugez combien il m'est difficile de soutenir *mes* correspondances. J'aurais besoin d'un ami qui fit tous les frais du sentiment, mais où le trouver…

« Tel est, Rozalie, mon apologie pour mon long silence etc., etc.

« Je suis ici dans un petit vallon à 7 lieues de Paris, sur le bord de la jolie rivière d'Estampes, plus à Dieu que j'y eus une petite chaumière, mais les terres sont aujourd'hui hors de prix ».

Cette chaumière qu'ambitionnait Saint-Pierre, il réussit peu après à se la faire donner par son éditeur-imprimeur M. Didot, qui lui donna en même temps sa fille pour épouse ; déjà il entrevoyait l'une et l'autre depuis un certain temps, mais ce n'était pas une raison pour ne pas chercher encore à droite et à gauche.

« Heureux, continue-t-il, qui peut comme le bon paria de *Paul et Virginie* s'associer une compagne mais l'amour ne peut naître que par la vue et la fréquentation… »

[Aimable Rozalie, entendez-vous bien ? À Essone je puis *voir* et *fréquenter* des voisins, voire même des voisines.]

« Pour moi, réduit à vous aimer comme la divinité par les yeux de la foi je vous serai toujours attaché comme à elle par vos œuvres, c'est-à-dire par vos lettres dont les sentiments, etc. etc. ». On ne peut pas sortir plus lourdement du guêpier où l'on s'est venu fourrer.

Un an s'écoule pendant lequel Bernardin de Saint-Pierre fait sa cour à Mlle Félicité Didot puis vient le coup final.

La bonne Rosalie avait brodé un portefeuille à l'auteur des *Études de la nature,* un bouquet de roses au milieu des épines ; elle y avait placé sa silhouette… Pourquoi ce renouveau après que tout semblait fini ? Ne savez-vous pas lecteur qu'il ne faut pas dire pourquoi à la femme qui aime ou qui croit aimer ?

La lettre qui accompagne ce présent est la première que nous ayons retrouvée de Rosalie à St-Pierre.

Elle existe avec quelques autres parmi les papiers du grand naturaliste à la Bibliothèque du Havre à laquelle il a légué tous ses manuscrits. Nous ne la citons que pour montrer sur quel pied Rosalie s'était mise avec son correspondant jamais vu.

« Depuis longtems ce portefeuille est achevé. Je ne savais comment vous l'envoyer, ni s'il fallait l'envoyer ; au milieu de tant d'orages, la voix de l'amitié peut-elle être entendue ; mais aussi pourquoi garderai-je ce qui est à vous ; j'aime autant que ce portefeuille courre les hasards du voyage que d'être là inutile. L'idée que s'il parvient vous aurez quelque chose de moi, que peut être vous y renfermerez quelques feuilles de vos écrits m'est agréable. Mais où êtes-vous, que faites-vous ! Votre santé votre tranquillité, votre bonheur sont toujours les objets de mes vœux.

R.

Le 20 janvier 1793.[72]

Dans sa réponse, après des remerciements gracieux, Saint-Pierre passe très vite au pratique. On voit qu'il a réfléchi, Rosalie est pauvre, la déformation de sa taille, son âge offrent de médiocres garanties à un homme qui songe à fonder une famille. Il annonce à la correspondante qu'il a été nommé intendant au Jardin des Plantes, qu'il a acheté une île de 2 arpents, 25 perches et qu'il y plante et y bâtit… « Quoiqu'il arrive, ma plus douce pensée est d'imaginer que dans ma solitude je pourrai concourir au bonheur de la postérité… Je sens qu'il manque à mon expérience celle d'un père, mais ne pourrai-je donc pas jouir de ce bonheur ?

« Peut-être des relations intimes et anciennes que j'ai formées dans mon voisinage pourront m'y conduire. Si je l'obtiens il ne manquera à ma félicité que d'avoir des amis et des voisins qui vous ressemblent. [Encore l'ours sortant de son guêpier]. En attendant faisons-nous dans notre propre cœur des Alpes qui... »

Oh ! oh ! décidément ces Alpes dans un cœur, c'est trop lourd et la lettre nous glisse des mains comme elle dut échapper de celles de Rosalie. Une seule phrase dans la suite, la frappa : « La vie n'est qu'un moment de ce grand jour éternel dont le temps nous enveloppe...
27 mars 1793 de l'an 2me de la République ».

Le jour même Rosalie alla chercher son *cahier vert* :
« Le 2 mars 1791, écrit pour la première fois à S-P. Mouvement irréfléchi de tristesse et d'enthousiasme. Le 27 mars 1793 il m'a écrit pour la dernière fois. C'est une affaire finie. Adieu espérance, chimère flatteuse de liaison, de sympathie ; c'est une fleur séchée qui ne peut se ranimer ni produire aucun fruit, mais dont le parfum est encore agréable. La vie n'est qu'un moment de ce grand jour éternel dont le tems nous enveloppe ».

Ailleurs elle dit encore : « Des lettres que j'avais reçues m'avaient donné l'espoir d'un bonheur qui aurait rempli toutes mes espérances et dont l'agréable chimère a quelque tems consolé et embelli ma vie ».

En ce temps, se célébra le mariage de Saint-Pierre avec Mlle Félicité Didot. L'époux avait cinquante-cinq ans et l'épouse une vingtaine d'années. Selon Arvède Barine, pendant les sept ans que dura cette union, Bernardin de Saint-Pierre considéra sa femme comme « la première servante de l'île d'Essonnes ». Cette situation n'aurait point fait l'affaire de notre Rosalie.

Après la mort de Mlle Didot, Bernardin de Saint-Pierre se remaria avec Mlle Désirée de Pelleporc, une toute jeune pensionnaire.

Nous avons encore quelques lettres de Rosalie à Saint-Pierre et du même à la même. Quoiqu'elle en dise plus haut, Mlle de Constant ne put résister à l'envie de reprendre la relation et de tenter une correspondance toute amicale et littéraire. Nous publierons ces lettres à leur date. Ici le roman est clos, et, s'il a laissé quelque amertume dans le cœur de Valérie qui n'est point morte, en tous cas elle a l'esprit de n'en rien laisser paraître. Sa petite vengeance a été son « mot de la fin » dans le récit qu'elle traça de ce roman. On n'a point oublié cette phrase : « Chacun s'empressa de consoler Théodore ; on assure que cela ne fut pas difficile. Il ne conserva que le souvenir de ses succès et la certitude de son mérite… »

La correspondance romanesque de Rosalie ne lui faisait pas négliger son frère, le Chinois, et la longue lettre qui suit nous ramènera de la fiction à la réalité.

« *25 novembre 1791.*

Tu sauras par les papiers publics que Louis XVI, séduit par de mauvais conseils, a voulu s'enfuir de Paris. Cet événement, qui entraînait une guerre civile et la banqueroute, fit un effet prodigieux partout. Nous fûmes longtems ici sans en savoir le dénouement. Les Français émigrés assuraient que le Roi était hors du Royaume. Enfin, le soir que l'on pouvait avoir des nouvelles sûres, il se fit un attroupement autour du bureau de la poste, et lorsqu'on apprit que le roi avait été ramené à Paris par les gardes nationales, les cris de joie, de : vive la nation ! vive la liberté ! se firent entendre dans la rue au grand scandale de tous les aristocrates. On tira des feux d'artifice, etc., enfin on prit à l'évènement une part peut-être exagérée pour des étrangers.

« C'est dans ce tems-là aussi que se termina bien cruellement l'affaire de mon Oncle. Le conseil de guerre le cassa de tous ses emplois et le condamna à des frais énormes. Après avoir remis tous les biens qu'il avait dans notre pays à ses créanciers, il s'en est éloigné pour jamais et a acheté en France, près de Dôle, une petite campagne où il vit. Il a remis *la Chablière* et la maison de la rue de Bourg à son fils pour le bien de sa mère ; tous les autres biens : *Le Désert*, *Valombreuse*, etc., ont été vendus à l'enchère.

Benjamin est avec nous depuis le mois de septembre. Il paraît bien décidé à ne jamais vivre dans ce païs. Il est aimable, mais son caractère n'a rien d'intéressant, il commence à tomber dans l'autre excès, la prodigalité.

« Ce qui se passe en France a une grande influence sur le reste du monde, même sur le sort des particuliers. Depuis longtems le gouvernement de Berne fait ici des mécontens. On s'est borné cependant à célébrer la fête du 14 juillet pour se réjouir de la liberté des Français. On a fait à Rolle et à Ouchi des diners patriotiques, on a élevé le bonnet de Guillaume-Tell et chanté la liberté. Ces chants ont blessé les oreilles de nos ours, ils ont mis sur pied 5 ou 6 mille hommes, une commission inquisitoriale a fait citer tous ceux qui avaient assisté aux dîners du 14 et tous ceux qu'elle imaginait n'être pas contens de l'aristocratie. Le château de Chillon était préparé de manière à remplacer la Bastille. MM. Rosset et de la Motte y furent conduits après un interrogatoire où ils avouèrent qu'étant en France, ils avaient été reçus dans le club des Jacobins, qu'ils avaient rapporté des cocardes nationales dont ils avaient même donné à des femmes. Ils sont à Chillon depuis 3 mois, sans accès, malades et malheureux. Les 200 de Lausanne s'étant plains de ces traitemens arbitraires, on fit entrer dans la ville 3000 hommes armés, la mèche allumée, on avait fait croire à ces pauvres Suisses allemands que le païs de Vaud voulait se donner au roi de Sardaigne, nous en eûmes 21 à *la Chablière*, j'en ai pleuré de rage… L'inquisition continue, la commission fait chaque jour emprisonner qui il lui plaît, on ouvre toutes les lettres.

« Tout cela a répandu un voile de tristesse et de terreur sur ce païs et en ôte l'agrément. Mon Père est tout à fait dégoûté et voudrait aller en France où mon oncle est déjà citoyen actif. Cependant la France est loin d'être un séjour tranquille… Je ne te dis que des choses tristes, mon cher Charles, nous avons cependant de bons momens, mon Père est extrêmement bon pour nous, nous vivons assez retirés en voyant cependant quelquefois nos amis.

« Nous avons vu le chevalier de Boufflers, sa réputation d'homme aimable est faite, mais il y joint de la solidité, de la raison, de la philosophie, il n'est point aristocrate.

« Ah ! mon Dieu ! quelle nouvelle on débite, voilà encore le monde renversé, le Roi s'est enfui de nouveau, après avoir accepté formellement, juré la Constitution, adieu…

De la même au même.

Chablière, 10 mars 1792.

« …Tu comprends dans quelle situation nous met ce qui s'est passé en France, nous qui en dépendons. On ne voit de tout côté qu'incertitude et crainte. Il faut vivre comme on peut, en tirant ce que tu sais par la queue. Le Père s'est beaucoup retiré du monde. Juste va bientôt repartir avec nos chevaux que nous voulions vendre, mais que personne n'a voulu acheter. Cette absence d'équipage ne sera pas une privation pour nous, d'après le genre de vie que nous menons. Lisette ne sort plus du tout. Cette dévotion exagérée me paraît bien loin de la vraie Religion. J'ai tout essayé, amitié, raison, bouderie, rien n'a fait. Je m'afflige en silence de voir mes relations avec elle réduites à rien. Je tâche d'en entretenir d'autres, je me dis que si je renonçais à sortir, à attirer nos amis, nous serions bientôt tout à fait isolés. »

Rosalie a déjà fait plusieurs allusions à la dévotion qui envahissait sa sœur et qui la lui prenait de plus en plus. Il est peut-être nécessaire de noter ici que Lisette avait été attirée par son cousin le chevalier de Langalerie dans la secte dite des *Âmes-Intérieures*. Cette secte, dont les adeptes étaient des disciples de Fénelon et de Mme Guyon, avait eu comme directeurs dans le pays de Vaud MM. Dutoit-Membrini et Ballif, elle était née vers 1765 et avait pour base l'union intime de l'âme avec Dieu et l'union des « âmes pures » entre elles. Lisette, depuis qu'elle y était incorporée, était parfaitement heureuse dans son dépouillement même. Son temps, ses forces, son petit avoir n'étaient plus à elle, mais à Dieu et à ceux qui sentaient comme elle, et c'est ce que Rosalie ne pouvait accepter. Rosalie était pieuse aussi, elle cherchait la consolation en Dieu, elle croyait en Lui de toutes les forces de son âme, mais elle avait beaucoup moins de confiance dans les adeptes de la Secte et elle ne prenait pas son parti que sa sœur se laissât diriger par eux avec autant d'aveuglement. Elle reviendra souvent là-dessus.

C'est au printemps 1792 que la famille de Constant reçut la visite que voici :

Mme Sophie Laroche, l'amie de Gœthe et de Wieland, qui fut la grand'mère de Bettina, avait passé à Genève et à Lausanne une partie de l'année 1791-92. M. Gaullieur, dans la *Revue suisse* de 1858, a transcrit et traduit quelques fragments du journal de cette femme et nous lui empruntons une page de ce journal qui nous intéresse particulièrement.

« Encore de nouvelles connaissances que je regrette de faire si tard. Mon amie Mme de Corcelles a dirigé aujourd'hui notre promenade du côté de *la Chablière*, appartenant à la famille de Constant. Notre voiture est amenée sur la terrasse devant la maison, à travers une allée de plus de deux cents pas [?] toute plantée de beaux pruniers à mirabelles en fleurs.

M. de Constant nous reçut et nous présenta à sa femme, née comtesse [!] de Gallatin, et à ses filles, qui ont des physionomies infiniment spirituelles. Mlle Rosalie de Constant est déjà connue par ses talens littéraires et son goût pour les arts… La maison est splendidement [?] meublée, et ornée de curiosités chinoises envoyées par M. de Constant, le fils, qui habite Macao. Nous prîmes le thé dans de magnifiques porcelaines de Japon. La bibliothèque est belle et nombreuse.

« Mlle Rosalie de Constant, qui peint les fleurs à merveille, qui joue à ravir du clavecin et de la mandoline, voulut bien me chanter une romance de Mme de Staël-Holstein dont elle a composé la musique[73]. Bien plus, elle m'en donna une copie d'une remarquable netteté. Les notes se détachent en noir sur des espaces rouges ; l'écriture est comme gravée et le tout est encadré d'une guirlande de *Vergissmeinnicht*.

« M. de Constant, bon père, bon époux, excellent ami, a publié le roman de *Laure* et un calendrier populaire. Il fait aujourd'hui de l'agriculture. Il est membre du Conseil de la ville de Lausanne. Une chose qui m'a frappée, c'est de voir dans sa chambre d'étude un beau métier à tapisserie. Il s'occupe à broder les jours de pluie, et quand il est fatigué d'écrire. C'est une réminiscence du service de France au temps de Mme de Pompadour. »

Quelques pages plus haut, nous lisons :

« J'ai entendu parler dans une remarquable soirée chez Mme Blaquière d'un tour de force littéraire auquel les dames de Lausanne se sont livrées à l'exemple de Genève, ville qui naturellement est comme un petit Paris pour le pays de Vaud. À Genève, donc, des dames ont imaginé, pour passer ces temps difficiles, de s'imposer pour tâche ou pour pénitence de composer des histoires d'après le sujet d'un certain nombre de gravures passées en revue. Ce jeu n'a pas moins réussi ici qu'à Genève. Mme de Montolieu a composé une histoire arabe sur l'image d'une femme assise entre un lion et un âne ; Mme d'Arlens a fait une charmante nouvelle à propos d'une gravure représentant une femme mélancoliquement assise au bord de la mer, par un coucher de soleil. Mlle Rosalie de Constant a choisi une image dans laquelle un homme à genoux présente une rose à une dame, tandis qu'un troisième personnage tire un poignard derrière eux. Enfin la belle nièce de la digne Mme de Chandieu a interprété une scène dans laquelle on voit une femme entourée de plusieurs enfants. C'est cette dernière composition qui, d'une voix unanime, a remporté le prix. »

Chez Mme Blaquière, fille de l'écrivain anglais Rapin Thoyras, Mme Laroche fit entre autres la connaissance de notre ami Servan. « Sa conversation, dit-elle, est aussi remarquable que ses écrits. Comme il habitait une terre du Dauphiné, il lui arrivait quelquefois de se promener dans la campagne, de lire des lettres et de les déchirer en petits morceaux qu'il semait machinalement en marchant.

« Les campagnards allèrent s'imaginer qu'il jetait des sorts sur leurs récoltes, d'autant plus qu'il parlait quelquefois tout seul en cheminant. Il aurait été tué infailliblement, au milieu de l'effervescence révolutionnaire, si sa femme et sa fille [plutôt sa sœur] ne lui avaient fait un rempart de leurs corps. Ce reste de respect que la nation française conserve encore pour le sexe l'a protégé. M. Servan est parvenu à fuir et à gagner la Suisse. »

Ici se placent les terribles événements de l'été 92 qui eurent leur contrecoup très marqué chez les Constant. En effet, on se rappelle que Victor était aux Gardes suisses à Paris. On devine ce que durent être les angoisses de Rosalie quand elle apprit que des coups de fusils avaient été tirés aux Tuileries, des incendies allumés. M. Samuel de Constant était alors à Genève, et nous pouvons par ses lettres suivre pas à pas les terreurs que causaient les nouvelles tantôt vraies, tantôt fausses apportées par de rares et lents courriers.

De Samuel de Constant à ses filles.

Genève, août 1792.

« Chères enfans. Savez-vous les affreuses nouvelles d'aujourd'hui ? Nous pouvons croire que Victor était retourné à Courbevoie[74] et il aura plu à Dieu qu'il ait échappé à cette horrible nuit du jeudi au vendredi derniers. Ils ont sonné le tocsin, ils ont attaqué les thuileries, ils y ont mis le feu, ils ont dispersé, chassé, tué la garde-suisse qui seule a fait quelque résistance. C'est un supplice, et que seront les premières nouvelles ? Pauvre cher enfant. Auras-tu échappé ? Ton père qui aurait donné mille vies pour la tienne aura... Encore quelques momens jusqu'aux premières nouvelles. J'ai tort de verser mon cœur dans le vôtre. Que Victor soit sauvé et il y aura assez de bonheur pour moi.

« Il y a quelques lettres en ville, à M. Beaumont, à Mme Achard. Dans les personnes tuées, il n'y en a aucune de nommée. Dans une de ces lettres on disait que les Suisses étaient dispersés et mis en fuite, dans l'autre qu'il y en a eu beaucoup d'égorgés. Il n'est pas venu deux cents hommes à leur secours. Le Roi, la Reine avec leurs enfans sont venus à 9 heures du matin à l'assemblée nationale demander la déchéance. Elle doit avoir été accordée à 10 heures. Les lettres étaient de 10 heures même. Plusieurs aristocrates ont eu la tête coupée. On les promenait dans les rues. Ils seront peut-être allés à Courbevoie. La possibilité est ouverte à tous les malheurs, à toutes les horreurs. Cher Victor, sois sauvé et que je meurs d'inquiétude et d'angoisse ».

Du même aux mêmes.

« Chers enfans, il est arrivé cette nuit un exprès que M. Necker envoie [de Coppet] pour communiquer ce qu'il a reçu par un courrier : L'assemblée nationale a décrété la suspension du Roi, que lui et sa famille resteraient en otage au milieu d'elle jusqu'à ce que le calme fût rétabli. Les ministres vont être remplacés. D'ailleurs aucun détail sur ceux qui ont péri, on ne nomme personne, il y avait beaucoup de morts sur la place du Carousel. Rien de sûr sur ceux que l'on nomme. On attend le courrier de France qui n'arrive qu'à 1 heure. Je crois que vous sentez le supplice comme moi. Il y a bien toutes les apparences que Courbevoie sera resté tranquille et qu'il ne se sera rien passé. Victor y était sûrement. Dieu l'aura sauvé. Il est possible que Mercier fût de garde au château le vendredi. C'est le grand nombre des idées, des possibilités qui est affreux. Il en reste de quoi espérer, de quoi résister aux tourmens et de quoi les attendre. Ce sont des patrouilles suisses et nationales qui n'ont pas le mot pour se reconnaître qui ont commencé le tumulte, elles se sont tiré dessus réciproquement et le tocsin a sonné... »

Vendredi à midi. — Chers enfans, quelle lettre, que de choses, l'âme ne peut les contenir. Le cœur est soulagé, mais il reste encore déchiré. Avant votre lettre il y en avait eu de M. Achard et du jeune Conclerc [Kunkler] disant que Victor était sauvé, il le sera sûrement tout à fait, et quand nous l'embrasserons... [75] »

Cette lettre dont parle Samuel, la voici. Elle n'a, croyons-nous, jamais été publiée et elle mérite de l'être.

De Victor de Constant à ses sœurs.

Paris, samedi 11 août 1792, à 4 heures du soir.

« Mes chères et bonnes sœurs, je pourrait donc vous revoir encore, vous embrasser après avoir échappé à une mort presqu'inévitable. Quelle fatale journée que celle d'hier ! je vais vous la détailler et ne vous rien cacher, la poste ne partira que lundi, j'aurai le tems de vous écrire et de vous dire ce qui se passe, à moins que les lettres ne soient arrêtées à la poste comme elles l'ont été hier. Nous étions à Paris depuis le 8, le Régiment étoit aux thuileries au nombre de 9 cents hommes, l'on s'attendait à une attaque des fauxbourgs et des Marseillais, hier matin nous prenons les armes, le Roi nous passe en revue, on dispose tout pour la deffense, 8 pièces de canon deffendent l'entrée du château. Sur les 9 heures les fauxbourgs arrivent en grand nombre, le Roi et sa famille se retirent au sein de l'assemblée nationale accompagnés d'une partie du Régiment et de nos chefs, l'on nous fait tous rentrer dans l'intérieur des appartemens et abandonner les portes extérieures, alors les attaquans enfoncent la porte de la cour et entrent ; dans le même instant les cannoniers placés pour la deffense du chateau abandonnent leurs pièces qui tombent entre les mains de ceux des fauxbourgs, ils les braquent contre le château et y mettent le feu, malgré les demandes de toutes les gardes nationales de notre parti, d'accorder quelques instans de grâce et leur promesse de capituler. Après la première décharge des fauxbourgs contre nous, quelques uns des nôtres répondent par un feu de file depuis les fenêtres, de là ils descendent dans la cour, enlèvent une pièce de canon, mais qui leur est inutile manquant de munitions, ils succombent enfin sous le nombre. J'étais alors dans les appartemens du Roi avec 3 ou 4 cents de nos soldats, un boulet ayant jeté le désordre parmi nous et tué une grande partie, nous nous pressons en foule pour sortir du château, le passage était obstrué de manière que tout notre monde est massacré sans pouvoir se servir de ses armes et après avoir été trahi. Voyant nos soldats sans armes, sans rang, sans ordre, une partie tuée, je gagne le corps de garde, des gardes nationales tirent sur moi et me manquent, je pare plusieurs coups de baïonette et j'échappe à leur fureur. Une partie de nos Messieurs avaient brisé leurs épées, je veux garder la mienne jusqu'au dernier moment, je me réfugie à l'entrée d'une cave dans le corps de garde, les assaillans pénètrent autour de moi, tuent ceux qu'ils rencontrent, mettent le feu partout, je les entends crier : à la cave à la cave, tuons tous les Suisses ! Croyant alors toucher à mon dernier moment, je pensai à vous, je vous fis mes adieux, j'ôtai mon habit, mon épée, mon hausse col, je les enterre dans un trou assez profond et caché pour qu'il ne soit pas dit qu'ils m'aient désarmé et que mon épée soit souillée. Cependant au moment où ils allaient pénétrer dans mon réduit et qu'ils tiraient par le soupirail de la cave, je pris ma résolution ; je saisis une buche de bois et je sors me jeter au milieu de mille Cannibales, je crie et je jure aussi fort qu'eux, mon air furieux et hardi me fait prendre pour un des leurs, mes culottes blanches sont cependant suspectes et manquent plusieurs fois de me coûter la vie, je gagne la rue que je trouve couverte de sang et de cadavres de nos soldats. Au bout d'une demi-heure je parviens heureusement à un hôtel garni, je gagne le grenier où je trouve un de nos soldats blessé, le maître du logis en amène deux autres, il nous cache, nous déguise et nous nourrit jusqu'à la nuit. Pendant tout ce tems le feu continuait de plus belle, on démolissait le château, on l'incendiait, ceux de nos soldats échappés d'abord par le jardin sont massacrés, mutilés, dépouillés, on les étale au milieu des rues et chaque passant se plaît à leur plonger le sabre dans le corps, 130 prisonniers des nôtres sont menés à la Grève et fusiliés l'un après l'autre, on fait au milieu de la cour des thuileries un grand feu de tous les meubles du château et l'on y jette une partie des nôtres. La nuit je sors avec mes trois soldats échappés à la mort et nous allons à l'hôtel de M. Mercier, je les loge et les nourris, nous y passons la nuit, le matin on nous dit de quitter l'hôtel parce que l'on se doute de quelque chose dans le quartier et que si l'on nous découvrait nous serions tués et l'hôtel pillé, alors je sors et je vais chez un de mes amis[76] où je trouve Conclerc, ils me reçoivent à bras ouverts, ils me donnent une petite chambre au 6me étage où je suis à merveille et d'où je vous écris. J'y trouve une petite bibliothèque où les premiers livres qui me tombent sous la main ont pour titre : *Théâtre de Société ou recueil de petites pièces de comédie qui se jouent dans les Sociétés suisses par M. C.*[77], *etc.* Ça a été une grande douceur et une grande consolation pour moi. Le Roi a déposé sa couronne et a été déchu au sein de l'assemblée, une partie de nos soldats sont prisonniers à l'Abbaïe où l'on doit les aller égorger, ceux que l'on reconnait travestis dans les rues sont massacrés sur le champ, le nom de Suisse cause la mort à quiconque en est appelé, mêmes aux Suisses de *portes*, on parle de piller les grands hôtels et peut-être les banquiers. Les fauxbourgs se sont portés à Courbevoie, mais ils n'ont pas trouvé un seul homme, ils ont tout pillé ou à peu près. Je n'ai encore vu aucun de nos Messieurs, il y en a surement beaucoup de massacrés, heureusement que M. Mercier est avec le détachement de 300 hommes sur le chemin de Dieppe, que deviendront-ils ? Étant presque nud j'ai été obligé de me faire habiller de pied en cap, j'ai envoyé chez MM. Rilliet, ils m'ont fait parvenir 500 livres, je les ménagerai beaucoup on ne scait ce qui peut arriver, ils me serviront pour mon voyage si je puis partir pour aller près de vous. Voici quels sont mes projets, d'abord de m'informer de mes camarades, de mes chefs, de tâcher de leur parler et de demander leurs ordres, de tâcher de rattraper mes effets qui sont tous à Courbevoie et de faire d'ailleurs comme ceux de mes camarades qui ont échappés, je tremble qu'il n'y en ait fort peu, encore à cet instant l'on fusille dans Paris de toutes parts. Il est 8 heures du soir, à demain mes meilleurs amis, comme je pense à vous, comme je vous aime tous. Les statues des places publiques sont abattues, l'Assemblée a décrété un camp près de Paris et une batterie sur Montmartre.

Dimanche matin à midi. — J'ai quitté mon refuge parce qu'on avait des soupçons dans l'hôtel, je suis actuellement chez quelqu'un où je suis à merveille et parfaitement. La cour martiale jugera incessament les officiers et soldats prisonniers parce qu'on les accuse d'avoir tiré les premiers, ce qui est absolument faux, une partie des soldats pour échapper à la mort ont dénoncé leurs officiers à l'Assemblée.

Lundi matin, 13ᵉ aoust. — J'espère que cette lettre vous parviendra, je vous écrirai encore demain, ne m'écrivez pas, ne soyez point inquiets de moi, il se peut que je parte d'un moment à l'autre, peut-être par l'Angleterre, la personne chez qui je suis viendra avec moi mais l'on ne peut sortir de Paris, ni obtenir de passe-port, l'on dit que l'on est résolu d'exterminer jusqu'à la race des Suisses dans le royaume, il y a des listes de proscription, etc. Adieu mes bonnes sœurs, mon père, ma mère, tous, aimez-moi un peu, je ferai mon possible pour être digne de vous, il me semble souvent que la vie ne vaut pas les peines qu'on se donne pour la conserver, cependant si cela peut vous être utile je l'en aime davantage. Ne vous étonnez point des précautions que je prends pour vous faire parvenir cette lettre indirectement.

Le 14ᵉ aoust. — Je vous prie encore de n'avoir aucune inquiétude sur mon compte l'on ne peut sortir de Paris. M. Clavière a nommé les membres de la cour martiale qui doivent juger les officiers Suisses détenus au Palais Bourbon, l'on dit que M. d'Affry a été tué de même que M. d'Erlach, l'on ne sait rien des autres officiers, ils sont tous tués, ou prisonniers, ou cachés.

De Samuel de Constant à ses filles :

Genève, dimanche 19ᵉ, 9 heures. — Chers enfans, je vous envoie un billet de Victor venu dans une lettre de M. Achard. Je le crois toujours chez M. Tronchin, il n'est pas encore parti de Paris, ni l'ambassadeur d'Angleterre non plus ; on croit toujours qu'ils partiront ensemble et il est possible que Victor fasse nombre avec eux et les suive. Je voudrais lui envoyer 30 louis par la poste, nous les avons dans le bureau : il n'y aurait qu'à faire un petit paquet de 15 doubles louis, les mettre mardi au bureau avec les précautions ordinaires, à l'adresse de M. Achard que je mettrai ici. Aujourd'hui j'écrirai un mot à Victor par Mme Achard. L'intérêt pour ce pauvre enfant ne se diminue point ici, il y a peu d'heures que nous ne recevions quelque chose à son occasion, et hier une compagnie de plus de 20 personnes, hommes et femmes, pleuraient de tout leur cœur en entendant lire sa lettre, et le soir, chez Mme Tronchin, deux Français qui l'entendirent, n'ouvrirent pas la bouche, passèrent à une autre conversation, comme s'ils avaient entendu des mensonges. L'un était ce vieil épicurien de Chev^r de Beautteville, et l'autre un membre fugitif de l'Assemblée constituante, un baron dont je ne sais pas le nom, et que je ne veux pas savoir. Les Français ne savent plus inspirer que le mépris.

« Nous trouvons toutes les prévenances possibles, on nous parle toujours de vous, tous ceux qui vous ont un peu connues disent qu'ils vous regrettent, et quand je résume toutes mes réflexions sur ces petites jouissances, je viens à regretter que Genève n'aye pu être le chef-lieu, la patrie et la demeure agréable de mes enfans…

« Voilà Mme Achard qui ne veut pas absolument que j'envoie ces trente louis ; elle dit qu'on en trouve facilement à Paris contre des assignats, et que par la poste ils pourraient ou se perdre, ou arriver trop tard.

« M. Achard écrit que tout recommence à Paris comme auparavant, qu'il ne se fera plus de cruautés, qu'il faut mettre le duc d'York sur le trône. Lundi on a conduit au Temple, au plus haut du Donjon, à ce que l'on dit, le Roi et sa famille, dans un carosse à six places, Pétion entre eux deux. Le peuple a hué, sifflé, injuré le Roi. Il y a bien quelque apparence qu'ils lui feront son procès ; il mérite quelque chose pour avoir passé en revue les Gardes le lundi matin, et pour les avoir abandonnés le lendemain, en allant à l'Assemblée sans donner aucun ordre. M. Achard dit aussi que le cours des affaires reprend. On est seulement un peu en peine sur ce que feront les armées : on croit qu'elles feront comme le reste et donneront leur consentement à tout. M. d'Affri, le Général, n'a point péri ; on croit qu'il sera sauvé.

« *Copie du billet de Victor dans la lettre de M. Achard, daté du 3 septembre.*

... « On dit que Mme de Staël qui voulait partir a été amenée à l'Abbaïe et tuée. La Chablière[78] est en sûreté. Ils pourront partir peut-être dans peu ; n'en soyez pas inquiets. J'ai encore eu des nouvelles de *la campagne* [Courbevoie] où j'avais quelques effets ; il faut renoncer à tout cela. Adieu, bonjour, recevez mille tendresses. »

« Une autre lettre qui parle de Mme de Sthal dit seulement qu'on lui a ôté ses chevaux au moment où elle voulait partir. On croit qu'il y avait hier à la poste une lettre d'elle pour Coppet[79]. »

M. Achard, dont il est plusieurs fois question ici, est M. Achard, allié Bontems, qui devint plus tard le beau-père de Charles de Constant. Il était banquier à Paris et c'est chez cet « ami » que Victor vint se réfugier en sortant de son hôtel garni. On a même raconté de bouche en bouche dans la famille qu'on vint faire une perquisition chez M. Achard, et que Victor, déguisé en valet, tint la chandelle pour éclairer ceux qui le cherchaient dans l'appartement.

« Un mois après avoir appris que Victor était miraculeusement sauvé, nous dit le *Cahier vert*, nous le vîmes arriver sans habits, sans chemises, ayant perdu la place la plus agréable ; mais quel bonheur de le revoir ! »

Ses sœurs le vêtirent des habits de Charles.

On sait que peu après le 10 août, Genève commença à être émue par des nouvelles confidentielles qui lui venaient de France. À Paris, il était question d'envahir la Savoie, appartenant au roi de Sardaigne, et de s'emparer de Genève, au moyen de l'Armée du Midi. Cette armée était sous les ordres du général Montesquiou. Le gouvernement de Genève, secrètement averti, demanda aide et secours à ses alliés de Berne et de Zurich et fit armer les remparts. Toutes les classes de la population, oubliant les dissentiments de parti, s'unirent pour la résistance.

Cahier vert. — Bientôt la prise de la Savoie par les Français fit trembler ce païs et Genève. Genève était particulièrement menacée, et ses habitans jurèrent de ne pas la laisser tomber au pouvoir des étrangers. Tous les citoyens se réunirent dans ce but. Mon Père et Victor ne furent pas des derniers à s'y rendre. Lisette sollicita et obtint de les suivre : ils partirent tous trois au mois d'octobre. En même tems, notre maison se remplit d'émigrées de Genève [Mmes Jacquet et Pictet]. Nous passâmes un mois dans les alarmes.

« À Genève, mon Père demanda du service et monta la garde dans les fossés comme soldat. Que ne puis-je peindre sur la toile le tableau de ce Père sexagénaire auquel son fils encore dans l'adolescence rapprenait à faire l'exercice pour défendre sa patrie. »

Fragments des lettres de M. de Constant pendant son séjour à Genève :

« Il faut que je te dise, chère Rosalie, combien nous sommes heureux avec ta sœur. Nous rentrons à tous momens et nous la trouvons toujours sereine.

« … Il y a tous les jours 700 hommes de garde, au moins ; on répare les fortifications, on place les batteries. Victor et moi nous avons prêté le serment d'officier en conseil.

« Les dames Jacquet et Pictet répandent des éloges sur toi dans toutes leurs lettres : « Tu es une personne incomparable par ton habileté, ton adresse, tes grâces, ton amabilité du soir au matin ; tu fais mille choses importantes et pénibles, ménage, provisions, vendanges, et il n'y paraît pas ; ordre, économie, agrément, tout se trouve, tout le monde jouit, sans savoir comment » ; voilà ce qu'on dit de toi ; je ne veux absolument pas ce rouleau d'argent, aussi dis à ces dames : point d'argent, mais de la bonhomie. »

Du même à la même :

« Tu sauras tout ce qu'il y a de plus important dans le monde quand je t'aurai dit que mercredi Victor a monté la garde le matin et moi le soir, que lui était à l'avance de Neuve, et moi à la Porte. Les dames Pictet sont très à plaindre, leurs maisons de Verni[er] sont pleines d'officiers et de soldats[80]…

« Mon Père, Victor et Lisette, reprend le *cahier vert*, revinrent persuadés que Genève était sauvée, et bientôt après on apprit la fuite du général Montesquiou, qui fut le prélude des nouveaux malheurs de Genève. »

L'Assemblée nationale française, sous prétexte que Genève avait eu tort d'appeler les Bernois à son secours, avait donné l'ordre au général marquis Montesquiou Fézensac, qui était en Savoie, de venir assiéger cette ville.

Le désir de l'Assemblée nationale était aussi de fomenter une révolution à Genève et de pousser le peuple à renverser lui-même son gouvernement. À force de négociations, Genève obtint enfin du général Montesquiou que, si les Bernois se retiraient, les Français ne continueraient pas leurs attaques ; un traité dans ce sens fut signé avec le général Montesquiou. C'est à ce moment que Samuel de Constant, rassuré comme les autres, revint à Lausanne avec ses enfants.

Le général Montesquiou n'obéissait qu'avec répugnance à son gouvernement, d'abord parce qu'étant royaliste de cœur, il ne pouvait prendre son parti d'être sous les ordres d'une assemblée républicaine, ensuite parce qu'il était porté de bienveillance pour Genève.

À Paris on fut fort en colère lorsqu'on apprit qu'il avait pris l'engagement de se retirer ; on lui intima l'ordre d'envahir non seulement Genève, mais le Pays de Vaud. Ne voulant pas violer la parole donnée, il hésitait encore lorsqu'il apprit qu'on allait l'arrêter. C'est alors qu'il s'échappa et gagna le territoire vaudois. Dès lors il fut au nombre des émigrés dont la tête était mise à prix.

Les alliés suisses s'étant retirés, les émissaires français réussirent à soulever le parti révolutionnaire dans Genève, et des insurrections successives éclatèrent, qui devaient aboutir au renversement du gouvernement et à la réunion de Genève à la France, accomplie le 15 avril 1798.

Mais nous anticipons. Revenons en arrière au moyen d'une lettre de Rosalie à Charles.

25 novembre 1792.

« Où es-tu, mon cher Charles ? Que de choses à te conter depuis que je t'ai écrit. Le monde sera entièrement bouleversé avant que nous soyons réunis. Si tu n'as pas su la suite des évènemens, tu auras peine à les croire, tant ils sont extraordinaires. (Ici Rosalie raconte le 10 août, la fuite de Victor, les guerres européennes, les affaires de Genève, du pays de Vaud, etc.)

« ... Nous avons eu encore le malheur, cher Charles, de perdre notre excellente amie Mlle Gallatin. Cette amitié si vraie, si active, ne pourra jamais être remplacée. Un mois après elle sa mère est morte[81]. Voilà cette maison de Pregni, où nous avions toujours trouvé tant d'amitié et de bonté, où nous avons passé bien des momens agréables, fermée.

« Depuis la mort de Mlle Gallatin, les païsans qu'elle retenait dans des idées de modération et de bonté sont devenus méchans ; ils ont chassé leur curé et voulu pendre leur seigneur[82]. Ils ont persécuté les Huber, qui ont été obligés de fuir.

« La foule des êtres qui souffrent, qui sont sans pain, sans asile, sans ressource, est immense.

« Encore un évènement qui ne te fera pas plaisir, c'est la vente de Lalex. Mon Père, voulant payer des dettes, s'est déterminé à ce sacrifice. Comment ne pas regretter ce pauvre Lalex, où nous avons toujours été plus heureux qu'ailleurs, ce charmant païs, ce joli chalet ?

« Nous t'avions brodé chacune une veste, mais le pauvre Victor étant arrivé tout nud, nous avons été obligées de les lui donner. »

De Victor à Charles :

« C'est Victor qui veut aussi te dire combien il t'aime. Il tenterait volontiers d'aller auprès de toi, s'il en avait les moyens, mais, poursuivi par les sans-culotte français, il se trouve actuellement privé de tout emploi. À ton retour, tu me trouveras ou militaire, ou prêtre, ou financier ou berger[83]. »

Cette lettre, Charles ne la reçut pas en Chine, et tous ces événements, grands ou petits, il ne les connut que lorsqu'il eut revu les pays civilisés, puisqu'en janvier 1793 il se décida subitement à repartir pour l'Europe afin d'accompagner un vaisseau chargé d'une cargaison de sucre qu'il avait achetée. L'*Etrusco*, qui portait Charles et sa fortune, devait, hélas ! être victime de la révolution et des guerres qui en furent la suite. Arrivé en Irlande, le capitaine d'un vaisseau de ligne anglais offrit à Charles de Constant de le *protéger*. Charles accepta. Mais le protecteur, une fois dans les eaux françaises, profita du droit de prise pour s'emparer du navire et de sa cargaison. Charles eut beau protester, prouver qu'il était Genevois et Vaudois, intenter procès sur procès, il ne revit jamais rien de ses biens.

Pour le moment, il est encore sur l'*Etrusco*, tout à la joie de se rapprocher de sa patrie, mais anxieux des nouvelles qu'il apprendra :

Citons quelques pages de son *Journal* :

19 mars 1793. — Lorsque le brouillard s'est levé, nous avons aperçu près de nous un grand vaisseau et nous lui avons parlé. Il nous a annoncé que la paix a été faite en octobre. La paix ! le bon Dieu la bénisse ! la paix ! quel bonheur ![84]

« Voici les autres nouvelles qu'il nous a données : Il n'y a plus de roi en France. Sûrement Louis XVI aura fait quelque faux pas après quelque fâcheuse mesure.

« *1er avril, devant Sainte-Hélène.* — Je prépare une série de questions à remettre à l'officier qui ira à terre : Quel est l'événement qui a fait descendre Louis XVI du trône ? — Quels sont les principaux articles de la paix ? — Quel est le gouvernement actuel de la France ? Quel est le prix du sucre en Europe ? — Je ne fais aucune question sur la Suisse, que l'on connaît à peine à Sainte-Hélène.

2 avril, Sainte-Hélène, James Town. — Chers amis, quelles horribles scènes, quelles fureurs, quelles horreurs que celles du 10 août et du 2 septembre ! Pauvre et cher Victor, que seras-tu devenu dans le carnage qu'on a fait des gardes suisses ? Que ne dois-je pas craindre pour Genève, ma patrie ? Depuis que j'ai appris ces nouvelles, je ne fais que pleurer de désespoir. »

Le 3 juin, l'*Etrusco* aborda à Crookshaven, en Irlande, et Charles de Constant partit en poste pour Londres. À Waterford il loua un *packet-boat* pour traverser le golfe d'Irlande et plusieurs émigrés réfugiés là lui demandèrent la permission de s'embarquer avec lui.

« *À la mer*. — Je me suis réveillé au milieu de la nuit, j'ai trouvé mes Français causant comme je les avais laissés. Je leur ai fait des questions si étranges que M. de la Maisonfort n'a pu s'empêcher de me dire : « On voit que vous arrivez de l'autre monde. » — « Il est vrai, ai-je répondu, j'arrive de Chine et les nouvelles que j'ai datent du 10 mars 1792[85]. » Il s'est mis à me raconter, comme s'il lisait une gazette, l'histoire de ces quinze mois. »

Charles de Constant amenait avec lui, comme domestique, un Chinois, un des premiers, dit-on, qui aient été vus en Europe. Le Chinois, nommé Akao, faisait sensation.

« Partout où nous nous arrêtons, écrit son maître, il se forme un attroupement. Ce sont surtout les femmes qui montrent le plus de curiosité. Je suis persuadé qu'on a souvent payé les postillons pour nous arrêter (pendant la traversée de l'Irlande). Les uns veulent que ce soit une femme, les autres un prince, un ambassadeur. Le plus grand nombre assure que c'est quelque illustre Français [émigré].

« À Waterford, dès qu'on sut l'arrivée du Chinois, la foule se porta à notre auberge. Beaucoup de dames de distinction, des lords, sont venus converser avec lui et le questionner. On lui parlait généralement en français. La curiosité et l'empressement se sont un peu ralentis quand on sut qu'il était mon domestique. Une belle dame, cependant, est venue le chercher en carrosse pour dîner chez elle. J'aurais en vérité gagné mes frais de voyage en le montrant à un shilling par tête. »

À Londres, la curiosité grandit :

« Je vous ai déjà dit que M. Akao, puisque monsieur il y a, est fort recherché dans le grand monde. Il ne rentre qu'entre une et deux heures du matin, ce qui est gênant pour moi. Il n'est pas venu dans l'idée de ceux qui l'invitent de me demander si cela me convient, ni de l'envoyer chercher et de le renvoyer. Avant-hier, je trouve une invitation au nom de Mrs Powel pour aller au bal de la Cité. Je répondis à peu près en ces termes : « La personne avec qui M. Akao est venu en Angleterre prend la liberté de témoigner sa surprise qu'une dame aussi bien élevée que l'est sûrement Mrs Powel, n'ait pas jugé convenable de la consulter sur les plaisirs de M. Akao. Quoi qu'il en soit, l'heureux Chinois sera prêt à l'heure fixée. » Mrs Powel m'envoya des excuses et ajouta qu'étant indisposée, elle n'irait pas au bal. Je m'y rendis moi-même et demandai à être présenté à Mrs Powel, dont l'indisposition n'avait pas duré.

« *À Brigton.* — Nous sommes allés à l'assemblée publique. Les personnages les plus remarquables étaient le prince de Galles, Mme Fitzherbert qui est, dit-on, sa femme, le chevalier d'Éon en habit de femme, et… M. Akao.

« Un monsieur me demanda l'autre jour très sérieusement si j'avais vu beaucoup de Chinois à Canton. Je lui répondis qu'il n'y avait que des Allemands... »[86]

Il fallait bien rire un peu pour ne pas pleurer, car les circonstances politiques n'étaient pas gaies, et le pauvre Charles se trouvait au milieu de difficultés inextricables causées par son malheureux *Etrusco*.

Nous n'avons trouvé aucune des lettres que Rosalie dut écrire à son frère pendant l'année entière qu'il passa en Angleterre avant de pouvoir aller embrasser sa famille. Nous revenons donc aux *cahiers verts* pour savoir comment vivaient les Constant en ce temps de misère et de souci. Pauvreté, anxiétés, ignorance du sort des parents et amis, tel était le lot commun. À Lausanne, pourtant, on trouvait encore le moyen de s'amuser, à en croire les récits contemporains. Les émigrés y affluaient.

Rosalie à *la Chablière* vivait assez tristement, on l'a vu. Sa correspondance avec Bernardin de Saint-Pierre distraisait ses pensées à défaut des petites intrigues moins platoniques qui remplissaient la vie de quelques-unes de ses amies.

C'est en mars 1793 qu'elle considéra l'affaire avec son correspondant comme terminée à jamais et qu'elle consigna sa déception dans son *cahier vert*.

Pourtant, le 30 juillet de la même année la voilà qui reprend la plume, ô inconstance féminine !... Il faisait chaud en ce 30 juillet, la belle-mère avait été particulièrement harassante, Lisette s'enveloppait dans ses pratiques mystiques, le Père était à Genève pour affaires. Et Saint-Pierre, que devient-il ? est-il heureux ? Pense-t-il encore à moi ? Si je lui écrivais ! » Aussitôt l'alerte petite bossue prend la plume, choisit une grande feuille de papier, et sans se donner le temps de la réflexion, commence ainsi :

De Rosalie de Constant à Bernardin de Saint-Pierre :

« Je voudrais bien savoir de vos nouvelles. Je croyais que l'idée que vous êtes heureux me suffirait, mais, dans ce tems-ci, le bonheur est si incertain, il a tant de peine à venir, il s'échappe si facilement…

« Au milieu de vos travaux, peut-être trouverez-vous un moment à donner à une amie qui ne peut vous oublier ; le tems s'écoule…

Et la plume court, court, pendant plusieurs longues pages dont nous ne transcrivons qu'une partie.

« Tant que j'aurai la même existence, peut-être plus longtems encore, je me réjouirai de votre bonheur ou je m'affligerai de vos peines. Je n'ai jamais su encore faire succéder l'oubli à l'amitié, mais bien des choses vous rappellent à moi, j'entends quelquefois prononcer votre nom et jamais personne ne vous dit le mien.

« Votre Île Saint-Pierre, sur la rivière d'Étampes, ressemble-t-elle à celle que Rousseau habita sur le lac de Bienne ? J'y allai l'année passée avec mon Père et une de mes amies. C'est vraiment un charmant coin du monde. Le souvenir de Rousseau, des momens heureux qu'il y passa, ces beaux arbres, ce lac tranquille dont les bords sont si variés font naître une rêverie, une mélancolie qu'on aime et qu'on voudrait conserver. J'y pensai à vous.

« …… Nous menons toujours une vie tranquille et retirée, en famille. Nous nous aimons, nous cultivons notre jardin ; nous avons eu cette année des fleurs charmantes que j'ai eu bien du plaisir à peindre. Un bonheur inattendu est venu encore rendre plus vifs tous nos plaisirs et adoucir toutes nos peines : c'est le retour de mon frère Charles de la Chine… nous ne l'avons point vu encore.

« …Nous faisons des vœux ardens pour la paix, nous avons mille raisons de la désirer. Vous m'avez offert de m'envoyer vos ouvrages, j'aurai trop de plaisir à les tenir de vous pour ne pas vous le rappeler. Si mon frère allait à Paris, vous pourriez les lui remettre. Il me semble que vous me devez aussi une silhouette. Et voilà une bien longue lettre ; vous n'aurez pas le temps de la lire, ayez au moins celui de penser quelquefois à   R.

Le 30 juillet 1793. »[87]

Saint-Pierre répondit-il à cette lettre ? Nous l'ignorons. Beaucoup plus tard, la correspondance reprit, et puis cessa de nouveau, mais en 93 nous n'en trouvons aucune trace.

La guerre entre la France et la Hollande donnait de vives inquiétudes à toutes les personnes qui avaient un fils ou un frère dans l'une ou l'autre armée ; les Constant n'étaient point exempts de ces angoisses et elles ne se trouvèrent que trop justifiées lorsque le 9 septembre arrivèrent à *la Chablière* quelques lignes de Juste à Victor :

« Mon cher ami, ne soyez pas inquiets, je suis blessé mais pas dangereusement, un coup de fusil m'a cassé la cuisse, elle est remise et cela va aussi bien que cela peut aller, je suis à Courtrai chez de très braves gens, bien pansé et bien soigné, et je réponds que je m'en tirerai, soyez surs de cela, adieu je vous embrasse.

J.C.

De Courtrai, le 27 août 1793. »

« C'était à l'affaire de Turcoing village près de Lille, en France, que Juste avait reçu un coup de feu et deux balles dans la cuisse. Après s'être distingué par sa valeur, il supporta les souffrances de sa blessure, de son pansement fait à plusieurs reprises et différens trajets dans cette douloureuse situation avec une fermeté héroïque.

« Il fut finalement transporté à Gand et le 27 septembre nous reçûmes la nouvelle de sa mort. » Charles était accouru de Londres, mais arrivé à Gand, il apprit que son frère n'était déjà plus depuis huit jours. « Ce chagrin était le plus vif que j'eusse encore éprouvé[88]. »

Juste de Constant, l'aîné de la famille, avait un caractère apathique qui a bien souvent donné des impatiences à son père, à sa sœur, mais c'était un homme d'intérieur, qui chaque fois qu'il revenait chez lui, s'y trouvait fort bien. On comprend la douleur des siens en apprenant qu'il était mort au loin.

Une lettre de Rosalie à Mme de Genlis parle encore de son chagrin.

Mme de Genlis était arrivée à Lausanne avec sa jeune élève la princesse Adélaïde d'Orléans.

On raconte que la diligence l'avait déposée dans la rue et qu'elle était fort empruntée pour trouver un logement, lorsque Mme de Montolieu, l'apercevant par sa fenêtre, la supplia de monter chez elle et la reçut jusqu'à ce qu'elle eût trouvé à se caser. C'est ainsi que commença la relation. Au bout de peu de temps la romanesque émigrée quitta Lausanne et s'en alla chercher un agreste refuge dans la petite ville de Bremgarten, près Aarau.

Rosalie n'aimait guère que ses amies eussent des relations qu'elle ne partageait pas. Mme de Montolieu avait peut-être un peu tardé à la présenter à Mme de Genlis, mais ceci n'était point pour arrêter une personne qui était entrée en correspondance avec Bernardin de Saint-Pierre. Elle avait donc pris les devants et, sachant Mme de Genlis dans l'embarras, lui avait écrit pour lui offrir un asile lorsqu'elle quitterait sa retraite actuelle.

Nous ne citerons pas en entier la réponse de Mme de Genlis, non plus que d'autres lettres d'elle qui se trouvent dans les papiers de Charles de Constant. Nous ne sommes pas d'avis qu'il suffise qu'une lettre ou un billet soient écrits par une personne marquante pour qu'il y ait à se pâmer devant ! Et puis ce style louangeur, emphatique, phraseur du XVIIIe siècle, nous ne pouvons nous y habituer ! Si tout ce que ses correspondants lui disaient d'elle-même était vrai, Rosalie, avec sa bosse et son visage pâle, serait un être délicieux, irrésistible. Elle avait du charme certainement, de l'esprit, de la répartie, de la bonté, preuve en soit le plaisir qu'on trouvait dans sa société. Pourquoi donc dire d'elle plus encore qu'il n'était nécessaire ?

De Mme de Genlis, marquise de Sillery, à Rosalie de Constant.

« Madame,

« Votre extrême bonté pour une personne qui vous est inconnue me surprendrait autant qu'elle me touche, si d'après tout ce que mon amie m'a dit je n'avais pas déjà l'honneur de vous connaître.

« Mon sort est sans doute inquiétant, mais je suis plus embarrassée qu'à plaindre ; de simples revers de fortune peuvent facilement se suporter[89]. La raison peut faire promptement à cet égard, ce que fait infailliblement

L'habitude avec Le temps. Tant que j'aurai une palette, des couleurs et des instrumens je ne m'ennuirai point, et mes journées s'écouleront aussi agréablement dans une chaumière que dans un appartement superbe. D'ailleurs j'ai vu tant d'infortunes depuis 4 ans que j'aurais honte de m'affliger sur moi-même.

« Quant à La proposition que vous daignes me faire madame, je vous supplie de vouloir bien en témoigner toute ma reconnaissance à vos respectables amis ; mais je ne puis dans ce moment profiter de cette offre généreuse, parce que malgré mes malheurs et Le peu de Services que je puis rendre Surtout dans Le lieu Sauvage que j'habite, un hazard très singulier fait cependant que j'y peux être utile, et c'est une consolation que je goute. Mais vraisemblablement on n'aura plus besoin de moi dans trois semaines et alors je serai libre, et Si M. et Mme Constant peuvent encore me recevoir dans ce tems, j'aurai certainement L'honneur de les aller remercier de leur extrême bonté. Cet intervalle me donnera le tems d'achever les plus belles vues des charmans environs de mon cher village et j'espère que ce petit portefeuille Les intéressera, que je serais heureuse s'ils aimaient La musique, car je pourrais me flatter de leur offrir quelqu'amusement dans ce genre.

Recevez Madame Les remerciemens sincères d'un cœur Sensible, profondément touché de votre bonté et L'assurance du respect avec Lequel je suis Madame

Votre très humble et très obéissante Servante Verzenay[90].

Ce 10 mars 1793. »

Mme de Genlis, se faisant passer pour une dame irlandaise, avait pris le nom de Verzenay qui ne nous paraît pas très bien approprié à sa patrie d'occasion.

Au moment de la mort de son frère, Rosalie avait encore reçu d'aimables témoignages de sympathie de Mme de Genlis. Celle-ci lui avait aussi envoyé des lettres destinées à recommander Charles à quelques émigrés de ses amis. Rosalie confia le brouillon de sa réponse à son *cahier vert*, et c'est à lui que nous empruntons des fragments de sa lettre. On verra qu'elle sut assez bien pasticher le style de sa correspondante.

« À Mme de Silleri et à Mlle d'Orléans à Bremgarten.

8 octobre 1793.

Les anges bienfaisans qui daignent s'intéresser à nos malheurs avec une bonté si inouïe, si inattendue, si peu méritée, n'ont pas besoin sans doute d'entendre l'expression de nos sentimens. Soulager des cœurs malheureux, adoucir et diminuer des peines et des inquiétudes cruelles suffit à leur satisfaction et les distrait de leurs propres chagrins... Malgré la vivacité de notre douleur, nous éprouvons qu'il est consolant d'intéresser des âmes comme les leurs. Ah ! c'est un bonheur qui est refusé aux gens heureux, celui de n'intéresser que les âmes vraiment grandes et généreuses.

« Toutes les lettres pour l'Angleterre ont été envoyées à notre pauvre Charles... Son cœur triste et découragé sera ranimé par un secours si flatteur et si inespéré. J'exprime bien mal ce que nous sentons tous, j'implore l'indulgence des anges bienfaisants auxquels je m'adresse et j'ose demander la permission de les aimer et de les bénir. »

Cette lettre était adressée :

À M. Stamler, aubergiste au Cerf et conseiller de la ville de Bremgarten pour remettre à Mme Lenox — par Zurich.

Il paraît que Mme de Genlis avait quitté le nom de Verzenay pour celui de Lenox, mieux choisi.

Rosalie échangea encore dans le même style deux ou trois lettres avec Mme de Genlis ; mais revenons à la véritable Rosalie sans pose, au moyen de quelques pages de son *cahier vert*, où ce qu'elle écrivait n'était point destiné à passer sous les yeux d'une altesse.

D'abord un conseil qu'elle se donne à elle-même et qui ne sera point inutile à d'autres :

« Si quelqu'un vous demande un service ou quelque chose qu'il vous est désagréable et pénible d'accorder, il faut, ou avoir le courage de refuser nettement, ou accorder d'aussi bonne grâce que si l'on y trouvait un grand plaisir. »

« Anecdote pour servir à l'histoire de l'humanité, tirée des lettres de Charles :

« Je me souviens qu'autrefois Necker (le neveu du ministre), étant un jour à Versailles, un garde du corps voulut l'empêcher de passer. Cependant, comme il était bien mis, il lui demanda son nom : — Necker ! répondit-il avec la fierté qu'ont les sots de porter un nom célèbre, et il passa. J'allai lui faire visite l'autre jour, je demandai M. Necker. — il n'y a personne ici de ce nom-là, me répondit le domestique, il y a bien un étranger, mais il s'appelle Germani[91] et non pas Necker. »

« Victor est parti pour se rendre à La Haye comme enseigne aux gardes hollandaises, le 7 janvier au soir. Nous apprîmes bientôt qu'il ferait la campagne comme aide de camp de Villars.

« Au mois de février 1794, je fis la connaissance de Mme de Staël et de M. de Montmorenci. »

Cette date de février 1794 est importante dans la vie de Rosalie puisque c'est celle qui marque le commencement de sa relation très agréable parfois, très orageuse souvent, avec Mme de Staël. On sait combien Rosalie, qui aurait été d'abord portée à admirer la femme de lettre, prit à cœur l'influence de Mme de Staël sur Benjamin, et combien elle défendit avec ardeur la cause de celui-ci.

La cousine et la future amie de Benjamin se connaissaient déjà quelque peu, puisqu'en septembre 1793, au moment où les Constant avaient appris le danger où se trouvait Juste, Mme de Staël avait écrit à Rosalie un billet que nous retrouvons dans les papiers de famille ; celle-ci y est sollicitée de donner des nouvelles de son frère et d'envoyer « la bonne à Nion, où Mme de Staël va s'établir. » Mais c'est à partir de l'hiver 1794 que la relation devint plus intime.

Nous l'avouons ici, nous devons une grande reconnaissance à toutes les personnes, à M. Jean H. Menos en particulier, qui ont déjà fouillé les papiers de Charles de Constant et qui ont mis au jour beaucoup de détails se rapportant à Benjamin Constant.

Notre sympathie pour ce cousin au septième degré est très faible, et ce n'eût point été dans nos moyens de nous attarder longtemps à analyser cette nature ondoyante et personnelle. M. Jean H. Menos a reproduit, dans son *Introduction*, un grand nombre de lettres de Rosalie à Charles, où elle raconte toute l'histoire de cet amour orageux, mais où perce son admiration pour le génie littéraire de celle qu'elle appelle « la trop célèbre ». Les papiers de Charles de Constant contiennent aussi des lettres, de petits billets de Mme de Staël à Samuel et à ses enfants, mais c'est bien là encore que nous pourrions redire ce que nous hasardions plus haut sur le peu de valeur à nos yeux de cette littérature d'occasion. M. Jean H. Menos a également reproduit une lettre de Rosalie à Mme de Staël, dont nous avons le brouillon sous les yeux, où Rosalie reproche sévèrement à sa correspondante de n'avoir pas épousé son cousin. On nous permettra de nous en rapporter souvent au volume si nourri intitulé : *Lettres de Benjamin de Constant à sa famille, 1775-1830, précédées d'une Introduction d'après des lettres et des documents inédits,* par Jean H. Menos[92].

« Le 7 août, continue le *cahier vert,* nous eûmes le vif et sensible plaisir de revoir Charles, qui, lassé d'attendre la fin de son procès, vint se reposer avec nous. L'été fut assez agréable par les personnes intéressantes que nous eûmes l'occasion de voir à Mezeri et à Bussigni, entre autres le général Montesquiou.

C'est le général Montesquiou-Fézensac, on s'en souvient, qui avait conquis la Savoie à la France et refusé de priver Genève de son indépendance. Obligé de fuir pour ne pas être saisi comme traître à son gouvernement, il s'était réfugié dans le village de Mézière, au-dessus de Lausanne ; c'est là qu'il vivait dans un demi-incognito qui ne l'empêchait point de frayer avec les habitants de Mezery, de Bussigny et de *la Chablière.*

Nous avons retrouvé quelques lettres de lui à Rosalie qui ne le cèdent en rien à celle de Mme de Genlis pour le style louangeur ; pourtant il faut croire que son admiration pour notre arrière-grand'-tante était bien réelle puisqu'il ne tint qu'à elle de devenir l'épouse du général marquis. Ceci nous permet d'ajouter foi aux démonstrations admiratives de celui-ci, car il est bien certain que ce n'était ni la fortune ni la beauté qui l'avaient captivé ici. Le général de Montesquiou avait alors cinquante-quatre ans et Rosalie trente-cinq.

Voici quelques lettres qu'ils échangèrent. Faut-il y lire entre les lignes pour y chercher l'amour ? Nous ne le croyons pas.

Rosalie de Constant au général de Montesquiou :

« Je suis bien flattée de ce que l'auteur des beaux vers à notre lac et de la charmante description de Bussigni veut bien que j'en aye une copie, j'irai les relire sous ces tilleuls où nous avons eu le bonheur de le voir assis parmi nous, et d'où l'on découvre les deux rives, dont l'une fut conquise et l'autre sauvée par lui ; nous demandons qu'il nous soit permis de joindre un peu d'amitié à la reconnaissance qu'il inspire aux habitans de l'heureuse rive. »

Le général de Montesquiou à Rosalie de Constant :

« C'est bien moi qui dois des remerciemens à l'aimable personne qui daigne placer dans son cabinet la faible ébauche que j'ai faite des objets qui l'intéressent. Je suis très fier que sous les tilleuls de *la Chablière*, en présence des objets que j'ai peints, on trouve quelque mérite à mes tableaux, et surtout que l'on ne trouve pas celui de Bussigni trop au-dessous de son modèle. Quant à moi qui suis revenu des vanités de ce monde, je fais peu de cas de « la rive conquise », mais beaucoup de « la rive heureuse ». Si, en effet, je ne suis pas tout à fait étranger à la paix qui y règne, si j'ai mérité quelque bienveillance de la part de ses habitans, ils ne pouvaient pour me le témoigner remettre leur procuration dans de meilleures mains.

M. »[93]

Le même à M. Samuel de Constant :

Mezières, ce mercredi 27 aoust.

« J'ai l'honneur d'envoyer à monsieur Constant les livres de sa bibliothèque qu'il a eu la bonté de me prêter. Ce qui m'empêche d'y joindre le volume du *Mari sentimental*, c'est que M. de Narbonne n'a pas voulu se laisser enlever le plaisir de le lire et j'y en avais trop trouvé moi-même pour le refuser à mon ami. C'est lui qui se chargera de le rendre à monsieur Constant.

« Au moment de mon départ, j'aurais bien d'autres remerciements à addresser aux habitants de *la Chablière* pour leur aimable obligeance et leur bon voisinage, dont j'aurais voulu pouvoir profiter avec plus de liberté. Je projetais d'aller moi-même leur porter un après-midi ma reconnaissance et me regrets si je ne trouvais pas une société plus nombreuse dont mon incognito s'effrayait, mais je crains que le tems ne m'interdise cette course.

« Monsieur Constant veut-il bien me permettre de ne pas signer et transmettre à Mlles ses filles mes respectueux hommages.

M. »

Le même à Rosalie de Constant :

« Je suis pénétré de reconnaissance pour l'aimable souvenir dont m'honore mademoiselle Rosalie. Elle n'est point de celles que l'on oublie, mais bien de celles dont on ne se consolerait pas d'être oublié. Je suis très flatté de l'intérêt qu'elle veut bien me témoigner au sujet du changement de ma position. Il est vrai qu'elle est améliorée à tous égards. Mais il n'y a point de bonheur que n'augmentât pour moi le plaisir d'égarer mes yeux :

Entre les bords fleuris que le Léman sépare, et surtout de revoir leurs aimables habitans. Je n'oublie point, je n'oublierai jamais les bontés dont j'y ai été comblé par toute la famille, à qui je prie mademoiselle Rosalie de faire agréer mes hommages. Monsieur son Père a fait les premières démarches pour mon retour, aussi je lui dois beaucoup et je me plais toujours à me le rappeler. Je le prie de s'en souvenir aussi et de s'attacher à ses bienfaits.

« J'assure mademoiselle Rosalie de mes respects et de mon attachement.

30 Brumaire. »

Est-ce avant ce billet, est-ce après que M. de Montesquiou pria Mme de Montolieu de faire agréer sa main à Mlle de Constant ? Nous ne savons. Le fait est que le message fut transmis et qu'un peu troublée, mais très ferme dans sa décision, Rosalie fit la réponse que voici :

Rosalie de Constant à Mme de Montolieu :

Samedi à 3 heures.

« Cher ange Isabelle, je lis et relis votre lettre, d'abord l'article du général et vos notes m'ont fait bien rire, mais je suis très flattée et très contente de tout ce qu'il dit. Si jamais on a dû faire usage de la raison, c'est dans une affaire où le cœur n'a point de part. Pour moi, ce n'est pas la pauvreté qui me paraît un obstacle là dedans : je suis si accoutumée à l'économie et aux privations qu'elles ne seront jamais un mal sensible pour moi, mais ce sont les enfans ; et je ne sais pas encore ce qui pourrait me faire vaincre la répugnance que j'aurais à être belle-mère. Cette seule circonstance m'empêcherait de former un vœu, un désir pour le mariage le plus agréable. Votre discrétion est bien celle que dicte la vraie amitié ; elle nous laisse tous deux plus libres et elle ne peut avoir aucun inconvénient. L'idée de mariage, toujours plus ou moins agréable à l'esprit d'une fille ne me tourne point la tête. Je crois que je serais bien capable d'aimer et de sentir le bonheur de me vouer à celui que j'aimerais, mais je vous avoue qu'il faudrait pour cela qu'on m'aimât et qu'on me plût beaucoup. Vous me direz que je n'ai aucun droit de l'exiger, ni d'y prétendre, et je ferais chorus avec vous. Depuis longtems j'ai senti que ce bonheur n'était pas à ma portée. De courts momens d'illusions n'ont fait que me confirmer dans cette vérité. En attendant que je retrouve dans une autre vie ce bonheur dont je n'ai fait qu'entrevoir l'image, je vivrai d'amitié, je serai fort contente de ce régime et je remercierai Dieu tous les jours de m'avoir donné une amie comme Isabelle. Voilà le fond de mon cœur.

« D'après cela et la connaissance que vous avez de ma situation, de mes peines et de mes consolations, dites et faites ce que vous voudrez. Si mon cœur n'est pas touché, mon amour-propre est flatté d'avoir plu à M. de M. et de ce qu'il a bonne opinion de moi. Je sens de la reconnaissance pour lui et pour vous à qui j'en dois la meilleure partie, et cela me fait encore mieux sentir combien vous êtes une parfaite et inappréciable amie. Venez un peu ici que je vous le dise encore mieux, vous me ferez mille biens. Notre cher Charles a été triste tous ces jours. Son ami Buisson est parti.

« Adieu, ange Isabelle. Dites, je vous prie, au général mes félicitations sur la liberté de ses enfans. »[94]

Cette liberté dont Rosalie félicitait les enfants du général Montesquiou (probablement, il s'agissait de leur retour permis en France), elle n'aurait voulu pour rien au monde les en priver en leur imposant le joug d'une belle-mère dont elle avait souffert elle-même. C'était de la générosité poussée à l'excès, d'autant plus que ces dits « enfants » eussent été en âge de se défendre. En effet, le marquis avait une fille de trente-trois ans et dûment mariée en 1794, et deux fils de vingt-six et trente ans.

Le cœur de Rosalie ne souffrit point, croyons-nous, du parti qu'elle prit.

La haute position qu'on lui avait offerte, les jolies choses qu'on lui disait auraient pu tourner cette tête de trente-six ans. Il était bon que le cher Père la ramenât à la réalité par quelques franches admonestations ; aussi bien, il y a longtemps que nous n'avons pas cité une de ses lettres. En voici une écrite de Genève, où il était venu pour élire des syndics, et qui nous montre que Samuel de Constant, qui aima tant les femmes et fut tant aimé d'elles, n'était pourtant point féministe.

« Je vous laisse, mes chères filles, maîtresses d'entreprendre ce qu'il y aura à faire, vous recommandant cependant de vous défier de ce que vous jugerez. Vous n'avez ni l'une ni l'autre l'esprit de calcul, vos idées sont vagues et beaucoup dans le moral, vos intentions sont excellentes, vos cœurs parfaits, mais vos moyens sont ceux de votre sexe, ils tiennent au sentimental, à l'imagination plus qu'à la vérité, c'est pour cela qu'il vous faut un frère comme Charles, qui sentira comme vous et qui verra beaucoup mieux.

« Chère Rosalie, tu te fais des privations inutiles et tu as l'air d'en souffrir ; tu as trop souvent l'attitude d'une victime, et il y a de la charité pour les autres à jouir de ce qui se présente, à se donner l'air du plaisir, quand même on n'en a pas prodigieusement ; ta santé même le demanderait, tu nous montrerais un visage moins pâle et plus gai. C'est un avantage que tu laisses à ta sœur sur toi. Elle a l'air content et heureux, et toi, tu as presque toujours l'air en souffrance et en sacrifice. [95]

Certainement, Samuel ne voyait pas sa fille en rose et nous sommes persuadé que Rosalie se donnait beaucoup de peine pour être heureuse quand même, dans ce temps où bien peu de gens l'étaient vraiment.

Ses relations avec les émigrés intéressants, avec les personnes aimables du terroir, lui procuraient un réel plaisir. Elle s'était liée entre autres avec Mme de Charrière de Colombier, qui fut un temps l'amie de Benjamin, et qui donna *Caliste*, les *Lettres de Lausanne*, etc.

Ce fut moins la littérature et Benjamin qui les rapprochèrent que la musique.

Nous tenons de l'obligeance de M. Philippe Godet quelques lettres de Rosalie à Mme de Charrière. Les dates font défaut. Cette lettre-ci, écrite à un moment où Rosalie osait encore admirer Mme de Staël, renferme un éloge sur cette femme qui ne manque pas d'intérêt sous la plume qui le traça :

Rosalie de Constant à Mme de Charrière, à Colombier.

« Je voudrais savoir vous redire tout ce que j'ai entendu, l'autre jour, sur *Caliste*. Si vous eussiez écouté à la porte, je crois que vous n'auriez plus trouvé que Mme de Staël « ait trop d'esprit ». Ce n'est point avec une fausse chaleur ni avec des expressions recherchées qu'elle le louait, c'était avec un sentiment vif et vrai. — « Jamais un roman, jamais une situation ne l'ont plus intéressée. » — « Mais, lui disait-on, cet homme n'est pas intéressant. » — « Les hommes intéressans sont rares, c'est dans la vie d'une femme que peuvent se trouver la vraie délicatesse, le désintéressement et l'héroïsme, et qui sait aimer comme Caliste ? D'ailleurs les faiblesses, les vices même sont dans la nature. Si on veut peindre la femme, il faut les placer dans le tableau, surtout lorsqu'ils sont rachetés par un sentiment sublime et par des vertus. »

« Je vous rends bien mal tout cela, madame. Croyez, je vous en prie, que cela fut dit avec bien plus d'esprit. C'est une femme bien étonnante. Le sentiment qu'elle fait naître est absolument différent de celui que toute autre femme peut inspirer. Ces mots : douceur, grâces, modestie, envie de plaire, maintien, usage du monde, ne peuvent être employés en parlant d'elle, mais on est entraîné, subjugué par la force de son génie, il suit une route nouvelle. C'est un feu qui vous éclaire, vous éblouit quelquefois, mais qui ne peut vous laisser froid et tranquille. Son esprit est trop supérieur pour faire valoir celui des autres et pour que personne puisse en avoir avec elle. Lorsqu'elle est en quelque endroit, la plus part des gens deviennent spectateurs, elle est seule sur la scène, ou si quelqu'un ose s'y placer un moment, tout l'avantage du raisonnement et de la dispute est de son côté, et l'admiration qu'elle inspire fait qu'on lui pardonne sa supériorité, lors même qu'on en est l'objet.

« On est étonné de trouver chez cette femme singulière une sorte de bonhomie et d'enfance qui lui ôte toute apparence de pédanterie.

« J'ai vu aussi Mme la Duchesse de Castries, qui m'a beaucoup parlé de Zingarelli... Si je pouvais le voir quelquefois, si je pouvais vous faire des questions, peut-être viendrais-je à bout de ce que je veux. Il y a une jolie romance dans les *Sentimens secrets*[96]. Mme de Staël m'a demandé d'y faire un air ; j'aurais bien une idée, mais je n'ose m'y livrer. Le rithme, l'harmonie, ces deux mots me persécutent ; il me semble qu'ils sont toujours contre moi et qu'ils se plaignent du tort que je leur fais. Par exemple lorsque le thème d'un air se répète sur d'autres paroles... etc., etc. »

« *Chablière, mardi 4 janvier* [1795].

On le voit, Rosalie avait plusieurs cordes à son arc pour tuer l'ennui. Nous avons déjà entendu Mme La Roche louer une romance qu'elle composa sur des paroles de Mme de Staël. Peut-être était-ce celle-ci, plus probablement était-ce une autre.

Retour au *cahier vert*. — « L'hiver 1795 se passa assez bien, excepté nos vives inquiétudes sur Victor, qui faisait la guerre et fuyait devant les Français en Hollande, le piétisme, l'approche de la ruine et de la misère... Après la conquête de la Hollande, nous fûmes tranquillisés sur la vie de Victor, mais il se trouva de nouveau sans état et s'en alla à Brunswick avec les Villars. On voulut faire faire un bon mariage à Charles, Mlle X. promit de le dédommager de ce qu'il lui sacrifiait. Au mois de juillet, nous fîmes un joli voyage dans les montagnes avec une nombreuse et agréable société. »

Cette société se composait de Mmes de Staël et d'Arlens, du duc Mathieu de Montmorency, du comte de Mun, etc. Rosalie, qui avait toujours goûté les fleurs, était fort encouragée dans ses recherches botaniques par Mathieu de Montmorency. Ce fut lui qui l'engagea à commencer ce qu'elle appela plus tard son *herbier*.

Qu'on ne s'imagine point ici un amas de plantes sèches et incolores renfermées entre des feuillets de papier gris. Rien de plus brillant, au contraire, de plus frais et gracieux que « l'herbier » de Rosalie de Constant. On peut le voir encore au Musée cantonal de Lausanne et il n'a rien perdu de son éclat. Il se compose de plus de douze cents feuilles de carton sur lesquelles sont reproduites à l'aquarelle autant de plantes glanées dans les vallées et sur les cimes vaudoises.

« Après avoir gravi les Alpes, dit-elle quelque part, que le repos est délicieux sur ces pelouses d'un gazon velouté, en cueillant les fleurs qui les décorent ! C'est ainsi qu'un herbier devient un mémorial de toute la vie. Chaque plante porte avec elle le souvenir du lieu où on l'a cueillie, de la personne qui l'a donnée. On aime surtout à penser que toutes sont nées en ce pays fortuné où les beautés et les richesses de la nature nous rappellent que l'or n'est pas le premier des biens. »

Peut-être Rosalie s'essaya-t-elle à sécher des plantes, mais bien vite elle comprit que ses aptitudes la portaient plutôt à les reproduire au moyen de son pinceau. Ses recherches n'en avaient pas moins un caractère scientifique. Nous retrouvons dans les papiers de Constant plusieurs lettres adressées à Rosalie par des savants qui attestent de ses connaissances botaniques, et chacune des fleurs du gracieux herbier est accompagnée de son nom en latin et de sa description.

Rosalie excellait aussi dans le genre « arabesque », si fort à la mode à la fin du XVIIIe siècle. Elle en échangea beaucoup avec Mme de Genlis, et ces chefs-d'œuvre composés de fleurettes disposées avec grâce avaient le don de réjouir autant celle qui les exécutait que celle qui les recevait.

Rosalie trouvait encore du temps pour aider son père à la traduction d'un roman de W. Godwin.

« L'hiver 1796 nous dit le *cahier vert*, se passa assez tristement dans la crainte de manquer absolument du nécessaire, dans le travail de la traduction de *Caleb* et dans l'inquiétante incertitude sur le sort de Charles. Nous nous décidâmes à quitter *la Chabliere* par économie et par convenance pour Benjamin. Depuis près d'un an, il avait quitté Brunswick, divorcé de sa femme, et il s'était donné à Mme de Staël. Au mois d'avril, Charles fut sur le point d'épouser Mlle X., mais le mariage fut encore renvoyé. Charles partit pour Paris le 6 mai. » Il allait une fois de plus tenter la fortune et chercher une situation qui lui permît enfin d'apporter l'aisance chez lui et de se marier.

Plus nous avançons dans l'histoire de Rosalie, plus nous nous persuadons que le plus grand amour qu'elle ait éprouvé, après celui qu'elle avait voué à son père, alla à son frère Charles. Lisette, en ce temps, lui causait beaucoup de chagrin en se détachant toujours plus de sa famille pour se donner à la secte qui lui permettait de satisfaire jusqu'à l'excès son esprit de sacrifice, ses aspirations mystiques.

Charles, quoiqu'il ait été aimé également par ses deux sœurs, avait jusqu'ici trouvé une indulgence plus inépuisable pour ses confidences amoureuses chez Lisette que chez Rosalie. Maintenant, comprenant que ce cœur excellent ne lui était plus entièrement dévoué, il sentit du même coup que Rosalie devait souffrir aussi de se voir enlever l'affection de sa sœur, et il s'attacha d'autant plus à elle ; même il lui fit des protestations touchantes d'amitié, lui promettant que toujours elle trouverait en lui un tendre protecteur. Il n'en fallait pas tant pour toucher un cœur sensible, et dès lors, encore plus qu'avant, l'amour pour Charles remplit la vie de Rosalie, amour très maternel, mais très jaloux aussi, comme le sont souvent les amours de mère. C'est ce qui fait que les plus grandes douleurs réservées dans l'avenir à Rosalie lui seront causées par la femme qui lui prendra définitivement le cœur de son frère.

En attendant, rien de plus touchant que les efforts loyaux faits par la sœur aînée pour aimer les jeunes filles qu'aime le très inflammable Charles. On a vu qu'il se fiança successivement à Lausanne avec deux personnes ; la première était très coquette, l'autre fut victime du despotisme jaloux de ses parents. Rosalie si sincère, si exempte de vanité, ne pouvait en conscience approuver le choix de son frère ; son bon sens lui disait qu'il ne serait pas heureux ; mais elle avait pour lui tant d'admiration, elle craignait si fort qu'il l'accusât de jalousie — peut-être avec raison, — qu'elle chercha toujours à se persuader qu'elle aimait tendrement les fiancées de son frère. Elle leur attribua toutes les vertus qu'elle leur aurait désirées, et parfois, grâce à son imagination, elle réussit à les leur voir.

Lorsque la première abandonna le pauvre amoureux, lorsqu'il se lassa d'attendre la seconde, elle leur en voulut comme si elle les eût choisies elle-même, elle souffrit cruellement pour son frère et ne se permit pas même de se réjouir qu'il lui fût rendu un peu.

Désormais nous nous trouvons en face d'une grande quantité de documents, car la correspondance entre le frère et la sœur, toujours plus intime, est des plus actives, sans compter beaucoup d'autres correspondances qu'entretiennent l'un et l'autre, et les *cahiers verts*. Nous voilà donc fort embarrassé pour décider ce qu'il faut choisir, éliminer.

Charles arriva à Paris dans un moment très intéressant, en plein Directoire. « L'époque, comme le dit un de ses biographes d'occasion, M. Georges Bertin, était désastreuse. À peine sortie de troubles affreux, la société n'existait pour ainsi dire plus, Charles de Constant nous la dépeint en homme d'esprit. »

M. Bertin a publié une partie du *journal* de Charles de Constant, de mai à novembre 1796, dans la *Nouvelle Revue rétrospective*[97].

Pour nous, comme nous l'avons déjà dit nous reproduisons de préférence les lettres, et, dans les lettres, nous nous attachons à ce qui a trait aux personnes et aux mœurs plutôt qu'à ce qui touche aux faits historiques que chacun peut retrouver dans sa mémoire bien meublée ou dans le premier dictionnaire venu.

De Rosalie à Charles :

La Chablière, mardi 17 mai 1796. — Le cocher suisse ne revint que mercredi ; nous commencions à en être en peine, et je l'aurais embrassé quand il me parla de toi. Je l'envoyai de suite à R... avec la lettre et mes amitiés. Dimanche je la vis chez Jeannette, nous nous fîmes bien des caresses, nous pleurâmes bien, je lui dis tout ce que tu devines. Ses parens sont toujours fort méchans. Crois que je l'aime de tout mon cœur. Si jamais elle te rend heureux, combien je l'aimerai encore davantage !

« Si tu trouves l'occasion de faire voir à Paris mon herbier, ne la néglige pas. Je travaille à le continuer, mais tu n'es plus là pour m'apporter des fleurs, pour me dire que ce que je fais est vilain ; je n'ai point de courage, ma plus douce occupation est de raccommoder tes chemises.

« C'est samedi notre assemblée, qui sera énorme et où on s'ennuiera tant qu'on voudra. Mme de Staël, arrivée le 9, y sera avec sa cour, ce qui me fait peur. Ne pourrais-tu pas employer le crédit de Benjamin pour que les directeurs de ta compagnie te paient ? On dit cependant que ce crédit n'est pas encore assez grand pour faire rentrer son amie avec succès. »

De Charles à Rosalie :

Paris, 14 may. — Henri de Crousaz m'a mené chez Billy Van Berchem. Il est fort lié avec Mme Buonaprte, femme du général qui vient d'acquérir tant de gloire. C'était la veuve du général Beauharnais. Van Berchem est dans les fournitures [de l'armée [d'Italie] et il a un train. »

16 may. — Je ne vous ai rien dit de la toilette des femmes ; elle est très bizarre, d'abord elles n'ont pas l'air habillées, ce sont des draperies trainantes, dont le corset prend sous le sein, le dessine sans le cacher. On ne porte plus de ceintures, on a souvent les bras nuds jusqu'en haut ; les femmes sont bien chaussées ; jolis souliers plats, bas de soye à coins de couleurs, et la mode est de se trousser fort haut ; les étoffes sont belles, beaucoup de blanc, avec une large bordure d'indienne en guise de falbalas, le bonnet à la folle ou bien le grand chapeau tout uni et mis en arrière, et la perruque blonde. Les voitures redeviennent communes, mais les femmes vont beaucoup à pied. Je n'ai vu aucune femme avec des placards de rouge, et il me semble qu'il y a beaucoup plus d'embonpoint qu'autrefois.

Mardi 17. — Je n'ai pas encore obtenu la permission de rester, quoique ma pétition ait été présentée par Mme Tallien.

« Vous seriez étonnés de voir la quantité de femmes qui sont à la tête d'affaires de commerce ; c'est un spectacle singulier.

Mercredi 18. — Enfin j'ai revu le G[[e|l}} M[ontesquiou] ; il m'a reçu avec bonté et m'a témoigné un intérêt dont je suis reconnaissant, mais qui me fait de la peine ; jamais je ne pourrai oublier tout ce que ce moment a eu de pénible. J'avais maladroitement oublié qu'il est sourd et cela a été l'occasion de quelques coq-à-l'âne déplaisans. Ce qu'il m'avait dit en nous revoyant avait distrait mes idées du présent. Ô mon pays, que je te regrette ! Le général m'a parlé de *Caleb* ; il y a trouvé beaucoup de *suissismes* qui blessent les oreilles de Paris.

« Le G^l Montesquiou a été grossièrement traité dans l'*Ami des loix* à propos de ce qu'on nous refusait de rester, mais il s'en moque. Je n'ai fait voir ton herbier à personne, les arts sont totalement mis de côté, on ne s'occupe que de ses intérêts pécuniaires et de la nouvelle du jour ; on ne lit plus du tout.

« Le seul moyen de payer M. Servan est de lui donner des assignats à raison de 38 capitaux pour un ; il faudrait le consulter là-dessus et me l'écrire.

Mardi 24. — Enfin me voilà secrétaire en pied de S. E. le Baron de Staël, et j'en ai le diplôme dans ma poche, ce qui me permet de rester à Paris ; c'est à Benjamin que je dois cette faveur ; j'ai été remercier mon patron ; il m'a très bien reçu et m'a parlé avec intérêt ; me voilà donc tranquille. »

De Rosalie à Charles :

Mardi 24 mai. — R. est venue nous voir ; elle était fraîche et jolie ; tu comprends combien je lui fis d'amitiés, je lui dis tout le bien qu'elle me faisait et m'en fis un peu en la caressant et en parlant de toi. Notre assemblée a assez bien réussi. Elle était fort belle quoique, Dieu merci, il y manquât beaucoup de monde. La trop célèbre y vint avec toute sa basse-cour ; elle ne parle que de Benjamin, elle en paraît très occupée ; elle croyait qu'il t'avait mené chez M. de Staël et que tu t'y étais bien amusé.

« Nous emballons avec force, Lisette se tient à l'écart de tout ; cependant, le jour de l'assemblée, elle avait fait une jolie toilette de dévote. Elle se retira quand vint Mme de Staël. Elle est en vérité bien plus heureuse que nous ; ce doit être une consolation.

Jeudi 2 juin. — Tu sais le plaisir que tu m'aurais fait en allant au Jardin des Plantes et en tâchant de voir Saint-P. J'aurais aimé que tu parlasses de l'herbier à Mathieu [de Montmorency], mais comme de toi-même. C'est lui qui m'a conseillé le premier de le faire, peut-être le ferait-il vendre si tu lui disais que le besoin d'argent m'y engage.

« …Lausanne est la ville des célibataires, il y a quelque chose dans l'atmosphère qui en éloigne l'hymen. Dans le fonds il y a bien des consolations à cela, moins d'intérêt dans la vie, mais aussi moins de soucis, moins de devoirs et de responsabilités. La mort arrive tout doucement et cause moins de regrets. Pour moi, je travaille tous les jours à prendre mon parti de tout, ce qui ne peut pas être sans détachement et indifférence, et c'est acheter un peu cher la tranquillité. »

De Charles à Rosalie :

2 juin. — Ce matin j'ai rencontré une jeune femme habillée en homme ; cela est très commun. Aujourd'hui, rien ne peut étonner, tout est bien, et une femme avec une immense poitrine en grande évidence, habillée des habits d'un autre sexe, ne fait pas plus de sensation que de voir les jours de pluie, comme aujourd'hui, les femmes se trousser au-dessus du genou et montrer leur peau à tous les passans. — Pourquoi cacherait-on cela plutôt que la main ? disent-elles.

« Ce que tu me dis de Lisette me fait bien de la peine ; on ne renonce pas aux sentimens les plus doux de la nature pour en prendre d'autres incompréhensibles, on ne rompt pas les premiers devoirs qui nous sont imposés pour se vouer à une existence et à une vie peut-être plus coupables qu'elle ne pense sans qu'il en arrive tôt ou tard quelque malheur... Le chevalier les a toutes gagnées par le moyen ordinaire de séduire les femmes, et lorsque cela l'a ennuié, il en a fait des dévotes ridicules et absurdes.

« Tu sais bien, chère Rose, que je ferai tout ce que je pourrai pour te dédommager par mon amitié, par ma tendresse, de ce que tu as perdu avec Lisette. R... et moi aurons pour but principal, pour ambition de contribuer au bonheur de tous ceux à qui nous tenons de si près par les sentimens de la nature.

« J'ai déjeuné avec Mesdames Tallien et Buonaparte. Mme Tallien est un peu plus grande que R..., parfaitement bien faite, brune mais avec le teint brillant, éclatant de la jeunesse, de la fraîcheur. Ses yeux noirs et bien fendus ont quelque chose de vague qui n'est pas louche et qui lui va très bien et donne du piquant à sa figure, la bouche est on ne peut mieux dessinée et vermeille, ses lèvres petites, découpées et ses dents parfaitement belles ; son nez n'est ni grec ni romain, il est droit quoi qu'on dise ; la coupe de sa figure est un bel ovale ; ses bras, sa gorge, ses mains blanches, potelées, et dans toute sa tournure on remarque la grâce, la vivacité, la simplicité, la volupté, et dans sa manière une naïveté mêlée du désir de plaire. Sa robe de mousseline rayée à la grecque était nouée sous le sein par un ruban verd et orange qui fait le tour des épaules ; elle portait un collier de gros grains d'ambre jaune taillés à facettes, une petite chaîne d'or à plusieurs rangs, placée en écharpe, attachait un gros cœur d'or qui était entre son sein et sa ceinture ; ses bras étaient nuds presque jusqu'à l'épaule et ornés de deux bracelets, l'un formé d'une chaîne et l'autre fait en cheveux ; elle avait aux doigts plusieurs bagues, qui étaient plutôt des souvenirs que des bijoux ; la chaussure imitait le brodequin et ses cheveux noirs étaient en rond tout bouclés comme ceux de la plus belle romaine. Point de fleurs, point de pompons, point de bijoux. Sa voix est claire et sonore, sans inflexions aigres si communes dans ce pays ; sa tournure est décente, ses manières prévenantes, obligeantes et gaies. Elle avait encore sur les épaules un châle des Indes souci foncé avec lequel elle jouait, cachant, montrant tour à tour sa gorge et ses bras. Elle nous a raconté toute l'histoire de sa détention ; c'est un curieux morceau. Elle a chanté en s'accompagnant de la harpe et du piano, elle a chanté avec Henry, enfin cette femme est charmante...

Samedi 4 juin. — Nous fûmes hier au déjeuner de Benjamin ; nous y trouvâmes des faiseurs comme Bergoin, Rioulf, Jullien, Méjean, Allard, et la gaîté bruiante, les propos les plus libertins, les expressions les moins mesurées faisaient la base. Benjamin, voyant mon étonnement, ne put s'empêcher de me dire : « Croirait-on cependant que c'est là la cour du gouvernement d'aujourd'hui ? »

« Mme Tallien nous parla de Mme de Staël ; elle fait grand cas de son cœur, de son esprit, mais elle la croit intriguante et dangereuse. En général, je ne connais pas de femmes célèbres qui n'aient perdu beaucoup en acquérant de la vogue. On nous dit ici que tous les émigrés ont ordre de quitter la Suisse ; est-ce vrai ? »

De Rosalie à Charles :

7 juin. — Tous les jours, nous dépouillons cette pauvre *Chablière* ; la nature la venge de ce que nous lui ôtons, jamais elle n'a été plus belle, l'air est embaumé par les seringats, les rossignols sont tout près de la maison et nous font chaque nuit les plus charmans et les plus touchans adieux ; nous mangeons des fraises et les cerisiers sont couverts de fruits, nous les verrons à peine rougir.

9 juin. — Hier, je passai la soirée sous les beaux marronniers que nous allons quitter ; je me rappelais toutes les chimères agréables que j'y ai formées, les doux momens où nous nous sommes trouvés réunis. Je fus interrompue dans cette douce et triste rêverie par Souky de Bons, qui avait avec elle Mme De Lessert, l'amie de Jean-Jaques, celle à qui il a adressé ses *Lettres sur la Botanique*. J'eus du plaisir à l'entendre parler de Rousseau ; elle me dit qu'il n'y avait jamais eu de lacune dans sa liaison et que jusqu'à la fin de sa vie, il venait la voir. — C'est, dit-elle, parce qu'il ne trouvait pas en moi une femme d'esprit, mais des rapports de sentimens. »

De Charles à Rosalie :

Jeudi 9 juin. — MM. Mallet payeront en mandat les 2800 livres à Servan, la seule monnaye qu'il soit en droit de réclamer, c'est la monnaye reçue devant la loi ; il est malheureux qu'ils valent si peu, mais à nous qui souffrons plus que personne, et M. Servan, riche comme il est, et qui a déjà tiré 28,000 livres d'intérêt de son capital de 35,000 francs, n'est pas fort à plaindre.

Mercredi 15. — J'ai dîné chez Mme Gautier qui, pendant le dîner, a reçu une lettre de sa mère, qui lui rend compte de sa promenade à *la Chablière* avec beaucoup de choses flatteuses pour toi. Je lui ai porté ton herbier ; elle connaît beaucoup d'artistes et son frère est grand botaniste. J'ai vu l'herbier que Rousseau a fait pour elle ; il est comme celui de la tante [Charrière]. Tout ce qui reste de cet homme célèbre à tant de titres, est infiniment précieux ; elle nous a prêté un carton de lettres originales adressées à sa mère, dans lesquelles sont les *Lettres sur la botanique* insérées dans la dernière édition. Mais il y en a une infinité d'autres.

Jeudi 16. — Que diable veut-on que je dise de Benjamin ? il a l'air usé, ennuié ; il s'est fait couper les cheveux à la Brutus, mais il a plus l'air d'un soleil au mois de décembre que d'un Romain du tems de la République. »

De Rosalie à Charles :

21 juin. — Je languis de pouvoir t'écrire que nous nous reposons chez la bonne tante. Le renvoi de tous les émigrés a été décrété à Berne. C'est une grande désolation parmi ces malheureux. L'arrivée d'Éric[98] n'aurait pas trop réjoui la trop célèbre. Comment se résoudrait-elle à ne pas aller à Paris, qui, comme elle le dit elle-même, convient si bien à ses qualités et à ses défauts. Elle aime mieux plus de chagrin et moins d'ennui : c'est son plus grand ennemi.

Benjamin s'établira-t-il en France si elle n'y va plus ? Peut-être viendront-ils à la Chablière. »

De Charles à Rosalie :

Dimanche 26 juin. — Notre-Dame-des-Victoires est partie ce matin pour aller jouir des triomphes de son époux ; mais que va-t-elle chercher ? »

De Rosalie à Charles :

De Chaumière, le 28 juin 1796. — Nous voici donc ici après bien des peines et des fatigues de tout genre. Après avoir remis *la Chablière* à ces Dupleix qui ont disputé jusqu'à un cheveu, qui voudraient vendre chaque rose et chaque rossignol, nous montâmes dans le *char* de la bonne Tante, et nous arrivâmes dans sa petite maison où elle nous reçut avec la plus consolante amitié et un bon goûté préparé. Mme de Staël a demandé *la Chablière* : Benjamin va revenir ; ils s'y établiront, je le prévois.

11 juillet. — Hier j'allai à Montchoisi pour lire l'introduction de l'ouvrage sur *L'influence des passions*, tout ce que cet auteur écrit fait penser, parler, disputer, et nous eûmes beaucoup de plaisir. On est étonné de la profondeur de ses idées et enchanté par le brillant, la force et la nouveauté des pensées. Tout cela compense bien le galimathias métaphysique qui se trouve toujours un peu dans le style de Mme de Staël. Après cela j'allai la voir, elle est dans la maison de sa cousine : elle me fit beaucoup d'amitiés et quelques reproches. Elle me fit pressentir des choses assez extraordinaires que je me garderai bien d'écrire, dans l'horreur où je suis des paroles indiscrètes. Elle va ce soir chez Constance, où il y a de la musique, mais où je n'irai pas, à cause de certains tripotages qu'elle m'a faits. Il est impossible de vivre tranquillement avec ces personnes extraordinaires. Elle est en guerre avec le Père parce qu'il lui a fait quelques observations sur ce qu'il a lu de son livre. Ce livre ne lui attirera que des chagrins quoiqu'il soit lu avidement. Elle est bien malheureuse avec tout ce qu'il faut pour rendre dix sots heureux, mais elle aime passionnément Benjamin. Dieu sait où cela les conduira tous deux. »

De Charles à Rosalie :

7 juillet. — On est ici dans de sincères et vives inquiétudes sur l'indépendance de Genève ; on assure que le parti de réunir cette petite République à la France est décidément pris, que le gouvernement y est porté par le parti qui a tant fait de mal et qui a encore toute l'influence.

« La paix est faite avec le pape, et les progrès de Buonaparte en Italie se continuent.

Dimanche 31 juillet. — Tu comprends, chère Rose, que j'ai eu du plaisir à revoir notre Isabelle [de Montolieu]. Le général [de Montesquiou] les a établis dans un vrai palais, équipage, laquais, fêtes. Il montre une reconnaissance pour ce qu'on a fait pour lui en Suisse qui prouve assez qu'il est charmé de la mettre au grand jour. Mathieu [de Montmorency] ne les quitte point. Nous sommes allés hier ensemble aux Français où on a joué *le Tartuffe* délicieusement. Le « haï d'amour » [Mathieu] est assez ennuieux. Il reprend chaque jour une couche d'ancien régime qui cloche avec ce qui se passe.

« Benjamin, avec ses pétitions pour prouver qu'il est français, me fera condamner comme tel en Angleterre.

Lundi primidi 8 août 20 thermidor 1796 an 4. — Avant-hier nous avons déjeuné dans la chaumière de Mme Tallien, avec son cher époux et quelques autres. On disputa beaucoup sur la calomnie que répandent les journaux et jusqu'à quel point on devait la laisser aller ; ils ne voyaient que moi qui fusse contre le silence. Je convenais que c'était bon pour les gens en place, mais non pour une femme ; on me jeta la pierre, je me défendis tant que je pus, mais je passai pour un sot. Mme Tallien ne m'en sut pas mauvais gré. Sa chaumière est très agréable. Tallien est un bel homme sans manières, sans dignité et sans esprit. »

De Rosalie à Charles :

8 août. — Nous passâmes une jolie soirée à lire avec les Huber les opuscules que tu nous as envoyés. Je ne me faisais point cette idée de Diderot. C'est un capucin qui prêche l'athéïsme (dans le *Bonheur des sots*). Mme du Châtelet dit aussi de drôles de choses sur le bonheur. Il semble à tous ces grands esprits que la vie est un vide et qu'on n'a rien à faire qu'à le remplir. Ayez des passions, disent-ils, puis soyez vertueux... l'ennui, cette rouille qui s'attache aux situations heureuses, leur paraît être le seul ennemi à combattre. »

De Charles à Rosalie :

Mercredi 17 août. — Il est décidé que je me fixe à Paris. Gautier-Delessert m'a pris en amitié, il a besoin de quelqu'un sur qui il puisse se reposer. Je logerai chez eux, je mangerai avec eux, je travaillerai avec lui... »

De Rosalie à Charles.

23 août. — Je jouis jusqu'au fonds du cœur du changement de ton sort et je le crois très heureux. Je vis R..., elle se cacha derrière un arbre et me fit demander, ne voulant pas entrer dans la maison. Elle se plaignit de toi et me dit qu'elle ne voulait pas se passer du consentement de ses parents. J'aurais dû peut-être ne lui faire que des amitiés et la laisser dire, mais je ne pus m'empêcher de te justifier et de lui dire la vérité sur cette longue attente, cela ne réussit pas. Raccommode-moi avec elle, je t'en prie ; dis-lui que si je n'avais pas un vrai désir de la nommer ma sœur, j'aurais plus de patience et de tranquillité.

« J'ai vu deux ou trois fois ma cousine de Staël et mon cousin le tondu. Avant-hier je leur fis visite. Je la trouvai entre le renard [M. de Tracy], le petit chat [A. de Mun], et l'autre [Benjamin], ayant un de ses coudes dans la poitrine de l'un, prenant l'autre par la tête, et le troisième tenant sa nuque et l'appelant *ma bonne petite chatte*. Ce tableau me dégoûta un peu, de même que les plaisanteries sur M. l'ambassadeur. Je me disputai horriblement contre eux tous, sur notre païs qu'ils regardent comme le théâtre de l'ennui et de la nullité. Je dis qu'il y aurait encore plus d'esprit à savoir vivre dans son païs, quelqu'ingrat qu'il soit, à s'y distinguer en se rendant utile et intéressant, qu'à le fronder et l'abandonner, mais je ne persuadai pas et m'échappai pour n'y pas souper. Benjamin est allé à Berne pour son procès qui se juge demain. Il a promis de se mettre de la poudre. Ses cheveux rasés et hérissés, outre qu'ils font cuire les yeux, auraient choqué les perruques de nos Excellences. Dieu sait ce qu'il en sera de ce procès ; cela lui est bien égal.[99] »

Quelques biographes de Benjamin Constant, tout en fouillant la correspondance de Rosalie pour y trouver des lumières sur leur héros, se sont plu à insinuer que la cousine avait été amoureuse du cousin. Nous nous faisons fort d'affirmer que cela est faux. Rosalie avait neuf ans de plus que Benjamin ; au moment où nous en sommes, elle avait trente-huit ans et lui vingt-neuf ; elle sentait le mal que lui faisait la « trop célèbre » et aurait voulu le sauver du péril où étaient son cœur et son intelligence, mais elle agissait comme eût fait toute sœur aînée et aimante envers un frère plus jeune et faible de caractère. Du reste ne l'a-t-elle pas dit elle-même un jour : « Mon amitié n'était pas de force à lutter contre les passions furieuses de cette terrible femme ; cependant comment ne pas prendre intérêt à un ami malheureux ?

« Depuis son enfance j'ai pris intérêt à lui. Tu nous as toujours vus liés. Ma grand'mère, qui nous aimait tous deux plus que les autres, m'a recommandé cent fois de l'aimer comme une sœur aînée, ma conscience me dit que je n'aurais pas pu penser et dire autrement que je ne l'ai fait[100]. »

En novembre 1796, la famille de Constant devait quitter Mme de Charrière et aller s'établir dans un modeste appartement place Saint-Étienne, à l'ombre de la Cathédrale et de… l'hôpital.

Pendant qu'elle préparait ce logis, Rosalie trouvait encore le temps d'écrire à son frère :

30 août, Saint-Étienne. — Je t'écris à côté de l'hôpital pendant qu'on charrie nos meubles... Mlle de Sullens vint un soir demander du thé à ma Tante. Comme nous étions établies à causer entre femmes, arrive la célèbre, appuyée sur son petit renard. « Quoi, dit-elle, vous n'avez que des femmes ? J'en suis bien aise, il n'y a qu'elles d'aimables dans ce païs. » Et la voilà sur le lit de repos, cherchant à plaire à tout le monde sans éclabousser et sans crier contre mes livres nouveaux [envoyés par Charles]. Elle en connaît les morceaux intéressans et nous les lut avec beaucoup d'agrément. Cela fit parler et disputer, et l'on s'amusa fort. Benjamin arrive, qui n'y gâte rien. Nous ne le voyons absolument qu'aux côtés de sa belle. Il n'est rien du tout pour nous, ce qui est assez triste. Il n'aura de repos que lorsqu'il sera membre du gouvernement de France.

13 septembre. — Il faudra que Lausanne s'agrandisse pour loger tout ce qui viendra cet hiver ; les Genevois seront en force. J'espère que nous vivrons entre nous, gens du païs. Serai-je avec la bonne Tante ? habiterai-je ceci ? Je ne vois pas encore bien clair. En attendant, j'use du plus d'économie possible, en tirant parti de nos guenilles. Adieu, j'ai encore mille choses à te dire, mais au bruit du marteau et les doigts embarrassés de colle, où trouver des idées agréables ? Tout est harassé en moi, excepté le cœur qui t'aime bien. Ce qui me fait du bien, c'est que mon Père est content et trouve l'appartement joli. Ce que tu me dis de R... me fait bien plaisir. La femme qui fera ton bonheur est bien sûre de trouver en moi la sœur et l'amie la plus tendre.

27 septembre, Chaumière. — Je t'écris tous les mardis de ma vie ; je vois revenir ce jour avec plaisir. On parle beaucoup ici des revers des Français en Allemagne, et les émigrés font de grandes nouvelles contre-révolutionnaires. Les Suisses sont très en peine que l'une des armées vaincues ne vienne, sans égard pour la neutralité, traverser notre païs. Les cantons de Schaffhouse et de Zurich sont les plus menacés. Ils arment à force. Si les Français traversent la frontière, les Autrichiens suivront.

18 octobre. — Voilà *les Passions*[101] de Mme de Staël qui paraissent. On va se déchaîner contre elles, car la pauvre femme, malgré sa bonté et son idée que tout le monde l'adore, a plus d'ennemis que d'amis. C'est vraiment une production étonnante pour une femme. Le commencement m'a enthousiasmée, le milieu m'a refroidie, la fin m'a enchantée. J'ai cependant peu de goût pour les belles tirades quand je vois ceux qui les font ou qui les vantent n'en faire aucun usage pour eux. Ce qu'elle dit sur les femmes est parfait. Il sera curieux de voir quel rôle [politique] notre cousin va jouer ; il me semble qu'il a plus de moyens que tu ne le dis.

« Il faut que je te parle de sucre. Il est monté ; on vend le beau ici jusqu'à 18 batz ; ne serait-il pas possible d'en faire venir une tonne qui coûterait moins ?... On est tranquillisé sur le passage des armées en Suisse.

25 octobre. — Tous les jours la bonne Tante apporte son dîner qui fait le fonds du nôtre. Le soir, lorsqu'elle s'est bien tuée de fatigue, elle vient dormir sur notre lit de repos et se réveille quand on lit Mme de Staël. C'est vraiment un ouvrage admirable. S'il charme et transporte par les détails, par les mots heureux et sensibles, rien n'est plus triste et désolant que le résultat : — Êtes-vous sans passions ? Vous n'êtes qu'à moitié créé, vous ne traînez qu'une misérable existence. Avez-vous des passions ? Vous êtes dévoué au malheur, et n'avez de vraie ressource que le suicide. Bref, lorsqu'on a fini ce livre, on n'aime ni l'auteur, ni soi, ni la vie, et l'on a peu d'espérance pour l'avenir. Ce n'est pas ainsi que parlent Rousseau, Bernardin de Saint-Pierre, Bonnet, tous les philosophes bienfaisans qui nous consolent au moins par de belles théories des tristes réalités.

Bussigny, samedi soir 29 octobre. — J'étouffe de colère contre Benjamin. Il faut qu'il ait perdu le paquet que je lui avais remis pour toi, après l'avoir ouvert avec la dernière indiscrétion. Je regrette ce bon thé et tous ces manuscrits. Ce n'était pas à lui à juger de leur valeur. Malgré ma fureur contre mon cousin, que je me promets d'exprimer à sa belle, je te trouve trop sévère sur l'affaire du divorce qui, au reste, ne se fera pas... Peut-être si ces deux esprits se conviennent si bien, seraient-ils assez heureux ensemble pour faire oublier leurs folies. »

De Charles à Rosalie :

2 novembre 1796. — J'ai été hier au soir à un beau Primidi, il y avait un cercle très brillant, de jolies femmes recherchées dans leur parure, dans leur maintien, leurs regards et même leurs paroles. La plus belle avait cette tranquillité d'esprit, cette aisance et cette brillante gaîté qui annoncent qu'on est content de soi et des autres.

« Cette belle régnait en paix lorsque tout à coup la porte s'ouvre, on annonce une autre femme reconnue pour montrer partout où elle va une des plus jolies figures, un des plus charmants visages, la tournure la plus faite pour être remarquée, et cette simplicité si séduisante qui dénote un cœur honnête, peut-être sensible. Cette femme entre entourée d'une troupe de jeunes gens qui la proclamaient la plus belle et qui paraissaient vouloir la soutenir envers et contre tous.

« La première craignant de voir son throne renversé par cette nouvelle venue, et sachant bien que le premier coup d'œil déciderait de la victoire, eut un moment d'inquiétude très vive, qui ne fut aperçu, je crois, que de moi, parce que tous les yeux étaient portés sur l'autre. Mais en habile général, elle ne perdit pas la tête et elle se prépara au combat. Elle avait certain schall orange qui sert de manteau, de draperie et plus souvent à montrer à propos le plus beau bras, la plus belle gorge qu'on peut avoir, qu'à les cacher tout à fait. Elle comprit que le bonheur avait voulu qu'elle n'eût montré ni l'un ni l'autre encore et que la vue subite de tant de charmes attirerait tous les yeux, fixés un peu trop longtems sur sa rivale. Effectivement cela produisit un effet prodigieux. Je m'approchai de la dame avant qu'elle fût certaine de son triomphe et je lui dis : « Que n'ai-je la pomme à offrir ! mon choix serait bientôt déterminé. »

« Je ne crois pas qu'elle ait jamais jeté un regard plus doux, plus tendre, plus expressif de reconnaissance et de satisfaction, et je vous assure qu'elle a diablement joué de la prunelle, mais le plaisir entrait dans son cœur et bannissait une crainte très vive qui l'avait occupée un moment.

« Je l'engageai à remettre son beau schall orange. « Employer inutilement un moyen dont on ne doit user qu'en dernière extrémité, c'est un défaut de tactique » lui dis-je. Elle me comprit, mais quelle est la femme qui sait user avec modération de la victoire ?

« Elle se leva sous un prétexte, et sa belle taille, ses bras nuds, sa grâce, cet ensemble de beauté que peu de femmes possèdent à un point de perfection aussi grand fut remarqué, admiré, même par sa rivale.

« La première de ces femmes est Mme Tallien, vous l'avez déjà reconnue ; l'autre est une dame Récamier, qui affecte la simplicité d'une bourgeoise par la même raison que l'autre a adopté le costume grec. Ô femmes, que vous êtes séduisantes et frivoles, que votre cœur est ambitieux ! Il n'y a point de femme qui ne prît un vice comme vêtement s'il pouvait lui donner un triomphe.

« J'ai lu une partie des *Passions* ; je ne saurais ajouter que peu de choses à ce que tu m'en dis. Le chapitre de l'amour est le plus faible. Ce n'est que la métaphysique de l'amour esprit, et non pas de l'amour cœur.

« L'ambassadrice a oublié deux passions qui ne lui sont pas très inconnues : l'intrigue et la curiosité. C'est la curiosité qui lui donne cette légèreté, cette instabilité, cette agitation, ce dégoût qui la rendent si malheureuse. Qu'elle est à plaindre d'avoir autant gâté sa vie !

« Paris devient extrêmement brillant. Il y a une classe de gens qui mène la vie la plus dissipée qu'on puisse imaginer. C'est la société la plus *voyante*, sans cesse au bal, à cheval, en fête et dans les parures les plus magnifiques comme les plus bizarres. On voit une femme nue jusqu'à la ceinture, littéralement sans chemise et montrant tout sans vergogne, l'autre habillée en hussard, en Turc, en Grecque, en Flore, en déesse ou en paysanne. C'est une mascarade brillante et du plus grand goût. »

De Rosalie à Charles :

Chaumière, 3 novembre. — Le paquet est arrivé, ce qui a calmé ma fureur contre Benjamin et sa belle. Elle arriva jeudi à Bussigni. Mme de Montolieu avait appris une tracasserie qu'elle lui avait faite, moi j'étais en fureur de mon paquet ouvert à Coppet où je croyais qu'il avait été laissé, de sorte que la visite devint une querelle assez vive. La Dame avait beau nous assurer que les petites choses ou les tracasseries ne lui faisaient rien, cela ne nous calmait point. Nous ne réussîmes pas mieux à lui persuader qu'on peut mettre de la bonne foi et de la délicatesse dans les petites choses. Il faut espérer qu'elle remontera cet hiver sur son grand théâtre. Elle se meurt d'ennui dans ce païs et elle accable ceux qui l'aiment le mieux. J'ai vu pour la première fois M. de Staël. Je le trouve au premier abord plus agréable que tous les amans de la belle. Il a l'air abattu, craintif et accablé ; elle est hautaine et méprisante devant lui. Elle parle de sa coquetterie et de son adoration pour Benjamin à qui elle a voué sa vie, mais point de divorce. Il faudrait avoir un peu plus de vertu pour faire un éclat et reprendre de nouveaux devoirs.

« Une des choses qui me choquent dans Mme de Staël, c'est qu'elle nous reproche toujours notre malveillance contre Benjamin à qui, dit-elle, nous devrions être fiers d'appartenir et qui t'a laissé son bien par testament. Cela est bien injuste. Ce sont des personnes qu'il faut voir de loin, surtout si l'on veut aimer leurs livres.

Chaumière, 7 novembre. — Je vois quelquefois Mme Necker de Saussure et trouvai l'autre jour chez elle une société toute genevoise. C'est un ton, une manière à part, des parures plus soignées, un ton plus commun, des plaisanteries qui tiennent toujours de la moquerie et un fonds d'ennui qui vient du manque de bonhomie. Je crois qu'on vivra très séparé cet hiver. Ils sont plus nombreux et plus brillans que nous.

Saint-Étienne, 22 novembre. — Nous y voici donc, sur ce rocher, après avoir eu bien de la peine à le gravir. Il me semble qu'il s'est écoulé bien du tems depuis huit jours que je ne t'ai écrit. J'ai eu des chagrins et des fatigues. Je reste à la bonne Tante. Mon Père et elle se sont fait des complimens à mon sujet : « Prenez-la. » — « Non, je ne veux pas vous en priver, charmé de vous offrir quelque chose qui vous fasse plaisir. » — Cela, joint au froid détachement de Lisette, me fait mieux sentir le bonheur que j'aurais de vivre auprès de cette bonne Tante.

« Je couche donc à *Chaumière,* mais passe toutes mes journées ici pour aider. La belle-mère est active pour que rien ne manque à l'élégance parfaite de sa chambre. Tout ce qu'il a fallu faire dans cet appartement délabré a coûté bien de l'argent. Notre pauvre Père se tient le plus chétivement qu'il peut, ne fait point de feu dans sa chambre, déjeune à la cuisine, etc. Je crois que nous aurons de quoi passer l'hiver, mais au printems, que ferons-nous ?

Chaumière, 27 novembre. — Te revoilà à courir le monde[102] et moi établie chez la bonne Tante. Si cette association peut durer comme elle commence, je me croirai heureuse. Ma Tante aime à sortir tous les soirs, le tems ne l'arrête pas, c'est à moi à m'accommoder à ses goûts. Dimanche elle eut son diner de société et de voisinage. Il aurait été joli et gai, mais ne voilà-t-il pas l'Ambassadrice qui tombe tout au travers et qui engloutit tout, quoiqu'elle se soit modérée et ait fait ce qu'elle pouvait pour plaire. Lorsqu'elle est quelque part, c'est une arène, mais ce n'est plus une société. Elle brûle toujours de retourner à Paris et ne peut se décider à s'établir autre part cet hiver. Son mari est redevenu amoureux d'elle.

Mardi 6 décembre. — Mon Père dit qu'il jouerait assez volontiers la comédie dans l'une des troupes qui s'organisent pour cet hiver. Les hommes ont des ressources étonnantes pour passer d'une idée ou d'un sentiment à l'autre. Cela vient sans doute de la force de leur caractère. Mme Rilliet-Huber travaille pour le nouvel an de Mme Blaquière. Mme de Fries enrôle tout ce qu'elle peut enrôler pour sa troupe. Mme Hardy et Mme de Saussure voudraient monter quelque spectacle pour les naturels du païs, mais chacun se plaint que les amoureux manquent. M. *** fait cependant ce qu'il peut lorsqu'il est auprès de Mme *** pour en donner l'idée, mais sur le théâtre on les veut plus élancés. Outre le dimanche, les Genevois ont encore un mercredi où l'on joue toujours quelque proverbe ou comédie.

« Nous avons eu avec la bonne Tante quelques momens de lecture et de conversation suivies. Les souliers, les bouteilles, les sacs de graines, les chandelles, etc., sont toujours pêle-mêle sur le clavecin avec les livres et les dessins. C'est vainement que je les débrouille. Le moment d'après le chaos recommence…

« Nous voyons souvent nos voisins [Mme Necker de Saussure et ses parents], Mme de Saussure, la mère, a fait un roman et nous nous réunissons avec les Huber et les d'Arlens pour le lire. La bonne Dame est toute honteuse de sa production, elle en demande pardon comme d'une sottise. « Je n'y comprends rien, dit-elle, on devient bel esprit sans scrupule dans ce païs. » Effectivement, c'est se mettre au ton du païs que de faire des romans. Il n'y a personne qui ne pût en tirer de sa poche, de quoi répondre plus ou moins longuement. Mme Necker fait valoir et caresse ses parens, ce qui ajoute à l'intérêt.

« Nous payons aujourd'hui notre loyer, il ne nous restera plus que 200 fr. chez Marcel. Plusieurs personnes ont été payées de leur quart [de la Rente de France], notre tour ne viendra-t-il pas ? Nous ferons ce que tu dis pour M. Servan. Qu'est devenu mon herbier ? S'il n'y a point d'espérance de le vendre, j'aimerais bien le ravoir.

Chaumière, 3 janvier 1797. — Il a donc fallu passer ce nouvel-an sans toi, cher Charles. La bonne, la meilleure des Tantes m'a donné la plus jolie robe possible, couleur de violette gaie, d'un beau taffetas de France, faite à la dernière mode. Il me fut très doux en me réveillant de me trouver dans ses bras, de recevoir ses caresses et de lui faire toutes celles de la plus tendre reconnaissance. Je courus à Saint-Étienne déjeuner avec le Père et Lisette, puis entendre un prêche à la cathédrale, où M. Pichard fit un tableau si vif et si vrai des maux de la vie qu'il me fut impossible de n'avoir pas le cœur serré jusqu'à sangloter. Il ne fut pas si fort en consolations, ce triomphe de la Religion. C'est à cette partie que devraient s'attacher les Prédicateurs.

« Nous avions refusé le souper de Mme Blaquière. La bonne Tante nous apporta un chapon et après dîner nous allâmes voir la petite comédie ; arrivées au dessert, on nous donna beaucoup de friandises. Mon Père était beau et joua à merveille, il fit un couplet sur l'air : « Quand je danse, ma commère. » Les plaisirs et le souper firent que tout le monde eut la migraine le lendemain et moi plus que personne.

« Mme de Golowkin est depuis quelques jours duchesse de Noailles. Cela remplit la bouche : « Où allez-vous ? — Chez Mme la duchesse de Noailles. » C'est un nom sonore qui fait toujours plaisir à entendre.

26 janvier. — La bonne tante s'est mise debout pour donner une très jolie fête à Mme Necker. Nous y avons fait un petit prologue à une comédie que Mme Necker devait jouer avec ses enfans. Cela fut très gai, suivi d'un excellent souper où on chanta encore.

« La pauvre *Chablière* n'a pas été habitée depuis nous ; je veux y aller passer un jour tout entier. *Saint-Jean* a été loué au Résident.

Chaumière, 28 mars. — On lit beaucoup de romans nouveaux et il s'en prépare encore du cru, c'est une des productions les plus abondantes du païs. Cela anime la conversation au défaut d'intérêts réels. On lit aussi les mémoires de Gibbon ; ils donnent une idée charmante de Lausanne et doivent encourager à venir y vivre.

15 avril, Saint-Étienne. — Où en sommes-nous ?[103] Sommes-nous jugés, condamnés, morts ? Je frémis des premières lettres, quoique je compte sur ton courage pour soutenir le malheur et l'injustice. S'il y a 25 % à gagner à faire venir du sucre, il ne faut pas hésiter à en faire l'emplette. Le café le moins cher se vend ici 13 batz, le sucre en pains 14 à 16. Vois ce que la prudence te conseille.

10 mai. — On vient de nous assurer que le Roi te rendra le vaisseau. Nous ne nous fions pas à ces paroles. Ce sont de ces calmans qu'on s'empresse d'apporter aux malheureux. Chacun écrit sans que nous le demandions aux connaissances qu'il a en Angleterre.

« On croit la paix générale, et les communications par la France vont se rouvrir. Si on paye la moitié des rentes, cela nous assurera du pain.

28 juin. — On a été fort en peine pour notre païs. Buonaparte faisait des menaces. Leurs excellences ont envoyé M. Fricker pour le fléchir et ont fait répandre qu'il n'y avait plus rien à craindre. Dieu en soit béni !

« Benjamin recommande à mon Père un frère de Barras, le Directeur, qui est ici, disant qu'il pourrait nous être utile et à toi aussi. Mon Père l'a vu et fera ce qu'il pourra.

« L'arrivée de Matthieu de Montmorenci, de sa mère et de Narbonne, a mis beaucoup de mouvement dans le païs. Cela est drôle. Isabelle et Constance me font des descriptions tout à fait opposées. Ne crains rien pour la Suisse. Nous sommes bien en sureté. Buonaparte a lâché prise. Le Directoire a rassuré, tout va bien ; mais en France, tout va mal. Benjamin a refusé des places, il ferait bien de quitter cette arène où il reçoit tant de coups.

« Les malheureux émigrés sont chassés impitoyablement du païs sans égard à leur âge, à leurs maladies, à leur manque total d'argent et de ressources. Le cœur est déchiré d'un tel spectacle. Les locataires de ma Tante sont aussi forcés de s'en aller et elle leur rendra le loyer qu'ils avaient payé d'avance. Au milieu de mille troubles la petite fête pour Mme Necker a eu lieu chez ma tante. Boissier fit le rôle d'une femme qui arrive de Paris dans le costume exagéré du moment, nuque et bras nuds, tête ronde, etc. Mme Boissier était en Incroyable, Saladin, déclamateur, sa femme cuisinière, Pictet, poète, mais, après avoir fait six pages de vers, il ne put en dire un mot, il jeta sa perruque sur les spectateurs et s'enfuit, ma Tante et moi en botanistes qui cherchent une fleur qu'ils ne peuvent trouver et qu'on découvre être l'Albertine[104]. Ce fut toujours quelques momens de plaisir pris sur l'ennemi. Dieu aye pitié de nous pendant cette année où nous allons entrer et ne nous abandonne pas. Adieu. »

Cette année 1798, que Rosalie redoutait si fort, devait voir en effet de tristes choses. Toute l'Europe, y compris notre petit pays, allait être fortement éprouvée. Bonaparte seul, triomphait partout, mais pour qui connaît ce qui l'attendait plus tard, ce triomphe même est lugubre. Vainqueur de toutes les puissances alliées sauf de l'Angleterre, fondateur de plusieurs républiques en attendant de créer des royaumes et de s'édifier un trône impérial, il songeait à former la république helvétique qui serait pour lui une forteresse bien placée. Dès longtemps, le Directoire avait fait circuler dans les petits cantons un esprit de mécontentement. Le pays de Vaud supportait toujours plus difficilement le joug bernois ; Genève, république indépendante, trouvait dans son sein même des mécontents ; depuis 1794, massacres, bannissements, confiscations, se succédaient à l'instar de ce qui se passait en France. Berne, jusqu'ici, avait fait son possible pour vivre en paix avec la France, mais son sort était arrêté aussi ; il faudrait qu'elle devînt la capitale de la république projetée et, ne trouvant point de griefs contre elle, on en inventerait. Tel était l'état de la Suisse à la fin de 1797. Les nuages s'amoncelaient au-dessus des Alpes comme aux quatre coins de l'Europe.

C'est assourdis par ces sinistres grondements que nous revenons à notre Rosalie et à sa correspondance fraternelle, mais ne trouvera-t-on pas ses récits et ses confidences un peu puérils ?

Justement, en ouvrant le journal de Charles, nous tombons à cette date sur quelques lignes qui nous laissent rêveur :

« Voltaire a dit :

« Le secret d'ennuyer est celui de tout dire. »

« Et si l'on lisait ceci dans cent ans[105], on s'étonnerait qu'on ait pris la peine d'écrire autant de balivernes. »

Les écrire, passe encore, mais les transcrire ? N'est-ce pas oiseux ?

Vous nous approuverez, n'est-ce pas, bienveillant lecteur, de passer sur bien des pages. Mais lesquelles garderons-nous ? Voilà ce qu'il est difficile d'établir. Voulez-vous la politique générale, la politique locale, les détails de famille, ce qui touche à la « trop célèbre » ou à d'autres célèbres ? Préférez-vous les réflexions et les traits tombés de la plume de notre spirituelle grand'tante ? Ah ! pauvre Tante, les malheurs de son pays et de sa famille l'ont quelque peu abattue dans la seconde moitié de sa vie ; la gaîté ne domine pas toujours chez elle ; mais à l'heure où nous écrivons, qui est-ce qui est franchement gai et qui oserait lui jeter la première pierre en lui reprochant ses accès de morosité ? Ceci, il est vrai, ne tranche nullement la difficulté ; ce sont précisément les gens tristes et ennuyés qui demandent à être amusés. Rosalie de Constant serait bien étonnée si elle savait ce que le XXme siècle réclame d'elle...

Lecteurs, si à tout prix vous voulez rire, cherchez ailleurs que dans les pages qui vont suivre.

Nous autres, gens sérieux, nous supposons — est-ce impertinent de notre part ? — que nos semblables connaissent sur le bout du doigt l'histoire de Genève et du pays de Vaud à la fin du XVIIIe siècle, et nous demanderons seulement à Rosalie quelques récits, quelques impressions sur les événements qui se déroulent autour d'elle.

1798. *10 janvier, Saint-Étienne.* — Tu avais raison de ne pas croire à la durée du commerce de Lausanne, tous les négocians plient bagage, ils ne seront pas les derniers à souffrir. On n'est distrait de ses chagrins particuliers que par les chagrins publics.

« Mon Père est allé ce matin à Montbenon. Tous les magistrats, conseils, ministres y étaient et beaucoup de païsans[106]. Mon Père dit qu'il y avait bien 2000 hommes qui ont crié : Vive la République ! Vive le Souverain ![107] Il semble donc que tout pourra bien aller encore.

« La société est morte, on ne se réunit que deux ou trois au coin du feu, on est glacé de crainte, tous les étrangers de tous les païs partent, les banquiers se sauvent à toutes jambes avec leur argent.

« D'un autre côté, les Genevois indignés des vexations que les Français leur font essuyer pour prix de leur dévouement, sont montés à la maison de ville au nombre de 4000, pour déclarer à leurs magistrats qu'ils sont las de la tirannie des Français. Il semble que le mouvement présent réunit tous les Genevois de tous les partis. Ceux qui sont ici retournent chez eux.

Le 26 janvier. — Toutes tes prédictions se sont vérifiées. Notre révolution est faite. Les esprits se sont échauffés, des comités se sont organisés. C'était le mercredi 24. Dix mille Français ont traversé Genève. Le général français en quartier à Fernex, a envoyé au comité de Nion l'offre de l'indépendance pour le païs avec la promesse d'être puissamment soutenus. Aussitôt tous les baillifs ont été arrêtés, l'arbre de la liberté planté, les recettes du souverain saisies, les représentations d'Ours brûlées et la force armée organisée. De Bons est notre La Fayette. Tous les hommes sont armés, personne ne travaille. On ne sait pas encore le parti que prendront les Bernois, la plupart des communes leur restent très attachées.

« La Suisse est cernée de toutes parts par une armée française qui, dit-on, veut l'obliger à ne plus former qu'une grande démocratie. Adieu la tranquilité. On a déjà enlevé le cheval de la pauvre Tante… mais les Français arrivent, on vient marquer les logemens. Je n'ai plus la tête qu'il faut pour finir cette lettre. »

13 fév. — Ce qui occupe les esprits, c'est un projet de Constitution helvétique apporté par un général en chef français. On fait la meilleure mine qu'on peut aux officiers qui remplissent toutes les maisons. Ils donnent des bals où l'on va par politique.

« À Genève, le Résident prêche hautement la réunion à la France. Les Genevois se défendent avec éloquence et fermeté, mais si telle est la volonté du Directoire, il l'affamera et il faudra bien se rendre.

16 mars. — Berne est pris, la guerre est finie, au moins avec ce canton. On recommence à espérer la Constitution helvétique. Un général français a dit : « Si nous n'étions pas invincibles, nous aurions été vaincus par les Bernois. »

« Je suis allée avec ma Tante à une assemblée chez la générale Brune, poussée par la curiosité de voir ce nouveau monde. La scène était dans la maison Steiner. Les salons étaient remplis de femmes de tous les quartiers de la ville, la générale, petite, jeune, coëffée d'un casque d'argent à plumet tricolore, à demi-vêtue d'une draperie bleue. Elle a deux petits pages ou aides de camp de sa taille, qui font les politesses et les honneurs de la maison. Ces trois jolis petits êtres voltigeaient, dansaient. Un général à grandes moustaches, à l'air farouche, semblait examiner l'assemblée pour savoir lequel serait le meilleur à manger. Tous les visages étaient tristes. On se demandait : Sommes-nous donc à Lausanne ?

27 mars. — Comme tu as bien vu notre Révolution ! Ton sentiment est celui d'un homme juste et délicat, ce qui est assez rare dans ces tems-ci. Elle va son train avec assez de douceur, cette révolution, on peut respirer depuis que le sang ne coule plus en Suisse. Sans l'armée française qui nous accable et nous dévore, nous serions presque heureux, au moins en espérances, mais ces vainqueurs au milieu de nous détruisent la liberté individuelle, appauvrissent le pays et troublent la vie. On dit qu'il doit rester 25,000 Français en Suisse. Il en a passé beaucoup, se rendant à Genève et en Italie. Cette guerre, ce pillage des environs de Berne les ont enhardis, ils sont moins disciplinés, font beaucoup plus de petits vols et de désordre.

« Les rues sont pleines comme en tems de foire. On est coudoyé, les soldats parlent, crient et chantent, c'est une rumeur continuelle.

« Genève est encore plus à plaindre que nous, tourmentée par les insinuations et même les instances de se donner à la France. Le Résident fait des pratiques inouies pour cela. Il veut, dit-on, s'en faire un mérite auprès du Directoire dont la volonté n'est pas encore claire là-dessus. La réponse des Genevois est belle et touchante. Ils disent : « Nous ne nous donnerons pas, cela est contre notre sentiment et notre dignité de républicains, mais nous ne nous défendrons pas, et quoi qu'on nous demande, nous le donnerons. »

« En attendant, on les affame, on empêche les denrées d'entrer sur leur territoire, on détruit leur commerce par des droits énormes.

« Mon oncle Juste s'est trouvé ici en même tems que la trop célèbre Dame qu'il n'adore pas autant que son fils ; elle aurait voulu le voir, mais il a su l'esquiver. Elle avait demandé à souper, et elle arriva si tard qu'il put être couché. Je l'ai trouvée embellie ; on peut dire d'elle comme de la princesse ***, qu'elle a sa peau pour uniforme, mais elle lui sied très bien. Elle a appris que M. Ochs l'avait désignée comme intrigante dans un discours à l'Assemblée provisoire. Vite elle est allée le voir pour se justifier et parler, croyant encore que les paroles sont quelque chose.

3 avril. — L'installation du gouvernement s'est faite vendredi à la cathédrale ; les discours du président de l'Assemblée provisoire, de M. Glayre et du Pr Bugnon furent entremêlés d'hymnes religieuses chantées par de belles voix. »

La réunion de Genève à la France s'était accomplie le 15 avril ; le 17 Rosalie n'en savait rien ; ce n'est que le 27 qu'elle en parle à son frère :

« Mon Père est à Genève qui, comme tu le sauras déjà, est réunie à la France. On y est triste et tranquille. Les petits cantons défendent encore leur ancienne constitution.

29 mai. — Il te vaut mieux être le nez sur des lettres de change à Londres que de voir passer 40,000 Français au travers de notre pauvre païs, qui détruisent la tranquillité des ménages, qui ruinent, dévorent, désolent. Ceux qui ont appelé ce fléau dans notre patrie sont de grands scélérats. Peut-on parler de liberté sous le joug de tels oppresseurs ?

19 juin. — À Genève on n'est pas encore trop malheureux. Pour l'illumination, le Résident avait inventé cette devise : *L'union fait la force.* — Dites plutôt, lui fit remarquer quelqu'un : *La force fait l'union*[108]. »

Au mois de juillet, Charles, désespérant de jamais pouvoir vaincre la mauvaise volonté des parents de sa fiancée lausannoise, et s'étant peu à peu détaché d'elle, se fiança à une jeune fille qu'il avait eu souvent l'occasion de voir à Londres, Mlle Ninette Achard, de Genève. M.

Achard, qui avait transporté sa maison de banque de Paris à Londres était celui-là même qui reçut et protégea Victor après qu'il eut échappé au massacre du 10 août. Cette fois-ci Charles devait enfin voir l'accomplissement de ses vœux, le mariage eut lieu le 4 août 1798, quelques mois après celui de Victor avec Mlle Isabelle de Lynden, à La Haye.

Rosalie avait toujours rêvé de voir ses frères revenir et se marier au pays ; elle eut de la peine à accepter la double déception, et son grand amour pour Charles la fit encore souffrir en cette occasion. Passons… Il est convenu que nous ne nous appesantirons point sur ses tristesses.

31 octobre. — Mme Necker est à *Montchoisi*, on la reçoit à qui mieux mieux. Nous avons fait connaissance avec Adrien de Lezai[109] et de sa femme qui demeurent aux *Mousquines*… Ils s'aiment passionnément, vivent dans la retraite et s'occupent de botanique. Il s'intéresse à mon herbier et m'envoye des fleurs. As-tu su que le général [de Montesquiou] a épousé Mme de Pange ? Nous lui avons envoyé nos félicitations.

13 nov. — Tous nos vœux sont du côté de la paix, mais ils ne seront pas exaucés. Je ne puis m'intéresser à cet aventurier audacieux de Buonaparte. Les uns croyent qu'il ne pourra pas échapper à ses nombreux ennemis, les autres qu'il se fera une armée d'Arabes, ira jusqu'en Chine, détrônera Kienlong et reviendra par la Tartarie et la Russie, puis que nous le verrons traverser la rue de Bourg avec toutes ses couronnes, sur un chariot. Adieu, mille choses à Ninette que j'aime comme la moitié de Charles et comme une très aimable sœur.

4 déc. — Je crains qu'il ne faille vendre pour vivre nos pièces de vaisselle d'argent, vendre *Saint-Jean.* On le remplit de soldats en passage. On vient de donner la loi sur les impôts, 2 pour 1000 sur les capitaux, impôt sur les chiens, chevaux, domestiques. La pauvre Ida nous coûtera 4 fr. et la seconde servante autant, une montre d'or 10 batz. Nous n'en avons point, Dieu merci, depuis que j'ai vendu la mienne pour le pauvre Juste.

1799. — *15 janvier.* — Je ne t'ai pas dit la mort de M. de Montesquiou[110], il nous avait écrit dernièrement des choses très amicales, il était heureux. Oh ! il ne faut pas mourir quand on est heureux !

5 février. — J'ai été l'autre jour un moment à un joli bal où j'aurais vivement désiré voir mes deux frères et leurs jolies femmes. Il ne faut pas te flatter que les belles d'ici te soient très favorables dans ce moment. Quelqu'un remarqua avec assez d'aigreur que toutes les demoiselles étaient du païs et toutes les femmes étrangères. Je voudrais savoir si vous faites cous et bras nuds comme ici, on voyait beaucoup plus de peau que de vêtemens.

« Benjamin repart de Coppet avec ces pauvres Lezai que la perséction française n'a pas voulu laisser vivre ignorés ici.

10 mars. — Lausanne est toujours assez tranquille. La société va son train plus ou moins agréablement. À Genève, ce sont des plaisirs plus brillans malgré la ruine, la gêne, les impôts. On joue la comédie, on danse et on chante. Mme de Staël en est fort contente. Elle dit que pour faire une société agréable, il faudrait les hommes de Genève et les femmes de Lausanne.

5 mai. — Tous nos hommes sont enlevés pour faire la guerre sur les frontières ou pour repousser les insurrections qui éclatent. Il part tous les jours des fils, des frères ; on est sans cesse appelé à des contributions de tous genres. Un grand nombre de familles pleurent leurs enfans.

« Tes tonneaux de sucre et de café sont arrivés dans le meilleur état possible et plus vite qu'on ne le pouvait espérer. Grâces t'en soient rendues, mais l'idée que c'est peut-être ton nécessaire en trouble la jouissance. Nous avons pris notre provision et celle de ma tante et vite vendu ce qu'il fallait pour le port. Ces marchandises montent à mesure que la guerre s'approche. Nous attendons un peu pour le reste.

2 novembre. — La saison est aussi dérangée que possible ; il n'y a que la guerre qui n'en souffre pas. Les difficultés semblent donner de nouvelles forces aux Français. La pauvre Suisse est abîmée. Nous devons venir au secours des autres, chaque famille est sommée d'adopter quelque orphelin valaisan ; les contributions et le passage des troupes continuent.

19 novembre. — Il est parti de Lausanne plusieurs chars de vêtemens pour le Valais[111], Mme Cazenove a voulu aller les distribuer elle-même, ces bons d'Arlens l'ont accompagnée. Ce sera un voyage bien curieux et souvent affligeant.

4 décembre. — Le spectacle de dévastation et de malheur qui s'est offert aux d' Arlens était déchirant. Français, Autrichiens, Russes, insurgés ont pillé, brûlé, et fait à l'envi des cruautés. Il ne reste qu'un désert au milieu duquel errent quelques affamés. Si l'on gémit des maux cruels que font les hommes, on doit admirer la charité qui les répare.

« Mon Père est à Genève avec Lisette. Il dit que cette ville grâce à son esprit d'industrie est encore florissante. Il y a une union dans les esprits qui fait tout aller. C'est un avantage qu'ils doivent à leurs malheurs et dont ils n'avaient pas joui dans ce siècle.

« Les Lezai sont partis, bien contens de rentrer dans leur patrie. On dit qu'il sera appelé à quelque grande place.

« Notre cousin Benjamin est vivement loué dans les journaux. On vante son génie et sa sagesse, on le désigne pour être Conseiller d'État. Son amie est dans les angoisses conjugales ; son mari n'ayant plus le sol et ne pouvant vivre loin de Paris, a donné sa démission de son ambassade pour venir s'établir chez elle.

1800. — *11 février*. — Je vous en prie surtout, enseignez à votre fille[112] à faire la cuisine, non seulement en théorie, mais en pratique : depuis que je fais aller le ménage et que mon Père a besoin d'un régime extrêmement soigné, je regrette toujours de ne la pas savoir mieux. La cuisine a beaucoup plus d'influence morale que tu ne crois. Une femme doit savoir tout ce qui peut être utile à ceux avec lesquels elle vit, et son bonheur s'en trouvera bien. Rendez de bonne heure votre fille responsable de quelque chose.

« L'éducation d'à présent [1800 !] me choque souvent, quand je vois les enfans être le centre de l'occupation et des sentimens de leurs parens et s'accoutumer à cette espèce d'hommage. Un Père entre dans la chambre. Il va à son enfant : — « Hé, bonjour, mon cher fils ! que je suis aise de te voir ! » L'enfant tend froidement sa joue et souvent prend ce moment pour grogner ou faire quelque demande indiscrète. Cette manière rend les enfans froids, distraits, sans envie de plaire, et ils doivent finir par être sots et vains.

31 mai. — Tu sais que le Premier Consul et son armée de 50 mille hommes ont passé au milieu de nous et traversé le Saint-Bernard plus lestement qu'Annibal, pour fondre sur l'Italie. Je l'ai vu passer, cet homme étonnant. Il est peu de figures plus désavantageuses, on n'y trouve pas un seul trait qui annonce le héros. Son influence sur les hommes et sur les nations est due à son génie seul et dépouillée de tout prestige. Il a passé trois jours dans la maison Steiner, tout occupé de sa grande entreprise. Il ne s'est point livré à la société. Ceux qui lui ont parlé ont été frappés de la concision, de la netteté de ses discours. Son ton, ses manières ne sont point d'un homme du monde. Il va toujours au fait et ne perd ni tems ni paroles. Il s'emporte assez souvent.

« Cette immense armée a rempli toutes les maisons et les remplit encore. Nous avons dû abandonner notre salle à manger qui était notre meilleure pièce. On n'a pas la liberté de s'absenter et de fermer sa maison parce qu'il faut être là pour recevoir ceux qui arrivent. C'est une existence dont on n'avait pas d'idée il y a quelques années.

15 juillet. — Nous sommes très heureux d'être plus à l'aise pour l'argent que les années dernières. Nous avons revu Benjamin et son amie. Après avoir lu le dernier ouvrage de Mme de Staël[113], on la revoit avec plus d'intérêt. On ne peut penser sans une vive admiration à l'esprit qui a produit tant d'idées nouvelles, justes et profondes, à l'âme qui a exprimé tant de sentimens généreux et délicats ; mais on ne retrouve pas toujours en elle la femme de son livre.

Elle nous a témoigné beaucoup d'amitié, beaucoup d'intérêt pour mon Père. Il ne voulait pas la recevoir, elle est venue tout de même et l'a distrait un moment de ses maux. Benjamin a été aussi fort bon pour nous. Son caractère gagne tous les jours. Il s'est conduit avec son Père d'une façon très noble, vertueuse, dans une circonstance délicate.

13 août, 1 heure du matin. — Où es-tu, cher Charles ? Viens pleurer avec moi notre bon Père. Je suis à côté du lit où il vient d'expirer… »

Oui, Samuel de Constant terminait en ce jour une existence qui n'avait pas été trop heureuse. Nous ne transcrirons pas ici toutes les pages un peu déclamatoires qu'écrivirent ses amis des deux sexes sous l'impression de cette perte. Sa vie, que nous avons retracée en grande partie parle plus vrai que ces écrits. On sait que ce fut un homme d'esprit, plaisant aux femmes plus qu'aux hommes, recherchant le bien, un cœur généreux. Excellent citoyen et parent dévoué, il fut chéri de son entourage malgré son humeur un peu ombrageuse et sa défiance exagérée de lui-même. Il fut pieux et parfaitement chevaleresque.

Son humilité excessive se montre dans ses dernières volontés :

« J'exige, y lit-on, que l'on enveloppe mon corps et que l'on m'ensevelisse dans de la *serpillière*, et que l'on donne à la Direction des pauvres habitans le drap et la chemise que l'on aurait employés à cela, invitant tous les citoyens à faire de même : cent draps enfouis en terre par an seraient un objet pour les pauvres.

« Dès que je serai mort, il faudra mettre les scellés sur toutes mes affaires, et que mes enfans répudient mon hoirie, ne fassent aucun acte d'hérédité et laissent agir la justice qui reconnaîtra les droits de chacun, et cela à cause de deux billets solidaires que j'ai signés à Genève, en 1786. Tous mes cosignataires ont fait banqueroute… »[114]

Les enfants de Samuel, profondément affligés de la perte d'un Père qu'ils avaient toujours chéri et vénéré, firent leur possible pour lui rendre honneur après sa mort comme ils l'avaient fait de son vivant. Ils renoncèrent à rentrer en possession de l'héritage de leur mère qu'ils n'avaient jamais touché.

Rosalie, après quelques hésitations, se fixa définitivement chez Mme de Charrière à laquelle elle payait une petite pension. Elle demeura avec cette bonne tante en été à *Chaumière*, en hiver à la rue de Bourg. C'est une chose qui a toujours étonné les étrangers et qui les étonne encore de voir les habitans de Lausanne, comme ceux de Genève, avoir deux domiciles si rapprochés l'un de l'autre. Solennellement on prend des mesures à chaque changement de saison pour transporter ou rapporter ses pénates à un, deux ou trois kilomètres de distance.

On a sûrement remarqué que la belle-mère de Rosalie n'est presque jamais nommée dans la correspondance fraternelle. Il y avait probablement entre Charles et sa sœur entente tacite à ce sujet. Quant à Lisette, elle avait soigné son père pendant de longs mois avec un dévouement et un savoir-faire auxquels Rosalie rendit une pleine justice. Il est bien regrettable que ces deux sœurs qui auraient pu mener ensemble une existence paisible ne se soient pas rapprochées au moment où la tendresse paternelle leur était enlevée.

« J'ai résolu, mon pauvre Charles, de n'avoir plus de chagrins, c'est-à-dire de prendre la vie avec ce degré d'indifférence qui fait qu'on n'est surpris que du bien qui vous arrive... » ; c'est avec ce programme fait de bonne volonté et de beaucoup d'illusions que Rosalie tourna une nouvelle page de sa vie.

Nous passons presque deux ans, et à ceux qui sont friands de détails sur Mme de Staël et son ami, nous offrons quelques fragments des lettres à Charles :

19 mai 1802. — Tu sais la mort romanesque de M. de Staël. Benjamin doit être à Coppet. Tout le monde trouve des raisons contre le mariage. Il me semble immanquable. Je voudrais pour son bonheur futur qu'*elle* sût mettre de la dignité et de la décence dans son veuvage.

25 juin. — La célèbre veuve devait arriver chez Constance et nous étions déjà tous en l'air, car il faut lui préparer des auditeurs ; elle a été retenue par un archevêque qui est venu voir M. Necker. Elle m'a écrit dernièrement que tant qu'elle conserverait son père elle ne changerait pas de situation. Elle a de grands devoirs envers M. Necker et ses enfans. Elle en a aussi contracté envers Benjamin en disposant de son sort comme elle l'a fait. Je trouve que si elle ne l'épouse pas, elle doit le marier et ne pas le vouer au rôle de Sigisbée perpétuel.

7 juillet. — Nous avons eu Benjamin quelques jours, il a bien amusé ma Tante et nous avons beaucoup ri ; son caractère est celui d'un enfant malin toujours guidé par le moment et sur lequel on ne peut jamais compter.

« Il m'a paru craindre beaucoup le mariage que je croyais ne pouvoir manquer. C'est charmant de se trouver ainsi d'accord avec ce qu'on *aime* ! »[115]

À ce moment, Mme Constance d'Arlens s'en alla avec son mari et ses enfants faire un long séjour en Angleterre où les appelait M. de Cazenove, frère de M. d'Arlens. Rosalie, très affligée du départ de son amie, entreprit dans son *cahier vert*, un peu délaissé depuis longtemps, un journal destiné à Constance, où elle relate encore plus en détail que dans ses lettres à son frère sa vie et ses impressions.

On y trouvera moins de politique, un esprit plus littéraire.

Et puisque nous rouvrons le *cahier vert* (2me volume) remontons un peu plus haut pour y cueillir quelques citations, quelques remarques originales.

« L'indulgence pour ceux qu'on connaît est bien plus rare que la pitié pour ceux qu'on ne connaît pas. »

Rivarol.

« L'adresse, dit Montesquieu, n'est autre chose qu'une juste dispensation des forces que l'on a. » Il dit encore : « Les conquêtes sont aisées à faire parce qu'on les fait avec toutes ses forces ; elles sont difficiles à conserver parce qu'on ne les défend qu'avec une partie de ses forces. »

« Quand le ciel nous a donné une grande dose d'esprit, prions-le de nous en accorder le double pour nous apprendre à en faire usage. » Pope.

« La générosité de l'âme est nécessaire, indispensable même à la vraie amitié ; avec cette base, certains défauts font naître des moyens de s'être mutuellement en secours. Combien chérit-on d'avantage l'ami qui a supporté de vous une injustice avec douceur ! par combien de tendresse s'efforce-t-on de la lui faire oublier !... »

Je dirai plus, tante Rosalie, si vous donnez à un ami, à une amie généreux l'occasion de vous pardonner, ils vous en aimeront davantage.

C'est ici, après une belle dissertation sur l'amitié qui, dans le *cahier vert*, tient plus de quatre pages, que commence le journal destiné à l'amie.

Citons-en les débuts :

« Journal de ton absence. *12 août 1802.*

— Depuis 15 ans, chère Constance, voici le premier moment où j'aye été véritablement séparée de toi. Jamais il ne s'est passé une semaine sans que je t'aye vue, rarement un jour sans quelque communication avec toi. J'ai vu naître et croître tes enfans, j'ai partagé tes plaisirs, j'ai joui de ton bonheur, tu as souvent adouci mes douleurs. Nos esprits se plaisent, nos cœurs s'entendent toujours. J'ai vu quelquefois que tu me jugeais sévèrement, mais j'ai vu aussi que tu me pardonnais et l'un m'a consolé de l'autre.

« Je rassemble avec complaisance toutes les raisons de m'affliger de ton absence, mais que te dirai-je ? Hier matin, en voyant vos chevaux entraîner lentement mes amis les plus chers, je restai longtems sans bien comprendre où j'étais. J'attendis à *Mont-choisi* le lever du soleil, il n'avait point sa majesté ordinaire, point d'aurore aux doigts de rose ; des rayons d'un jaune pâle glissaient sur une vapeur grise, une teinte monotone couvrait le lac et les Alpes, la terre et le ciel. Je trouvai la bonne Tante qui vous attendait avec des bonbons et se chagrina de ne pas vous revoir, et, lorsqu'à 6 heures Mme Broun[116] me fit dire qu'elle m'attendait pour aller sur le lac, j'eus de la peine à comprendre qui elle était. C'est avec des amis qu'on peut jouir de la société d'étrangers aimables, quand il ne reste que ceux-ci, ce n'est qu'un accessoire.

« Même invitation de sir Francis et même refus, ils sont sur le lac avec une belle musique.

14 août. — J'ai trouvé ce soir Mme Broun caressante et aimable. M. de Bonstetten réunit l'urbanité, la sociabilité d'un Français à la bonhomie d'un Suisse. Tous deux m'ont parlé de mon Père, de mes frères, de manière à m'ouvrir le cœur. J'ai cru me retrouver avec de vrais et anciens amis.

17 août. — Ah ! la belle chose qu'une assemblée pendant la canicule, dans une chambre étroite, avec un gâteau aux prunes pour aliment, et pour seuls hommes Mlles de G. et le chevalier de Largentière !

26 août Coppet (en route pour Genève). — Le tonnerre, un orage, une forte pluie nous firent arriver à Coppet de nuit et mouillées. Nous errâmes quelque tems dans le grand château sans rencontrer les esprits qui l'habitent. Des domestiques fort obligeans nous complimentaient ; enfin la dame du logis, puis notre grand cousin nous reçurent fort bien. Ils se mirent assez à notre portée pour que la conversation fût facile et montée sur le ton de la bonhomie et de la gaîeté. M. Necker inspire un sentiment particulier de vénération et d'attendrissement, sa figure extraordinaire et imposante, son air grave, triste, solennel et cependant si bon, retrace vivement à l'esprit les événemens et les malheurs auxquels il a été lié. C'est un plaisir touchant que de le voir rire, s'égayer et exciter la gaieté des autres. La partie de whist fut très drôle. Benjamin a été très amical, bon enfant et toujours bien amusant, il ne fait point sa cour, sa manière est celle d'un enfant aimable et gâté, qui plait sans le vouloir et qui sait tout obtenir. Je sens que c'est une preuve de bêtise et presque de sottise de ma part, mais il m'est impossible d'être à mon aise dans cette société. Je les aime, et le sentiment que je dois leur déplaire m'est pénible, je voudrais les voir, les entendre sans qu'ils m'aperçussent.

27 août Genève. — Nous quittâmes Coppet, fières du bon accueil que nous y avions reçu ; il nous semblait que nous trouverions partout l'hospitalité et la bienvenue puisque des personnes au-dessus des autres nous les avaient accordées. — Où irons-nous dîner ? À qui donnerons-nous la préférence ? Car entre tant d'amis il serait triste de se placer à l'auberge. Ah ! Mme *** est à X ; elle nous a toujours fait tant de caresses, elle est si bonne, nous avons tant de souvenirs communs ! Entrons, la demeure est belle, tout y est bien taillé, peigné, mais il semble qu'elle soit déserte. Nous en faisons plusieurs fois le tour, nous n'apercevons qu'un marteau par lequel enfin nous nous annonçons. On vient. — Mme *** est-elle chez elle ? des gens qui l'aiment la demandent. Elle paraît, nous reçoit bien, mais sans cet intérêt que nous apportions et que nous venions chercher. Elle évite de s'informer de notre voyage, elle fait apporter des rafraîchissemens. Le vieux domestique nous reconnaît, nous fait accueil d'une manière plus franche que sa maîtresse. « Il faut bien, dit-il, de bon sirop en souvenir de la jolie fête donnée à *Petit-Bien*, et de toutes les bontés de Mme de Charrière. » Au bout d'un moment, nous nous éloignons le cœur aussi vuide que l'estomac. Ce renouvellement de connaissance avec l'esprit genevois n'était pas encourageant.

« Voilà une jolie maison, au bord du lac, voyons si les honnêtes païsans qui l'habitent nous donneront un abri.

Nous sommes reçus à merveille ; un bouquet d'arbre, des bancs, un vent frais nous disposent à manger avec plaisir une soupe aux herbes et une omelette assaisonnée de réflexions philosophiques. Elles étaient un peu troublés pour moi par l'incertitude de notre gîte du soir. Nous passons devant Sécheron, point de place. — Allons aux Pâquis, dit ma tante, mais épargnons à notre cheval une course inutile. Nous voilà donc à pied, faisant un chemin assez long sans trouver personne qui puisse ou veuille nous loger. La fatigue et l'angoisse commençaient à me prendre. Elles me donnèrent assez d'éloquence pour obtenir de ma Tante d'aller chercher l'hospitalité sûre d'une auberge en ville. Point de place aux *Balances* ni à l'*Écu de Genève*, enfin nous en trouvâmes à l'*Écu de France*. Bientôt une visite de notre aimable demoiselle Bontems nous fit oublier tous nos ennuis. »

Dans une lettre à son frère, Rosalie dit pourtant quelque bien des Genevois et conclut ainsi :

« Je retournerai avec plaisir à Genève après y avoir trouvé des amis aussi vrais et aussi aimables. Nous revînmes coucher à Vinzel et nous revoici avec des souvenirs très agréables. »

À Constance :

« *Le 10 septembre.* — On est heureux de vivre avec quelqu'un de meilleur que soi. Si l'amour-propre perd sa petite satisfaction de supériorité, combien le cœur gagne à pouvoir se confier parfaitement ; il est bon d'admirer et d'estimer ce qu'il est doux d'aimer. Je suis persuadée que la femme qui pourra estimer parfaitement son mari sera plus heureuse que celle qui ne trouvera le sien qu'aimable...

« J'ai été heureuse aujourd'hui de ta lettre de Londres, j'ai embrassé Charles avec toi et je t'ai embrassée avec lui.

Le 16. — Benjamin est arrivé au travers de ma toilette, de mon linge à compter, et le combat entre ma blanchisseuse, lui et mes chemises a pris des momens que j'aurais voulu lui consacrer entièrement. Sa simplicité d'enfant jointe à son esprit supérieur sont très aimables ; il était fort gai, un peu polisson, entrain comme lorsqu'il vient de faire un bon dîner. Nous l'avons mené chez les Huber et le point de ralliement entre eux a été la haine pour Buonaparte, ils ne se sont pas gênés et j'ai été assez tourmentée comme chevalier de leur adversaire, que j'ai cependant fort mal défendu. Je ne l'aime ni ne le hais. En politique, je ne désire plus rien et je crains tout. Pour qui s'intéresser dans un tems où tous les hommes ont fait tant de fautes ? Je suis née dans une démocratie : j'ai vu tout le monde mécontent. Je suis venue dans une aristocratie et tout le monde autour de moi était démocrate ; j'ai conclu que les hommes n'avaient pas trouvé encore la véritable façon de se gouverner et qu'il fallait leur pardonner de la chercher chacun à sa manière. »

La Suisse ne l'avait pas encore trouvé, ce vrai moyen, et, tiraillé entre les Bernois et les Français, le pays de Vaud, comme les petits cantons, n'était guère tranquille. Le canon grondait, les soldats français et suisses parcouraient les routes et les rues, étaient logés de force dans les maisons. Lorsqu'il y avait une rencontre de Suisses contre Suisses, on ne savait s'il fallait s'affliger avec les battus ou se réjouir avec les vainqueurs, car on ignorait lesquels arriveraient à une solution satisfaisante.

L'histoire de la Suisse à cette époque est très embrouillée. Notre désir aurait été d'en donner une idée à la fois exacte et concise, mais voilà justement ce qui est compliqué. Comme nous cherchions à réaliser ce dessin, nous sommes tombé sur quelques lignes écrites par l'homme dont on disait tant de mal et tant de bien à ce moment, par Bonaparte lui-même, et comme ceux qui l'ont le plus haï ne lui refuseront pas une précision, une clarté de vue admirables, nous ne croyons pas pouvoir mieux faire que de lui laisser la parole. Quant à savoir si les visées du dictateur étaient aussi bénévoles qu'il le dit et si les puissantes nations environnantes pouvaient être de son avis, c'est une autre question.

Voici la proclamation qu'il adressa de Saint-Cloud à tous les Suisses, le 8 vendémiaire an XI (30 septembre 1802).

« Bonaparte, Premier Consul de la République française, Président de la République italienne, aux dix-huit cantons de la République helvétique.

« Habitants de l'Helvétie.

« Vous offrez depuis deux ans un spectacle affligeant. Des factions opposées se sont successivement emparées du pouvoir ; elles ont signalé leur empire passager par un système de partialité qui accusait leur faiblesse et leur inhabilité.

« Dans le courant de l'an X, votre Gouvernement a désiré qu'on retirât le petit nombre de troupes françaises qui étaient en Helvétie. Le gouvernement français a saisi volontiers cette occasion d'honorer votre indépendance[117], mais bientôt après, vos différents partis se sont agités avec une nouvelle fureur, le sang des Suisses a coulé par la main des Suisses. Vous vous êtes disputés trois ans sans vous entendre ; si on vous abandonne plus longtemps à vous-même, vous vous tuerez pendant trois ans sans vous entendre davantage... »

Après cet exposé clair mais dur à entendre, Bonaparte offrait sa médiation qu'il disait toute désintéressée. Il posait certaines conditions qui furent acceptées par le Conseil exécutif de la République Helvétique. Les petits cantons, toujours en révolte contre ce Conseil, avaient forcé celui-ci à quitter précipitamment Berne pour Lausanne. Le 18 octobre, il retourna à Berne et les cantons dits « confédérés » furent un moment tenus en respect par la crainte de voir les armées françaises envahir de nouveau la Suisse, ce qui eut lieu bientôt après. Enfin, en décembre 1802, l'*Acte de Médiation* fut signé à Paris par Bonaparte et les députés des Cantons suisses, et la Confédération suisse exista.

Tels sont en quelques traits les principaux événements qu'il faut avoir devant les yeux si l'on veut comprendre les impressions de nos ancêtres d'il y a 100 ans. Disons encore que le gouvernement local de Vaud et celui de Fribourg étaient les seuls qui fussent restés soumis au gouvernement helvétique. Dans le sein du canton de Vaud un parti aurait désiré revenir à l'ancien état de choses et que le territoire vaudois fût de nouveau soumis aux seuls Bernois. Rosalie et sa famille n'appartenaient pas à ce parti. Revenons à elle.

20 septembre. — J'arrive de chez Mme de Montolieu, écrit-elle à Constance. Son fils nous a très bien expliqué le ressort et les causes de la révolution d'aujourd'hui. Notre sort est dans les mains de la France qui nous ballotte à son gré, et tous les Suisses manquent assez de politique pour lui fournir de nouveaux prétextes de continuer. Tout le gouvernement helvétique est à Lausanne, les troupes se rassemblent sur la frontière et les négociations à Paris ont commencé. Elles décideront de notre sort.

« Haïssez-vous, messieurs les hommes, blâmez-vous, bafouez-vous, puisque vous y trouvez tant de plaisir. Il m'est permis de vous oublier, de penser à mes absens, de m'occuper de mes fleurs.

30 septembre. — J'ai été jusqu'à Chamblande, jusqu'à cet endroit d'où l'on voit les deux bouts du lac ; le plus beau païs, le plus beau tems, la plus belle saison qu'on puisse imaginer n'ont fait qu'augmenter ma tristesse. Des groupes de vendangeuses partout, point d'hommes. Des femmes même portent la *brande,* on n'entend aucun chant, aucun de ces cris nationaux qui expriment si bien la joie, tout est morne. Notre histoire, depuis nos singeries révolutionnaires, sera humiliante à lire pour nos neveux. Reding et d'Erlach, quels que soient leurs succès, seront des personnages intéressans dans l'histoire… La générale bat, on appelle tout ce qui reste d'hommes…

1er octobre. — Nos troupes ont déclaré qu'elles défendraient leur païs, mais qu'elles n'attaqueraient pas les autres Suisses. Voilà pourtant une action qui nous fait honneur. Dieu bénisse ce premier bon mouvement ! On ne tue plus nos bons païsans.

4 octobre. — Ah ! Chère Constance, quelle pénible journée. Ce matin à 8 heures, une des servantes revenant de la ville a rapporté que les troupes helvétiques et les canons revenaient en déroute, poursuivies par les Bernois, l'alarme était grande, toutes les boutiques et maisons fermées, on craignait un pillage. Nous avons vu passer une quantité de gens emportant des paquets faits à la hâte.

« Au bout de quelques heures l'alarme s'est calmée… À ce moment est arrivé un général français portant les offres de service et les ordres positifs de Buonaparte[118]. Le gouvernement a accepté de se rendre d'ici à 5 jours à Berne, mais les Suisses armés le laisseront-ils rentrer ?

« De tout le jour je n'ai pu quitter ma fenêtre où je me suis établie à faire de la charpie. J'entendais tous les propos des passans. On craint que nous ne soyons le sujet d'une rupture entre Buon. et les Autrichiens.

Le 7. — Cet état de guerre et de révolution est *tiresome*. Je me sens aussi mal à mon aise avec les violens aristocrates qui voudraient tout tuer et voir les Bernois se venger, qu'avec ceux qui mettent leurs espérances dans la France. Nous avons en logement un chef fribourgeois que ma tante caresse pour qu'il sauve son cheval de la réquisition. Nous écoutons ses récits un peu sans-culottiques avec une complaisance qui m'assomme. Il ne parle que de tuer et de pourfendre dans les termes du plus affreux corps de garde, et puis il se radoucit. Ma Tante lui demande comment il se porte : « Madame, je veux toujours me bien porter pour avoir soin de votre aimable personne. » Ah ! n'était le cheval ?…

Le 12. — Les sentimens de nos amis ** sur ce qui se passe ne peuvent pas entrer dans mon esprit. Ils voient la France comme l'agent unique de tout ce qui est arrivé et arrivera en Suisse. C'est elle qui a fait la révolution, cela on ne peut le nier, elle a nourri ses armées, son avantage était clair ; mais aujourd'hui que son sistème est changé, ils croyent encore que c'est elle qui a suscité les factions dans le gouvernement, que c'est elle qui a mis les armes à la main aux Bernois, c'est même elle qui a empêché la Suisse d'accepter sans hésiter les conditions de Buonaparte, et, comme je ne crois pas au diable, il m'est impossible de croire à cette puissance toujours agissante pour le mal jusque dans les détails sans qu'il lui en revienne un avantage bien apparent.

Le 15. — Nous nous sommes trouvées dans une assemblée avec le général Rapp et ses aides de camp. Une petite fauvette s'est attaquée à l'épervier, c'était amusant de la voir voltiger, donner de petits coups de bec ne portant pas ; lui se contentait d'arracher de tems en tems une petite plume et restait sur la défensive avec le sentiment de sa force. C'est ce qu'il y a eu de plus piquant pendant cette soirée. J'ai rarement eu du plaisir dans une grande assemblée, il faut être plus jolie, plus hardie que je ne le suis pour s'y amuser. Félicite-moi, notre Fribourgeois vient de partir en nous disant adieu presque tendrement.

Le 16. — La fin de la guerre laisse respirer, notre sort se traite, les idées agréables reviennent.

Le 24. — Ce matin, au prêche, Mme de Montolieu m'a dit que M. Necker et sa fille étaient établis d'hier au soir à Lausanne pour leurs acquisitions de biens nationaux ; nous sommes allés la voir, toute la visite s'est passée en explosion contre Buon. C'est là sa passion dominante aujourd'hui : « Il devient tous les jours plus tiran et l'épée suspendue sur sa tête redouble ses précautions et sa défiance ; enfin, dit-elle, c'est le premier des bandits de l'Univers.

« Tout se dispose à ce que la Suisse soit traitée à l'italienne. Lausanne est pleine de seigneurs de terre qui viennent traiter de leurs droits féodaux le moins défavorablement possible.

Le 27. — Benjamin a déjeuné avec nous ; sa société est toujours piquante et amusante. Sa célèbre amie est venue dîner avec une société choisie et bien composée. On parla Religion ; elle dit entre autres que, dans la vie, on peut choisir en Religion, en amitié et en amour. Cela n'arrive jamais, mais ç'aurait été une question à soutenir. Le soir, Henri de Saint-Cierge s'étonnait de la hardiesse de cette proposition, surtout de ce qu'une femme sans beauté crût pouvoir choisir en amour. Nous l'avons assuré qu'il ne tiendrait qu'à elle de le rendre amoureux fou.

Le 29. — M. Ducros, ministre botaniste, m'a apporté une fleur rare sans être belle. Elle m'a remis le pinceau à la main ; j'en étais très occupée lorsque Mme de Staël est arrivée. Elle avait l'air languissant ; elle a jeté un œil dédaigneux sur mes dessins. — « Vous avez là un singulier goût, cela m'ennuierait. » Elle n'était pas disposée à la conversation et laissait tomber tout ce que j'entamais. Un des grands plaisirs que je pourrais avoir serait de passer un jour en tête à tête avec elle, de feuilleter son esprit, mais elle a trop peu d'estime pour le mien pour qu'elle me laisse faire. Henri de Saint-Cierge et son chien sont arrivés, elle était en train de dédain, elle est partie en me disant d'aller la revoir.

Le 31. — Ma Tante a voulu me gâter ce matin en m'offrant de lire quelque chose ensemble. J'en ai bien vite profité et j'ai choisi le commencement du troisième volume des *Études de la Nature*. Non ! Saint-Pierre, je ne me repends pas de vous avoir aimé, quoique j'en aye bien souffert. Je jouis aujourd'hui de vous savoir heureux.

« Nos bons amis Huber nous ont dit adieu. J'ai vu qu'ils ont vraiment de l'amitié pour nous et nous regrettent malgré tout ce que Genève leur promet. Nous sommes comme les arbres en cette saison, qui perdent chaque jour une partie de leur feuillage et qui restent dépouillés pour braver les rigueurs de l'hiver. Heureux si quelque lierre nous reste attaché.

« En ces beaux jours d'automne, le soleil dore et égaye le paysage plus même qu'en été. On voit encore des arbres verts à côté de ceux qui sont déjà d'un beau jaune ou d'un rouge éclatant. Les prairies et surtout les bleds nouvellement levés sont des tapis de velours. Les sapins du bois d'Emblanc au milieu des chênes dépouillés me rappellent cette jolie comparaison du *Poème des Plantes* :

> Semblables aux plaisirs semés sur la vieillesse.
> De l'hiver ténébreux vous charmez la tristesse.

De Rosalie à Charles.

7 novembre. — Tes prédictions sont bien justes. Peut-être serons-nous tranquilles, mais de longtems nous ne serons contens. Au premier événement cette tranquillité due à la force s'enfuira. Que faire ? Si la vertu, seul vrai principe des républiques, existe chez quelques-uns, elle est obscurcie et détournée par l'esprit de parti. Ce n'est pas qu'il y aye empressement pour les places, tout le monde les refuse, ce qui nous laisse entre les mains des seuls intrigans jacobins, comme tu as pu le voir par la nomination de ceux qui sont partis aujourd'hui pour la Consulte de Paris.

« Nous avons été reveillés au bruit du canon. Le Préfet a ordonné un service solennel d'actions de grâce pour remercier Dieu de notre bonheur, ou au moins de n'avoir pas été plus malheureux.

« La célèbre et Benjamin sont à Genève. — « On n'a point de ces maux-là en France », disait-elle quand on lui parlait du mal de Jeannette et d'autres. « Tout cela tient à l'ennui, au vuide de la vie, vive le mouvement ! Le fasse-fasse, Paris est nécessaire pour respirer. » Elle disait ensuite qu'elle aimait mieux Lausanne que Genève : « Si je me retire une fois, ce sera à Lausanne, d'abord parce qu'on me dira : « Ah ! vous voilà ! nous sommes bien aises de vous voir. » À Genève, on me dirait : « Vous êtes bien aise de revenir à nous, nous l'avions bien prévu[119]. »

Retour au *Journal à Constance* :

Le 25 novembre. — Philippine nous a envoyé une charge de portraits faits par ma tante de Corcelles, qu'il faut emporter de *Mon-Repos* en le quittant, et qui ne trouvent aucune place. Les uns sont sans cadre, à demi effacés, les autres si pleins de poussière qu'il faut les nettoyer avant de les reconnaître. Voici d'abord M. de Broglie, évêque de

Noyon, tout pâle et maigre dans son hermine, qui vint chercher la santé à Lausanne et qui y trouva l'urbanité, la politesse, les mœurs douces de Paris sans leur corruption. Ensuite le prince de Lambesc à 16 ans, beau, un peu roide, de physionomie sans expression. On l'envoyait continuer son éducation à Lausanne, mais rien ne donne le caractère, il s'est éclipsé comme tant d'autres pendant la Révolution. Voilà M. de Servan à 30 ans, poitrinaire, avocat général plein de feu, d'esprit et de cet enthousiasme philosophique qui portait alors toutes les imaginations vives vers la réforme des abus, se joignant ainsi à ceux qui ont préparé et amené la Révolution. On pourrait les comparer à des gens qui, en voulant brûler des choses inutiles et mauvaises, auraient mis le feu à la maison. Alors ils ont jeté les hauts cris.

« Ce mécontentement mêlé d'espérance donnait beaucoup de vie et d'intérêt à la Société et aux écrits ; aujourd'hui que ces belles chimères sont dissipées, on est resté dans une stupeur triste, et l'égoïsme a pris la place de la philanthropie, mais voyons encore nos portraits. Voici Mme de la Roche, la conteuse, avec ses yeux expressifs, heureusement qu'on n'entend pas les douceurs et les caresses germaniques dont elle emmiellait ses auditeurs. Voilà encore Boufflers dans sa jeunesse. Au premier abord on le prendrait pour un païsan du païs de Vaud, mais il y a dans le coin de ses yeux gris et dans les découpures de ses lèvres des traits qui décèlent le Français, le roué, l'artiste, Boufflers enfin. Il y a encore bien d'autres visages oubliés, inconnus. Tous rappellent les souvenirs de ces tems de plaisir et de tranquillité, de ces matinées charmantes passées auprès du chevalet de ma tante. Le désir de lui plaire, et d'être aimable chez elle animait les physionomies qu'elle voulait peindre. On se rappelle tout de suite l'esprit, le son de voix et presque les propos de l'original, mais tout est presque effacé, le tems emporte et la vie et le souvenir de tout ce qui a brillé un moment sur la terre.

« Beaucoup de vies, celles des femmes surtout, pourraient être comparées à des portraits au pastel. D'abord une vive fraîcheur, un beau cadre, une glace qui préserve, bien soignés dans un cabinet... Je n'ai pas besoin de faire l'histoire de ce qui arrive après.

28 novembre. — Adoucir les passions des hommes, en prévenir les effets cruels, venir au secours des maux de toute espèce, c'est le triomphe et la gloire des femmes. Pourquoi en chercher d'autres qu'elles n'atteignent qu'à un trop haut prix ? Aujourd'hui, les femmes semblent se plaire à exciter les hommes à se faire du mal, à ajouter à ce que l'esprit de parti peut avoir de plus âcre et de plus injuste. À l'abri de tous les dangers, elles parlent de lâcheté, elles ne réussissent pas à donner de l'énergie et du caractère aux hommes, mais elles entretiennent les haines particulières, elles désirent qu'on répande du sang, elles font qu'on s'accoutume aux exagérations, aux vaines paroles. »

L'aimable portrait que vous tracez là de vos contemporaines, tante Rosalie ! Seriez-vous plus contente de vos arrière-nièces vivant juste un siècle après vous ?

Il est une femme au moins que vous louez, c'est la célibataire, peut-être parce que c'est celle que vous connaissez le mieux :

« J'allais sortir ce soir pour aller voir Jeannette et pour passer la soirée chez les Polier. H*** est arrivée. Elle ne m'amuse pas beaucoup, mais elle m'intéresse. Nous nous sommes établies au coin du feu, nous avons bien goûté, nous avons chanté, vu des dessins, je lui ai lu des choses qu'elle ne connaissait pas et qui lui ont fait plaisir. Ah ! le célibat est un état très doux. Les enfans sont un objet d'intérêt trop vif pour n'être pas tourmentant. Si, comme cela peut se rencontrer, le mari n'est ni aimable, ni délicat, s'il ne peut inspirer ce degré d'estime qu'on a besoin d'accorder à l'homme auquel on a confié son sort, oh ! que la chaîne est pesante ! que les vingt-quatre heures sont longues ! Vive la légèreté du célibat ! Point de responsabilité ; peu d'intérêt, il est vrai, mais on voit la vie s'avancer, son terme s'approcher sans regrets. On jouit de ce qui se présente d'agréable, sans être retenu d'un autre côté par des sentimens trop vifs. Les peines qui n'atteignent que soi sont toujours légères. Oh ! oui c'est un grand bonheur que de n'être pas la femme de J. !

1803. 3 janvier. — J'ai remarqué dans Benjamin un changement qui m'a fait plaisir. Une des dernières fois qu'il vint, il était fort en gaieté, et il s'empara malgré moi d'une lettre qui était dans ma chambre. Il la lut sans que je pusse l'empêcher. Il l'interpréta d'une manière tout à fait fausse, ce qui aurait pu causer le plus grand tort à quelqu'un. Le lendemain, pour le détromper, je lui montrai une lettre qui divulgait en partie un secret, mais qui détruisait sa prévention. Je vis qu'il fut frappé du mal qu'il avait fait inconsidérément, et depuis lors, qu'il soit seul ou avec moi, il ne toucherait pas un seul papier, ni sur ma cheminée, ni ailleurs. Il commençait toujours par tout fureter, et je le crois guéri de cette petite curiosité indigne de son âge et d'un homme. Je crois que les gens d'esprit deviennent meilleurs en avançant dans la vie, et que c'est l'opposé pour ceux qui n'en ont pas. Les premiers tirent les conséquences justes, les autres sont simplement découragés.

23 février. — Nous avons dans ce moment en logement un sergent, sa femme et ses enfans. Ce sont de bons païsans zurichois. Ils chantent en partie dans leur chambre, en s'accompagnant du violon. Ce chant, quoique un peu barbare, est juste et harmonieux. Ils n'entendent pas un mot de français. La femme m'a fait ce matin une longue histoire avec gestes, où je n'ai pu comprendre un mot. Je crois que c'était le récit des malheurs de la guerre. J'ai pris l'air attendri et je lui ai donné des gourmandises, ce qu'elle a très bien compris. »

De Rosalie à Charles.

En séjour à Saint-Jean. 14 avril. — Je veux me donner le plaisir de t'écrire encore une fois d'ici, mon bon Charles ; je pense à toi en me promenant sous nos marronniers qui commencent à se couvrir d'une légère verdure, en écoutant les premiers accents du rossignol, en voyant les cerisiers, les pruniers qui sont des guirlandes de fleurs blanches. Je n'éprouve de tout le monde que des choses aimables : Mlle Bontems, son père, les Huber, les Lullin, etc., etc. Il n'y a que la trop célèbre qui a voulu s'en prendre à moi de ce qu'on a dit que Benjamin épousait Amélie Fabri, je me suis défendue et j'ai été entraînée à lui dire quelques vérités auxquelles elle n'a pu se refuser et qui l'ont calmée. Le pauvre Benjamin venu pour enterrer sa tante de Chandieu, est reparti, il ne saura jamais se faire un bon sort ; c'est affreux de voir l'inutilité de l'esprit pour le bonheur.

« Genève offre bien des ressources, de la variété et des talens, cependant nous sommes convenus, les de Loys et moi, mais secrètement, que nous sommes plus aimables à Lausanne, quand nous ne sommes pas tout à fait désunis et malheureux ; il y a dans nos conversations plus d'idées générales, plus de grâce et de légèreté. On met ici actuellement le même esprit, la même manière pour l'arrangement d'un concert qu'autrefois pour les élections du 200. À entendre comment on défend l'un, attaque l'autre, on ne dirait pas qu'il s'agit d'un plaisir.

« Tout va bien mal dans notre païs, les élections ont été si mauvaises qu'il semble qu'il y ait eu un dessein de faire tout échouer. Les honnêtes gens aussi sont bien coupables de s'être tenus à l'écart ; la guerre continuera les maux de la malheureuse Suisse et fournira un bon prétexte pour la remplir de Français.

« J'attends les d'Arlens ici, je me réjouis de les revoir. Ils se sont fort amusés à Paris. Il n'y a pas eu assez de Montmorency pour les fêter, ils sont allés de Matthieu à Adrien ; Mme de Laval, MM. de Narbonne, Chevreuse, Luxembourg, Luynes, voilà les noms qui remplissaient leurs lettres. Vous serez un sujet inépuisable de conversation ; ces chères petites brunes, que ne puis-je les voir courir sur l'herbe avec leurs moutons[120]. »

À Constance d'Arlens, 17 avril. — Nos hôtes de *Saint-Jean* (la famille Lullin) m'avaient engagée à aller avec eux voir un jeu de barre à Plainpalais. Cette grande place couverte de monde, entourée de voitures, de tentes et d'un appareil militaire, offrait un très beau spectacle. Une belle musique l'animait encore. On nous plaça dans une tente, je revis beaucoup de gens qui me reconnurent avec bonté. Pour le jeu, je n'en ai pu comprendre la finesse, c'étaient deux bandes de jeunes gens plus ou moins lestes qui avaient ôté leurs habits et dont les uns avaient des ceintures rouges, les autres bleues. Ils couraient au devant les uns des autres et tâchaient de se prendre, mais je ne sais ni de quel droit ni de quelle manière. À chaque prise, la musique jouait une fanfare. C'est ce qu'il y avait de plus réel et de plus clair pour moi.

Vendredi 22 avril. — C'est demain que vous arrivez, mes amis, c'est demain que je t'embrasserai, cette pensée absorbe toutes les autres, je saute de joye comme si j'avais quinze ans, et cela m'empêche de te conter le dîner chez Mme de Staël et le beau concert chez Mme Necker ; demain est trop pour moi pour qu'aujourd'hui soit compté. Adieu donc au journal... »

La fin du journal dédié à Constance fait une coupure toute naturelle aux écritures de Rosalie et nous permet de respirer un moment avant de reprendre les trente dernières années de sa vie.

Remarquons que l'histoire de l'âge mûr et de la vieillesse de cette femme aimable et spirituelle sera beaucoup moins sa propre histoire que celle des gens qu'elle aima... et aussi de ceux qu'elle n'aima point.

Si l'on recherche quels furent les objets les plus chers à son cœur, on voit que ce furent en première ligne ses frères et sa sœur, puis Benjamin, Mme de Charrière, quelques amies et quelques parents, enfin sa patrie et son pinceau.

Il se trouva certainement des personnes qu'elle n'aima pas, mais là encore son bon cœur est en cause, car ces personnes furent toujours celles qui, selon elle, portaient un préjudice quelconque à un être chéri. Il serait facile d'en établir le nombre, mais nous ne nommerons ici que Mme de Staël, parce que seule elle rentre dans le domaine public. Peut-être devrions-nous y ajouter Bonaparte et encore,

Rosalie eut des éclairs d'admiration pour son génie. À Lausanne, elle passait pour bonapartiste.

L'époque qu'il nous reste à parcourir est une époque fort importante pour l'histoire européenne. Jusqu'au moment du retour de Charles sur le continent, qui eut lieu en 1810, Rosalie continua à entretenir son frère de tous les grands événements politiques. C'était le temps où Napoléon, portant ses armées au nord et au midi, refaisait la carte de l'Europe. L'esprit ouvert de Rosalie la pousse à s'intéresser à tout, mais il est évident que certains faits la touchent plus que d'autres. La guerre de Hollande, l'annexion par Napoléon du duché de Brunswick au royaume de Westphalie, le blocus continental sont de ce nombre, puisque le sort de Victor, de Villars, de Charles en dépendent.

L'état social et économique de la France et de la Suisse était aussi un sujet de préoccupation pour la famille de Constant.

C'est avec le mois d'avril 1803 que nous rouvrons le portefeuille des lettres à Charles. On nous approuvera d'y glaner avec discrétion, et nous commencerons par une pensée philosophique que Rosalie pose elle-même comme épigraphe à cette nouvelle page de son existence :

« Je lisais ce matin dans Montaigne : « Rien n'est mal dans la vie quand on a bien compris que la mort n'est pas un mal. »

Lausanne, 29 juillet 1803. — Nous avions ici beaucoup d'Anglais qui se trouvaient heureux de cet asile, surtout quand ils ont appris que ceux de Genève étaient conduits à Verdun, mais nous n'avons pas été plus ménagés que les autres païs. Ils ont reçu l'avis qu'ils seraient arrêtés et ont été obligés de s'enfuir. Notre Landamann a réclamé inutilement.

11 novembre. — Je ne vois pas, mon bon Charles, quel inconvénient il y a à ce que nous soyons un peu jeunes, toi et moi. Si on rit à nos dépens, cela vaudra mieux que d'avoir peur de notre sévérité et de nos mines renfrognées. Je me sens encore jeune à bien des égards, mon cœur ne s'est pas usé, et j'ai encore un fond de gaîté qui peut s'exploiter dans l'occasion. D'ailleurs je te jure qu'il n'y a pas de vieux philosophe à longue barbe, à expérience de quatre-vingts ans qui ait mieux reconnu que moi que tout est vanité. Cette disposition me rend peut-être plus susceptible d'impressions agréables que de fâcheuses. Je me dis : il faut jouir d'un bon moment s'il m'est réservé, mais il ne vaut plus la peine de se tourmenter. Il ne faut s'inquiéter que d'aller son chemin le plus droit qu'on peut.

« Que dites-vous, chers amis, des voyages de la trop célèbre dame ? Elle a tant fait qu'elle a dû hâter son départ de Paris. Buonaparte lui a offert d'habiter telle ville qu'elle voudrait, excepté Paris, elle en a été indignée.

20 décembre. — Tu me fais frémir quand tu remets ton sort[121] aux évènemens de la guerre, nous ne croyons plus à la descente, mais pas davantage à la paix. Le mariage de

Lucien Buonaparte avec miss Saladin Egerton doit faire un grand bruit à Genève. L'hiver sera brillant ici pour ceux qui n'ont pas de maladies ni de chagrins.

1804. 17 janvier. — Mme de Staël, après s'être fait tympaniser par toute l'Allemagne, est enfin parvenue à la cour de Weimar, où elle jouit de tous les égards et de l'admiration que mérite son esprit.

« Ce que c'est que notre vie, mon pauvre Charles, qui peut le savoir ? Elle a un but, voilà ce qui n'est pas douteux. Tant de magnificence, une si belle organisation, ce désir de bonheur, ce monde moral qui s'agrandit à mesure qu'on vit, tout cela n'a pas été donné, arrangé en vain. En attendant, comme toi, je m'en accommode assez bien, et, sans l'aimer, je ne m'en plains pas, je jouis avec reconnaissance de tout ce qui n'est pas mal.

14 février. — Le mariage de Lucien Buonaparte était un fagot, mais il valait la peine d'être fait.

3 avril. — Victor a été avancé[122], cela lui a valu un nouveau logement, mais il n'a pas de quoi le meubler. N'importe, jamais on ne s'est tant amusé, jamais la cour n'a été si brillante. Il a été du quadrille de la Reine, ce qui l'a ruiné en costume. Étant un jour au bal de la Cour, il voit une femme qu'il reconnaît de suite sans l'avoir jamais vue, et qu'il trouve moins laide qu'il ne croyait. Mme de Staël était dans l'enchantement de la bonne réception qu'elle avait reçue de la Reine et du Roi…

13 avril. — M. Necker vient de terminer sa carrière. Benjamin, qui était enfin parvenu à quitter sa trop célèbre aux portes de Berlin, apprit à son arrivée ici que M. Necker était plus malade, et désirait le voir, lui parler. À peine s'arrêta-t-il un jour, mais avant d'arriver à Genève il rencontra Mme Necker [de Saussure] qui venait lui annoncer la mort ; il est reparti pour refaire le voyage qu'il venait de terminer. Cette malheureuse femme peut perdre l'esprit de chagrin, de regrets… M. Necker a été fort touchant dans ses derniers momens, ses sentimens ont été très religieux, il n'a cessé de dire qu'on devait consoler sa fille et lui ôter tout remords d'être loin de lui.

« Mon Dieu ! cette guerre, cette descente qui vous menace me fait frémir. On s'épuise en conjectures et le résultat est une nuit profonde sur ce qui peut arriver. La conspiration, la rage et la défiance qu'elle laisse, la mort du duc d'Enghien rendent la paix impossible.

« On fait ici demain une fête civique pour célébrer l'indépendance du canton, toutes les cloches et tous les canons feront leur tintamarre, cela désole, car cela coûtera beaucoup d'argent et nous ne sommes pas encore assez heureux, surtout assez surs de notre sort pour nous en réjouir. Adieu, écris, écris, quand il ne vient rien, je crois que les Français sont débarqués en Angleterre.

15 mai. — Que dites-vous des évènemens de France, de l'empereur, etc. ? Je ne sais quelle influence ils auront sur nous, il ne doit pas aimer les démocraties et, si nous bougions, je crois qu'il nous mettrait la griffe dessus.

25 mai. — La trop célèbre est à Coppet dans une véritable affliction, ne cherchant point à la montrer, ce qui est marque d'un bon changement en elle. »[123]

En juillet et août, Rosalie fit un long séjour à la montagne et jouit intensivement de se retrouver au milieu de ses bien-aimées fleurs alpestres. Elle s'en alla demander à un bonhomme Thomas une place dans son chalet de Fenalet, au-dessus de Bex, et là elle retrouva ses jarrets, son souffle de trente ans. Sa plume rivalisa avec son pinceau pour dépeindre les paysages qu'elle apercevait de sa fenêtre ou des pâturages qu'elle parcourait.

« Suivant un sentier en corniche au-dessus d'une vallée profonde, je parviens à un tertre avancé d'où je revois notre lac entre deux hautes montagnes. Devant moi j'ai le Rhône et son embouchure, le val d'Illiers, plusieurs villages, la Dent du Midi, le glacier du Trient, derrière moi, le tertre est ombragé par de beaux mélèzes. Les sentimens s'élèvent dans cette belle solitude, on adore avec plus de vivacité celui qui a tout créé, l'imagination se joue agréablement et ajoute encore de belles fictions aux beautés réelles.

« Le bon Thomas est instruit ; il a beaucoup vécu avec Haller, pour lequel il herborisait. »

Ce brave homme apportait à « la demoiselle » des gerbes de fleurs que celle-ci se hâtait de reproduire par son pinceau et ensemble ils en cherchaient les noms scientifiques et populaires.

Sur ces hauteurs embaumées, Rosalie reçut une lettre qui nous induit tout naturellement à parler d'une des relations qu'elle forma à Lausanne avec de nobles émigrés venus dans cette ville à plusieurs reprises.

Ces personnages sont encore enveloppés pour nous de quelque mystère, malgré les efforts que nous avons tentés pour en déchirer le voile, et nous serions très heureux si quelque lecteur pouvait nous éclairer à leur sujet.

En mai 1791 croyons-nous, arrivèrent à Lausanne, chassés par la Révolution, une dame et son fils accompagnés d'un Chevalier de l'ordre de Malte. La dame s'appelait Mme de Vimeux, le fils, encore enfant, avait nom Déodat et le Chevalier était M. de Buffévent, qui avait été gouverneur des enfants du Comte d'Artois.

Le Chevalier de Buffévent et son « amie » louèrent la maison de *Petit Bien* que possédait Mme de Charrière tout à côté de sa *Chaumière*, et entrèrent en relation d'amitié avec leur voisine et propriétaire. Inutile de dire que Mlle de Constant fut vite appréciée par les émigrés.

Le Chevalier ne perdait pas complètement son temps pendant qu'il était sur la terre étrangère ; il eut l'occasion de rendre service, entre autres, à la Duchesse d'Orléans, pour l'aider à correspondre avec son amie et parente la Princesse Fortunée-Marie d'Este, mariée au dernier Prince de Conti.

Du reste la Duchesse honorait le chevalier d'une estime et d'une confiance personnelle, puisqu'elle lui écrivait aussi directement. Une lettre de cette femme intéressante par ses malheurs et sa vertu parle confidentiellement au chevalier de Buffévent d'un mariage qu'elle aurait voulu voir contracter par sa fille, la Princesse Adélaïde, et de ses « espérances évanouies[124] ».

Si le Chevalier de Buffévent était quelque peu dans l'intimité de cette branche de la famille royale, il était apprécié aussi par la branche d'Artois.

Après avoir séjourné une première fois à Lausanne jusque vers 1794, il rentra au service du Roy avec le titre de maréchal de camp dans l'armée de Condé. À ce moment il n'est plus traité de Chevalier, mais de Commandeur. Étant en campagne il reçut une lettre du jeune Duc de Berry, lequel, étant au quartier général d'Ettlingen, grand duché de Baden, l'informait « qu'il avait eu bien mal sous le bras mais le dépôt était crevé ». Cette lettre, enfermée dans une petite enveloppe très semblable à celles dont nous nous servons aujourd'hui, est ainsi adressée : « M. le Commandeur de Buffévent, Maréchal de camps es armées du Roy à Constance sur le lac. Autriche intérieure. » Elle est signée « Charles Ferdinand. »

« Je ferai tout mon possible, dit le Prince au Commandeur, pour faire placer l'officier auquel vous vous intéressés, et je crois que ce ne sera pas difficile, car on va créer des corps ici pour placer tous les gentilshommes et je crois qu'on n'attend que la sanction de l'Empereur [d'Autriche].

« Papa et mon frère, ajoute-t-il, sont toujours à l'armée anglaise en avant de Nimègue entre Meuse et Rhin. Montagnac est avec mon frère, Provenchies a passé à Philadelphie. Je suis ici avec le Comte de Damas et le Cte de Rambouillet. Je n'ai que le temps de vous embrasser aussi tendrement que je vous aime[125]. »

Il est probable que cet officier auquel le Commandeur avait intéressé le jeune Duc de Berry était Victor de Constant, alors sans emploi à cause de la destruction du Stathoudérat de Hollande.

Le Duc d'Angoulême était très attaché, comme son frère, à Buffévent, et nous trouvons deux ou trois lettres de lui, dont l'une raconte la descente de Quiberon (27 juin 1795) à laquelle avait pris part le Cte d'Artois, son père.

Voici comment le Duc raconte cette lamentable expédition. On remarquera qu'il ne nomme pas le Cte d'Artois.

Du Q^r G^l de Mulheim ce 4 aoust 1795.

« N'ébruitez pas trop cette nouvelle.

« Je vous tiens parole cher Commandeur, voilà les malheureuses nouvelles que nous avons eues par l'Angleterre de Quiberon ; les troupes étant débarquées se sont divisées en trois colonnes, celle de la droite commandée par Vauban[126] a bien réussi, il a battu les patriotes et a pris une bonne position ; celle de la gauche commandée par d'Hervilly a été attaquée par le Gal Hoche qui avait plus de monde que ne le disait la *Quotidienne* ; le détachement d'Hervilly, composé des matelots toulonnais, a égorgé les officiers et a tourné aux Patriotes ; Jumilhac et beaucoup d'autres ont été tués, le Baron de Damas s'est précipité dans Vannes ; d'Hervilly a été blessé, les Reg^{ts} de Damas et de Sombreuil se sont couverts de gloire ; Charles de Rouault a été tué, Sombreuil pris, et il s'est rembarqué 2000 émigrés avec les Anglais et M. de Puisaye ; cette perte est horrible pour nous, voilà ce que fait l'ambition d'un homme intriguant ; si l'on avait débarqué à Noirmoustier, cela ne serait pas arrivé.

« Une lettre de Londres arrivée dans le moment dit que les d'Hervilly gardaient le fort Penthièvre, que les Patriotes l'ont tourné, qu'alors ces scélérats ont égorgé tous leurs officiers excepté les deux petits Puységur et Balleroy qui a porté la nouvelle à Londres et d'Hervilly qui est fort blessé, alors ces gueux-là ont tiré du fort sur le reste du débarquement qui était retranché en avant et qui, attaqué en même tems par Hoche, a été battu avec une perte horrible…

« Je ne puis vous en dire davantage et vous embrasse de tout mon cœur. »

Après le traité de Campo Formio, Condé étant allé offrir son épée à l'empereur de Russie, Buffévent était revenu à Lausanne où il avait retrouvé Mme de Vimeux, puis lorsque les émigrés avaient été chassés de la Suisse, ils s'en étaient allés tous deux vers le Nord.

« Le coup le plus sensible dont le malheur m'a frappé, écrit-il à Rosalie, a été de m'arracher des bords du Léman. La situation où nous laissions votre païs ajoutait encore à la peine que nous avions de le quitter. »

Le 6 juin 1798, il est à Ratisbonne. « Nous quittons les bords du Rhin, écrit-il, pour suivre le cours du Danube.

« J'ay éprouvé des malheurs et des maux de toute espèce depuis que j'ay perdu de vue cette aimable *Chaumière* où j'existais si doucement, avec des personnes qui me traitaient avec tant de bonté et auprès desquelles mon esprit et mon cœur goûtaient les jouissances les plus désirables.

« Quand nous serons posés dans le lieu où nous devons nous rendre, mon amie ne manquera pas d'en informer les personnes sur l'intérêt desquelles elle a droit de compter, particulièrement Mme de Nassau, Mlles de Sullens, Rieux, et Miron, M. et Mme de Montolieu, et vous saurez son histoire.

« La lettre que vous avez eu la bonté de nous écrire était charmante et nous l'avons relue bien souvent, il y régnait une gaieté douce qui annonçait qu'en l'écrivant votre esprit était dans une assiette tranquille. Nous vous supplions de nous donner des nouvelles de M. votre père et de toute votre famille, et des affaires de M. votre frère, nous voudrions bien en savoir de toute la maison Huber... »

Du même à la même.

« À Hussyation par Leopold en Galicie chez son altesse sérénissime Msgr le prince de Nassau Siegen ce 27 8bre 1798.
... Je me retrouve avec vous dans ces soirées solitaires où votre conversation à la fois douce et piquante semblait donner quelqu'essor à mes idées et leur imprimer un mouvement qui n'était en effet que le produit des vôtres.

« Vous voulez bien désirer que j'entre dans les détails qui concernent ma position actuelle. Je n'ay qu'à m'en louer sous tous les rapports, les maîtres de cette maison me comblent d'attention et de procédés, ainsi que trois autres émigrés qui les partagent avec moy. Ils les ont poussés au point de nous donner une terre où ils nous ont conduits eux-mêmes, et tous les païsans étaient rassemblés pour nous donner une fête champêtre, mais il reste un poids sur mon cœur qui fait et fera toujours le tourment de ma vie. Cette séparation d'avec ma plus ancienne et ma plus intime amie est pour moy le comble du malheur. Si l'espérance de m'y réunir ne me soutenait encore, je n'aurais plus d'autre vœu à former que celui de la fin de mon existence.

« Le sort de mon amie est supportable pour le présent. Elle n'a rien à souhaiter quant aux bonnes manières et aux égards du père de sa jeune élève. »

Le prince de Nassau Siegen, qui fut si hospitalier pour les émigrés avait passé une partie de sa vie en France au service de Louis XV, puis avait fait le tour du monde avec le navigateur Bougainville. Il se mit ensuite au service de l'Espagne, puis de la Russie. Ses bontés envers Buffévent et ses compagnons ne semblent pas s'être maintenues, à ce que nous apprend une lettre écrite trois ans après la précédente. À ce moment le Commandeur était réuni à Mme de Vimeux, mais non sans avoir passé par de cruelles épreuves.

Du Commandeur de Buffévent à Rosalie de Constant.

Vienne ce 21 8bre 1801. — Après avoir été deux mois sur la frontière de Russie sans pouvoir y entrer, j'ai été deux ans sans en pouvoir sortir. J'avais eu le malheur de prêter un serment de fidélité à Paul Ier, ce prince indéfinissable ne voulait plus me laisser partir.

« Il me faudrait des volumes pour vous conter tout ce que j'ay éprouvé de la part de M. le prince de Nassau. Je n'ai jamais eu à me plaindre de Madame, au contraire la malheureuse était encore plus que moy sous le joug le plus insoutenable et le plus tirannique dont on puisse se former une idée. Je m'en suis tiré par un miracle après deux années de souffrances qui ont été les plus cruelles de ma vie.

« Mme de Vimeux vous a mandé que nous comptions partir cet automne pour rentrer en France en passant chez vous, nous n'avons pas encore toutes les pièces nécessaires pour rentrer en toute sûreté... J'ai laissé chez Mlle d'Albenas mon portrait peint par Duplessis, je veux le léguer à mon amie en lui demandant de le faire remettre après elle à ma famille.

« Ce pauvre Montesquiou que je ne reverrai plus ! mais si du lieu ou l'Être suprême l'a placé, il peut voir ce qui se passe dans cette sphère, il saura qu'il vit constamment dans ma pensée[127]. »

L'histoire de ce Commandeur et de son amie est pour nous émaillée de points d'interrogation. Rosalie n'en parle que rarement et en passant dans ses lettres à son frère ; pourtant, d'après ce que lui dit le Commandeur, il devait régner entre elle et lui une assez grande intimité.

On nous demandera pourquoi les lettres qu'il a reçues des princes et princesses ses protecteurs restèrent entre les mains de Rosalie et de Charles. Nouveau point d'interrogation. Probablement, connaissant le goût du frère et de la sœur pour les « paperasses », leur laissait-il ces dépouilles en quittant Lausanne. A-t-il repris son portrait à ce moment ? C'est ce que nous ignorons.

Ce n'est pas en 1801, mais en 1803 que nous le retrouvons à Lausanne avec son amie et le fils de son amie.

Ils y restèrent jusqu'en 1804 et voici le dernier billet du Commandeur que nous trouvions à l'adresse de Rosalie :

Elle le reçut à Fenalet où nous l'avons laissée.

« S'éloigner de vous et vous regretter, mademoiselle, sont deux verbes absolument synonimes. La grammaire ne serait peut-être pas de cet avis, mais le cœur en est et il doit l'emporter sur elle. Quand vous respirés l'air pur des montagnes que vous accumulés des richesses botaniques… nous malheureux nous dirigeons nos pas vers des atmosphères chargés de miasmes, parmi des êtres imprégnés de leur corruption. Plaignez-nous mademoiselle, autant que nous vous aimons, et nous formons des vœux pour que votre vie soit douce et agréable. Si le bonheur n'est pas aveugle, il doit se plaire chez vous, car il ne sera jamais en meilleure compagnie. Ce n'est plus dans votre païs que nous trouverons des personnes qui vous ressembleront tant par les qualités du cœur que par les charmes de votre esprit.

« Vous paraissez toujours ignorer les dons que la nature vous a prodigués, mais cette modestie ne sert qu'à les faire voir encore plus, voilà ma profession de foy et celle de ma compagne qui s'unit à moy pour vous supplier d'agréer l'hommage des sentimens que vous nous avés inspirés. »

Ce 18 Juillet.

C'est quinze jours avant d'avoir reçu cette lettre que Rosalie écrivit ce qui suit dans son *cahier vert*. Nous ne comprenons pas très bien les illusions de cette chère âme, surtout en face de la persistance du Commandeur à mettre en avant la communauté de pensée qui le liait à la « compagne de son choix ». Qui sait ? Peut-être les qualités du cœur, les charmes de l'esprit étaient-ils moins nombreux chez Mme de Vimeux que chez Rosalie, et celle-ci considérait-elle cette chaîne que s'était attachée le Commandeur, comme faisant partie du malheur qu'il avait eu à subir. Quoiqu'il en soit, voici les lignes qu'elle consacre à cet ami du haut des cimes alpestres.

« Et ce bon Commandeur, la rougeur lui est montée au visage et j'ai vu une larme dans ses yeux en me disant adieu. Dès la première fois que je l'ai vu il y a bien des années, il y a eu quelque chose de particulier dans le sentiment qu'il m'a témoigné. Si son âge, les circonstances ne nous avaient séparés, peut-être m'aurait-il aimée véritablement. Je conserverai toujours de la reconnaissance pour l'amitié d'un homme très spirituel, bon au travers de sa misanthropie. Sa vieillesse et son malheur sont des raisons de plus pour m'intéresser. »

Le 5 août 1804, Rosalie récrit à Charles :

« Dans quelques jours je serai de retour à *Chaumière*. Je crois que j'aurai perdu l'habitude de la conversation, que j'aurai l'accent de Fenalet. Il n'est pas sûr que le voisinage des cretins n'aye pas eu quelque influence sur moi. »

Elle n'a pas oublié ses préoccupations de la plaine.

« Il me paraissait si naturel, continue-t-elle, que la célèbre dame épousât Benjamin lorsqu'elle devint libre, que je ne mis pas la chose en doute. Il paraît qu'ils en eurent tous deux une telle peur qu'ils se mirent en règle là-dessus, elle eut d'autres amans, lui eut de grandes velléités de suivre d'autres pas que les siens, mais ils se tiennent par l'esprit. Dans ce moment elle a envie d'essayer de la secte, que dis-tu de cela ?

19 octobre. — On ne sait que penser de ces guerres. Il y a bien du mécontentement en France, les dépenses sont immenses, on murmure tout haut, Buonaparte, par le conseil de Fouché, a pris le parti de laisser dire, crier, chansonner ; cela pourra contenter pour un tems les Français, mais si les abus augmentent, si les finances se dérangent tout à fait, il faut attendre de nouveaux bouleversemens. Nos cantons resteront-ils les seules démocraties du monde ? En attendant nous sommes assez tranquilles ; les étrangers reviennent, nous avons plusieurs familles russes.

24 décembre. — Si la trop célèbre avait eu moins d'esprit, peut-être aurait-elle été une excellente et heureuse femme. La voilà en Italie, on ne peut comprendre ce qu'elle y va faire, à moins qu'elle ne remplace le pape.

1805. 29 janvier. — J'ai beaucoup causé l'autre jour avec A. du païs, de ses ressources et du bonheur qu'il peut offrir. Il me semblait à l'extérieur que tout allait assez bien. Je voyais beaucoup de gens riches, qui ont l'air content, le gouvernement se faisant peu sentir, les impôts supportables, beaucoup d'activité pour la bienfaisance, les païsans riches : Point du tout ! il me prouva par des faits que le gouvernement est faible, de mauvaise foi, qu'il n'y a de justice sur rien, que les lois ne sont point exécutées, les délits point punis, que les fonds de terre sont à un prix fou, et les denrées, surtout le vin, à un prix si bas, dans une telle abondance que les propriétaires doivent être ruinés. D'ailleurs point de ressources ni pour la fortune ni pour l'ambition, et tous les jeunes gens sont obligés comme autrefois d'aller chercher fortune ailleurs[128].

12 février. — Tu auras su les belles propositions faites par le prince d'Orange[129] à Victor. Il lui offre d'être pendant quatre ans gouverneur de son fils qui a douze ans.

14 mai. Si les événemens ne vous amènent pas à la paix, on peut tout craindre et les vrais amis de l'Angleterre sont fort alarmés. On a les nouvelles des papiers plus vite que les lettres, mais peut-on se fier aux papiers, surtout quand ils viennent par la France ? Notre envoyé à Chambéri pour complimenter Buonaparte avec d'autres députés suisses, m'a raconté cette entrevue ; elle fut fort intéressante. Il parla de la Suisse avec intérêt et sans ton de protection, et quelques mots firent juger qu'il désirait toujours et espérait la paix. Faites-la donc pour le bonheur du monde et pour le vôtre.

9 juillet. — Buon. a repassé l'autre jour inopinément le Mont-Cenis, allant dit-on droit à Boulogne vous porter quelque grand coup ; nous frémissons et faisons des vœux pour que votre flotte rencontre et batte la sienne.

« J'ai de bonnes nouvelles de Victor. Il fait son métier de Mentor en conscience, voulant absolument faire de son élève un honnête homme et un prince aimable.

30 août. — Je m'occupe de mon herbier qui me fait toujours plus de plaisir et qui, outre celui des plantes et de l'occupation agréable, me vaut quelquefois des connaissances intéressantes. Je mettrai de ce nombre une Française avec laquelle je commence à me lier. Mme de Duras a de la modestie, de la douceur, de la grâce dans l'esprit et les manières, elle aime les plantes et les montagnes avec un sentiment vif exprimé avec modération. Elle a passé beaucoup de tems en Angleterre, et se nommait de Kersaint. Son mari passionné de la chasse la laisse de son côté suivre ses goûts. Je pense que lorsque le lièvre grimpe la montagne, ils se rencontrent. Elle a deux filles de 6 à 7 ans qu'elle élève elle-même, en vivant ici dans une grande solitude, occupée de ses dessins, de ses fleurs, de ses enfans[130]. Nous allâmes ensemble un jour à Meillerie, le tems fut charmant, l'arrivée près de ces beaux rochers est toujours frappante ; elle les dessina, nous lûmes des lettres de Rousseau.

5 novembre. — Vous devez sûrement voir les choses fort différemment de la vérité, à la distance où vous êtes ; lorsque tu étais en peine de nous, les armées s'éloignaient, par les progrès de Buon. et les fautes incroyables des Autrichiens. Tu te seras rassuré, mais si le roi de Prusse se joint aux Russes, cette nouvelle diversion peut changer tout.

« Les Neuchatelois ont bien peur ; surement le premier geste de Buon. sera de les prendre, si le roi se déclare contre lui. Je ne te dis que des *si* parce que depuis la prise d'Ulm il n'y a rien de nouveau. Peut-être demain sera-ce tout autre.

10 décembre. — Que dites-vous mes amis de ces évènemens incroyables, inouïs ?[131] Vous ne vous en inquiétez pas beaucoup parce que vous voilà tout puissans sur mer et que le monde semble partagé entre deux colosses, mais le pauvre empereur d'Autriche et les puissances du continent payent pour vous. On dit la paix signée, mais quelle paix ! ce seront les conditions que dicte un vainqueur. Encore croira-t-il faire admirer sa clémence.

« J'avouerai que j'ai eu un moment d'enthousiasme pour Buon. en pensant qu'il allait rétablir les Polonais. Cela a été court.

« Ce pauvre Frédéric et ce brave Alexandre qui se serrent la main et s'embrassent sont de bons et aimables particuliers, mais bien au-dessous des circonstances.

24 décembre. — Victor est au comble de ses vœux, c'est-à-dire aide de camp du prince héréditaire d'Orange. Il va partir pour cette guerre à laquelle tout paraît se décider en

Prusse. Le petit prince reste chez Isabelle, un M. de Bylandt surveillera son éducation. Après avoir vu le bouleversement de la France et de la Hollande, faut-il que Victor voye encore celui de la Prusse ? La bataille d'Austerlitz donnée le 2 devait être connue le 10 à Berlin, jour où Victor nous écrivit, et les préparatifs de guerre étaient les mêmes. Comment peuvent-ils espérer de changer cette inconcevable fortune ?

1806. 28 janvier. — Hier les canons ont tiré en réjouissance de l'indépendance de la Suisse, reconnue par les empereurs d'Autriche et de France[132], on ne croit plus à la guerre même à Berlin, il n'y a plus que le royaume de Naples à arranger et à manger, ce sera bientôt fait.

17 avril. — Il semble impossible que vous ne soyez pas atteints dans votre commerce, on va le poursuivre jusqu'au Pôle. Nous nous ressentons de la même tyrannie. On défend l'entrée en France d'aucun produit des manufactures suisses, les voilà ruinées ; cette malveillance au moment où on reconnaît notre indépendance, où on écrit de belles lettres au landamann n'est pas loyale. Je le dirai toujours, la grandeur de cet homme n'est pas dans son âme. Les pauvres Neuchâtelois sont bien malheureux, bien vexés, bien indignés contre celui qui les a cédés ainsi sans en avoir le droit.

4 novembre. — J'en suis sûre, c'est cette cruelle guerre[133] qui me prive encore du bien de tes lettres ; vous en aurez su des détails peut-être encore plus que nous. Tu auras compris nos angoisses, enfin hier une lettre de Villars du 24 octobre nous tira de peine. Nous sûmes que Victor était vivant et prisonnier de guerre après s'être bien conduit et avoir eu un cheval tué sous lui. Villars l'avait vu arrivant à Brunswick à pied avec le prince d'Orange[134] se rendant à Berlin sur leur parole, accablés de fatigue. Le pauvre duc de Brunswick avait été rapporté encore aveugle de sa blessure à la tête[135]. Gallatin lui était plus utile que jamais.

« Buon. dictera à présent des lois à l'Europe entière ; si vous ne faites pas la paix, on peut trembler pour vous.

11 novembre. — L'entrée des Français à Berlin est ruineuse. Si l'ombre du grand Frédéric voit Buonaparte à *Sans-Souci,* elle en doit frémir d'horreur. Il écrivait une fois à Voltaire : « Je crois que le bon Dieu a fait les Français pour me faire rire et me divertir. »

« Je crois que tu juges très bien l'esprit de notre païs. Il n'est pas bon et c'est bien dommage. La société y est plus agréable, plus douce et plus facile qu'à Genève, mais la solidité manque, il y a plus de petites passions, moins de véritable amitié.

1807. 23 janvier. On a eu des nouvelles de Victor par M. Pictet, officier prussien prisonnier retournant à Genève sur sa parole. Il l'a vu le 28 décembre chez lui à Berlin, tranquille avec sa femme, ses enfans et son élève. M. Pictet dit qu'on ne peut se faire une idée du désastre de ces malheureux païs, ni des fautes, de l'imprévoyance des généraux prussiens. L'armée n'avait pas mangé depuis 24 heures à la bataille d'Iéna et le Duc de Brunswick garda l'ordre de bataille dans sa poche.

« Notre païs doit bénir Dieu de sa position et de sa tranquillité, mais il existe toujours trop peu d'empressement chez nous pour ce qui est du païs. Les Genevois au contraire se font valoir et se soutiennent, aussi parviennent-ils à ce qu'ils veulent. On s'occupe à Lausanne à remonter l'Académie.

« Voici une lettre de Victor qui nous annonce la naissance d'un troisième garçon. Le petit Prince est parrain. »

L'Angleterre avait été déclarée en état de blocus à la fin de novembre 1806, ce qui rendait la correspondance avec le continent difficile et lente. Le frère et la sœur essayaient de tous les moyens pour se faire parvenir leurs lettres, ils les envoyaient par des intermédiaires à Amsterdam, à Copenhague, même à Lisbonne ; Rosalie reçut le 14 avril une lettre de Charles écrite le 28 novembre, d'autres fois elles arrivaient remarquablement vite. On était gêné aussi pour les récits à faire. La correspondance de Rosalie en ce temps ne renferme guère que des détails sur sa famille ou sur ce qui se passe dans la rue à côté ; elle se permettait plus largement des dissertations ou discussions sur l'éducation que son frère se proposait de donner aux deux filles qui lui étaient nées.

« Nous pourrions discuter longtems sur la question religieuse. La religion est, selon moi, la vraie base de la morale, et c'est par là qu'il faut commencer avec les enfans. Si j'avais des enfans, je leur parlerais de Dieu, je les accoutumerais à le prier, je mettrais dans leur cœur les principales vérités de la religion longtems avant que de pouvoir les leur expliquer. Si vous n'en parlez qu'à l'âge où les objets sensibles ont tant de force, il sera le plus faible de tous.

19 mai. — Je lis *Corinne ou l'Italie* de Mme de Staël, il est impossible de lire ce qu'écrit cette femme sans en avoir l'esprit très occupé. Elle nous fait, on peut le dire, respirer l'Italie.

« Les héros sont ce qui intéresse le moins, l'homme est trop passif et la femme trop active ; c'est toujours elle qu'on retrouve dans Corinne, et on voit que ceux qui l'ont aimée n'ont jamais été aussi passionnés qu'il le lui aurait fallu. La nature est ce qu'elle peint le moins. On ne trouve pas encore ce livre ici. Elle a envoyé un exemplaire à Constance, on doit l'avoir bientôt et si j'avais une occasion, je vous l'envoyerais.

2 juin. — L'auteur aimerait beaucoup savoir si son œuvre est arrivée en Angleterre, si on la lit, si on en parle. Elle jouit à Coppet de la gloire et de l'encens qui lui arrivent de tous les païs, cela la désennuie pour le moment.

7 juillet. — J'ai vu M. Carrard qui t'a vu. Il raconte beaucoup la prospérité du païs que tu habites. C'est un boulevard qui reste encore, mais il est prudent de ne pas attendre qu'il soit aussi renversé, et surtout de revenir dans tes foyers, oublier les grands intérêts, les grands malheurs, les grands désastres. M. Carrard n'a mis que quatorze jours à son voyage. De Rotterdam à Lausanne, en suivant la rive droite du Rhin, on ne lui a pas demandé son passeport, il aurait pu apporter ce qu'il aurait voulu.

7 août. — Je fais mes visites sur mon âne, monture fort à la mode ici ; j'ai couru ainsi trois jours de suite, mais j'en ai été très fatiguée. Il serait d'ailleurs bien difficile de dormir et d'être tranquille quand on a Mme de Staël tout près de soi, qu'elle vous fait une scène le matin et qu'elle vous amuse le soir, Il faut que je t'en parle à fonds car il est possible qu'elle t'écrive, je l'y ai fort encouragée dans l'espérance que tu lui parleras bonne raison, sentiment vrai, dépouillé de tout le factice chimérique dont elle s'environne.

« Il y a déjà assez longtems que le pauvre Benjamin est très malheureux dans ses liens. Il m'a confié ses peines, son dégoût pour sa situation et le rôle qu'il joue, son besoin de tranquillité et d'une vie réglée. Tu comprends que le voyant à la fois malheureux, mal jugé et menant une vie que son âge et sa santé rendent tous les jours plus fâcheuse, je lui ai dit ce que la raison, l'honnêteté et la vraie amitié m'ont dicté. Il m'a encouragée en me disant que je lui faisais du bien, que je fortifiais son âme, et que s'il sortait de son état malheureux, il me le devrait. Il m'a laissé entrevoir en même tems que depuis longtems il n'estimait plus assez la dame d'aucune manière pour l'épouser avec plaisir, lors même qu'elle le voudrait bien.

« Comment, diras-tu, avec cette façon de penser, ne sait-il pas se retirer d'esclavage, se remettre à la place d'ami avec tous les bons procédés possibles ? C'est là ce qu'il voudrait faire, mais pour en comprendre la difficulté, il faut connaître le caractère passionné, la violence extrême, le despotisme et l'égoïsme de cette femme. Elle croit que son esprit lui donne le droit de régner sur le monde entier, elle veut des esclaves, et surtout Benjamin dont l'esprit lui convient plus qu'aucun autre. Elle déclare qu'elle le poursuivra jusqu'au bout du monde, et que, s'il lui échappe, elle se tuera… Elle lui a fait des scènes affreuses. Enfin il est parvenu à arriver chez Mme de Nassau où il s'est fortifié dans la résolution de sortir de cet indigne esclavage. Je n'ai pu que le consoler et l'exhorter à la fermeté et à la douceur, mais bientôt elle est arrivée, elle a loué pour un mois la grande maison Montagni. Elle a amené avec elle Mme Récamier, pour faire plus d'effet et de bruit, M. de Sabran, amant dédaigné, vaincu, attaché à son char après qu'elle aye tout fait pour le conquérir…

« Comme elle m'a fait dire qu'elle viendrait me voir et que je sortais, j'allais lui faire visite hier matin. Cela commença assez doucement. Lorsque nous fûmes seules, elle me prit violemment le bras, fit briller les éclairs de ses yeux, me dit que je faisais son malheur, qu'elle voulait t'en écrire et te prendre pour juge. Il me serait bien difficile de te rendre cette longue et pénible conversation, il me semble que j'eus plus de bon sens qu'elle. Je lui parlai avec la plus grande franchise. Elle me dit que plutôt que de perdre Benj., elle l'épouserait quand je voudrais.

« Elle vint ici le soir, il y avait du monde. Lorsqu'elle est quelque part, quoiqu'on aye bien envie de l'entendre et de jouir de son esprit, elle impose tellement que c'est à qui se reculera et se taira. Je me livrai un peu pour amuser la société, Benjamin s'y joignit, elle fut gaie, brillante, amusante. Elle doit revenir ce soir, je compte pourtant me retirer et me sevrer un peu de cette société.

« J'ai passé une bonne journée avec Lisette dans son *Coteau*. Le pauvre Victor pleure sa monarchie et s'indigne de son malheur avec une énergie qui, depuis le 10 août, aurait dû s'user un peu.

18 août. — Mme de Staël est toujours dans notre voisinage avec sa cour brillante augmentée du prince Auguste de Prusse, prisonnier en France jusqu'à la paix. Je l'ai rencontré quelquefois, je lui ai parlé de Victor, il le connaît et m'a répondu obligeamment.

« On m'a dit en conséquence que je devais lui faire quelque honnêteté et je les ai tous invités pour jeudi. D'Hermenches lui a donné un beau dîner, à Méseri, ce n'est pas qu'il n'aye rien d'intéressant, c'est un étourneau que le malheur de son païs, la mort de son frère n'ont pas rendu sérieux. Il est très amoureux de Mme Récamier. Ils vont nous jouer *Andromaque*. Mme de Staël fait Hermione, M. de

Sabran Oreste, Benjamin Pyrrhus, Mme Récamier Andromaque, ce sera très curieux. »

Le 8 septembre, Rosalie reprend : « Jamais Hermione n'a été jouée avec tant de vérité et de fureur », puis elle raconte la grande scène, citée en entier par M. Jean-H. Menos[136]. Nous aurions désiré renvoyer nos lecteurs à cet auteur, nous contentant d'en transcrire quelques fragments, pour montrer les préoccupations qui, en l'automne 1807, remplissaient l'âme de Rosalie, mais on nous assure que la page manquerait si nous la passions ; au reste elle est devenue presque classique.

« Un jour, d'assez bon matin nous voyons entrer Benjamin, il nous dit : « je vais à Coppet », puis il tombe dans un accès de désespoir qui t'aurait touché. Je pleurai de bon cœur. Ma Tante, Mme de Nassau se réunissent et il adopte le conseil de terminer sa situation en offrant à la Dame ou un prompt mariage ou une rupture à l'amiable. Il part, croyant avoir bien pris cette résolution, nous l'accompagnons de nos vœux de notre inquiétude.

« Le lendemain, avant neuf heures, nous le voyons arriver sur son cheval, tombant de fatigue. Il avait fait en deux heures et demi la route de Coppet. Il nous conte que pour répondre aux reproches qu'elle lui fit à son arrivée, il avait fait la proposition convenue. Elle y avait répondu en appelant ses enfans, leur précepteur, et en disant : « Voilà l'homme qui me met entre le désespoir et la nécessité de compromettre votre existence et votre fortune ». Benj. répondit à cette indigne accusation par des protestations formelles de ne jamais l'épouser ; alors elle se lève, se jette à terre en poussant des cris affreux, passe son mouchoir au cou pour s'étrangler, fit enfin une de ces scènes affreuses qui sont à son commandement et auxquelles le pauvre Benj. ne sait pas résister. Il fallut la consoler, la calmer, il eut la faiblesse de finir par des paroles de tendresse ; mais le lendemain il se réveilla de bon matin, l'horreur de sa situation le reprit, il descendit, il trouva son cheval dans la cour, il monta dessus et arriva ici sans s'arrêter. Nous lui faisons le bien que nous pouvons. Mme de Nassau qui l'aime beaucoup, tout en blâmant sa faiblesse, vint se joindre à nous pour le consoler, le fortifier ; lorsque nous eûmes fait ensemble un plan raisonnable, elle nous quitta.

« Benj. commençait à se tranquilliser lorsque nous entendons des cris dans le bas de la maison. Il reconnaît sa voix, mon premier mouvement fut de sortir de la chambre en la fermant à clef. Je sors, je la trouve à la renverse sur l'escalier, le balayant de ses cheveux épars et de sa gorge nue, criant : « Où est-il ? Il faut que je le retrouve ! »

« Je veux dire qu'il n'est pas ici, elle vient de le chercher en ville, ma Tante la relève, la mène dans notre chambre. Pendant ce tems, Benj. frappe à la porte du salon, il faut que je lui ouvre, elle l'entend, accourt, se jette dans ses bras puis retombe à terre en lui faisant des reproches sanglans.

« Je lui dis : « Mais quel droit avez-vous de le rendre malheureux, de tourmenter sa vie ? » Alors elle m'accable des plus cruelles injures qu'elle peut imaginer. Dans l'indignation de cette horrible scène, de la douceur de ma Tante qu'elle avait eu l'adresse de flatter et de ce que Benj. ne me défendait pas comme il l'aurait dû, je sors, je vais tout conter à Mme de Nassau. Je reste chez elle pendant qu'elle vient ici, mais elle ne vit point la furieuse, elle parla seulement à Benj.

« Pour résultat, elle l'a remmené à Coppet pour six semaines. Que dis-tu de cette fin ?... »

On comprend que ces scènes troublaient fort notre Rosalie. « Tout ceci, conclut-elle, me donne une grande passion pour la retraite. Ton amitié seule la combat. » Mais elle ne se laisse point envahir par une seule préoccupation, l'état politique de son pays la tourmente aussi : « Ne parle pas de notre Roi, continue-t-elle, n'écoute pas les bêtises qu'on dit là-dessus. Buonaparte a donné à la dernière Diète les plus formelles assurances qu'il n'y aurait point de changement à notre sort.

6 octobre. — Le bon Dieu a permis que j'aye reçu ta lettre du 2 septembre, c'est un bonheur inespéré dans ces tems-ci. Ils ont donné *Andromaque* à Coppet et ce pauvre Benjamin a si mal joué qu'on a dit à Genève : « Je ne sais si c'est le roi d'Épire, mais c'est bien le pire des Rois. » Il fait une tragédie qu'on doit jouer[137]. »

En 1808, la correspondance devint encore plus difficile ; le frère et la sœur tentèrent de bien des villes, jusqu'à Pétersbourg, pour faire passer leurs lettres. Rosalie écrivait mémoires sur mémoires à toutes les personnes influentes qu'elle imaginait pour faciliter le retour de son frère et de sa famille.

1er mars. — Je n'ai rien de toi que ton billet de Caen du 2 janvier que m'a envoyé M. Fr. de Lessert, ce billet m'annonce bien des lettres perdues et de toi et de moi, les miennes étaient par la voie de Hollande, ne nous laissons point abattre et faisons ce qu'il est possible de faire. C'est dans ce but que nous avons présenté une requête au Landamann de la Suisse, appuyée de fortes recommandations pour qu'il écrive en ta faveur à M. de Maillardoz, envoyé à Paris et qu'il protège ton retour. J'envoie aussi à Amsterdam, à Rotterdam des certificats d'origine et bourgeoisie suisses. Pour des passeports, on n'en obtient pas pour des absens. Il y a à Rotterdam un général Defei qui protège les Suisses. J'essayerai aussi de t'écrire par M^r le B. D. à C.

« Je viens de m'adresser au Petit Conseil pour obtenir un passeport.

12 avril. — Voici ma seconde lettre par Caen qu'on me renvoie. M. le B. dit qu'il est impossible qu'il t'envoye plus rien. Mes lettres et mes passeports sont comme les pantoufles d'Aboucasel qu'on lui rapportait sans cesse. Je donnerai tout pour savoir où tu en es. Ta dernière lettre était du 5 février.

22 juillet. — J'ai reçu il y a quelques jours ta lettre du 8 juin et aujourd'hui celle du 1er avril. Les passeports ont été adressés comme les lettres que tu as reçues. Sans doute qu'on ouvre les lettres et qu'on ne laisse passer que ce qu'on veut. Je vais essayer d'en joindre un à celle-ci en priant M. C. de te le faire parvenir. Si tu reçois cette lettre toute seule, sans doute qu'il n'y aura pas moyen de les envoyer. Enfin, pauvre mouche du coche, je t'assure que je n'épargne pas mes peines, et que je pourrais bien en crever avant que le coche ne fût arrivé, mais s'il arrive, ce cher coche, ce sera de joye que je mourrai. »

Finalement Charles se décida à se réengager pour un an dans sa maison de banque et Rosalie en fut pour ses fatigues. Une joie désintéressée lui vint de la réunion de ses deux frères en Angleterre. Victor y allait pour accompagner son jeune prince à Oxford.

Quant à Benjamin, voici le narré succinct que Rosalie, dans le *cahier vert*, fait de sa vie depuis que nous l'avons quitté, jusqu'à la crise qu'il allait traverser :

« Benjamin croyant voir en France un théâtre digne de son ambition et de ses talens, n'avait pas tardé à jouer un rôle ; devenu tribun du peuple, il prononça des discours éloquens qui font honneur à son esprit et à ses principes, mais, dans toute la bonne foi de son zèle républicain, il ne put supporter le despotisme qui renaissait. Il quitta la place même avant l'extinction du Tribunat, mais s'accommoda plus longtems du despotisme d'une femme qui le retenait par bien des liens, sans que leur attachement réciproque fût cependant assez fort pour s'unir indissolublement. Les lettres et l'étude étant un de leurs plus grands rapports, ils s'excitaient réciproquement à s'y livrer et vivaient dans une société qui les entendait et les applaudissait.

« Benjamin donna de grandes preuves de dévouement à son amie, il l'a suivie et défendue dans les dangers où elle ne cessait de s'exposer. Cependant, las de son despotisme, de ses infidélités, de la vie errante qu'elle lui faisait mener, et étant devenu très malade à Paris, il ne tarda pas à reprendre d'anciens sentimens et à acquérir plus de force pour se soustraire au joug sous lequel il vivait. Je sens qu'il serait difficile de faire une apologie d'une vie si agitée, si remplie d'événemens politiques et amoureux, mais, avec des passions vives, des circonstances contraires et un peu de faiblesse dans le caractère, on peut être jeté dans des routes bien différentes de celles que le cœur et l'esprit auraient choisies. Avec un esprit supérieur et de bons principes, on revient à la place qu'on aurait dû toujours occuper. C'est ce qu'on peut espérer de Benjamin. Son âge mûr et sa vieillesse répareront les agitations de sa jeunesse, et sa réputation d'homme vertueux et d'écrivain distingué se consolidera. »

Retournons aux lettres de Rosalie à ses frères.

1809. 8 août. — j'ai joui presque autant que vous mes chers amis de ce moment délicieux que tu peins si bien, cher Charles. Dieu vous rende le bien que vous m'avez fait par vos lettres charmantes. Oui, j'étais dans ce beau pré, je voyais courir les deux gentilles brunettes, je voyais les yeux bleus de Ninette et de Victor s'observer. La traversée si courte et si heureuse de Victor, quoique par le chemin le plus long, ne t'a-t-elle rien appris ? Peut-être à Oxford aurez-vous encore la bonne pensée de m'écrire ensemble.

19 septembre. — Ton opinion sur Benjamin me fait bien de la peine justement parce qu'elle a quelque chose de vrai. L'éducation et l'habitude sont contre lui, mais il y a au fond de son âme d'excellentes choses, c'est malheureux que les circonstances et un peu trop de faiblesse l'empêchent de se développer.

« Son histoire est si inouïe que je ne sais par où la prendre pour te la dire.

« Le fait est qu'il est marié depuis assez longtems avec une dame du nom de Hardenberg, qu'il avait connue et aimée anciennement à Brunswick et qu'il a retrouvée à Paris.

« Voulant secouer les chaînes de la dame de Coppet, il n'a cependant pas osé le lui dire d'abord. Enfin il a parlé et elle a fait de telles violences, de telles menaces de suicide et de tout ce qu'il y a de pis qu'elle a extorqué de tous deux une parole d'honneur de ne pas déclarer leur mariage jusqu'à une certaine époque, et qu'il restât encore à Coppet. Je ne connais point la dame ; depuis l'affreuse scène que je t'ai contée, je n'avais plus voulu de confidences. Elle fut ici l'année passée. Ils s'aiment extrêmement et pourraient être heureux s'ils étaient libres.

19 décembre. — Je suis fâchée chers amis de ce que vous me dites du mariage de Benjamin, d'abord on doit toujours se soutenir en famille, *ma morale ni ma prudence* ne s'en sont point mêlées. Je voudrais bien qu'il fût meilleur, mais si cette femme qu'il a déjà aimée lui convient par le caractère, s'il mène enfin une bonne vie, je m'en réjouirai. Je n'abandonnerai pas un ami parce qu'il se fait du mal à lui-même et qu'il se met dans une position difficile. Pour l'historique de la chose, je te dirai Victor, que le M. de Marenholz (1er mari) est mort, que le M. du Tertre (2e mari) rentré en France est devenu dévot, les prêtres se sont emparés de lui et lui ont persuadé que son mariage célébré à l'église protestante et avec une protestante n'était pas bon. Elle a d'autant mieux consenti à le rompre qu'ayant retrouvé Benjamin, elle a senti le prix de sa liberté. Il y a dans l'Évangile une femme qui a eu 7 maris et qui paraît très honnête. Elle est fort aimable, disent tous ceux qui l'ont vue. Cela pourrait donc aller si Mme de Staël ne faisait pas des choses incroyables. Ainsi, mes amis, ne vous mettez pas contre, il a déjà assez d'ennemis.

1810. 20 février. — Je t'ai dit que le mariage est publié et que Benjamin est à Paris, mais une dernière discussion d'intérêt qui ne pouvait se terminer qu'en présence de la dame de Coppet l'a obligé d'y revenir. Il est venu nous voir et après que je lui ai dit la vérité sans ménagement nous nous sommes retrouvés très bons amis.

« Le sucre et les denrées coloniales sont sans prix, ce qui renchérit bien la vie, les dettes sont à l'ordre du jour chez tout le monde. Je me tiens à quatre pour n'en pas faire.

12 avril. — Quelqu'un de Paris m'a conseillé une démarche auprès du ministre de la police pour obtenir une permission. Benjamin partait pour Paris, il s'est chargé avec empressement de cette démarche, il connaît particulièrement le ministre, il lui en parlera confidentiellement avant de faire une démarche officielle. Je lui ai remis un petit mémoire.

26 juillet. — Lisette s'est assez bien trouvée à Aix. Joséphine, la ci-devant Impératrice, y est, mais personne, vu la bassesse humaine, ne voulait la voir. C'était une raison pour Lisette d'y aller. Elle l'a trouvée aimable, intéressante, elle a une petite cour composée de six personnes très comme il faut, et encore le plus d'étiquette qu'elle peut... [138] »

Une grande joie allait emplir le cœur de Rosalie, joie hélas de courte durée mais qui n'en fut pas moins, un moment, intense et sans nuage. Le 25 octobre 1810, elle apprit que son frère avait débarqué à Morlaix, en Bretagne.

« C'est à genoux que je lis ta lettre pour remercier Dieu et lui demander sa bénédiction sur ce retour. Enfin ! enfin ! nous voilà sur la même terre, le grand fossé est franchi. »

Bientôt la famille Charles de Constant fut établie à *Saint-Jean*, le but des rêves du frère et de la sœur depuis toujours, mais hélas ce retour même fut un désappointement pour Rosalie ; elle n'était pas là pour accueillir les voyageurs comme elle avait accueilli naguère le Chinois. Sa santé et celle de Mme de Charrière, la mauvaise saison, un peu de timidité et de fierté la retinrent à Lausanne. Elle vint quelques mois après, elle revint, mais bien vite elle comprit que sa place ne serait jamais entre son frère et sa belle-sœur, et elle en éprouva une déception amère qui se devine à travers la correspondance qu'il fallut reprendre comme ci-devant.

Cette grosse désillusion n'empêcha pas la tendre sœur de fondre de plus en plus sa vie dans celle de son frère. Les intérêts, les plaisirs de Charles furent toujours plus les siens ; si elle ne fit « en présence réelle » que de courts séjours à *Saint-Jean* elle y vécut constamment par la pensée et le cœur. Ses lettres, à partir de ce moment, parlent presque plus de ce qui se passe à Genève que des événemens lausannois. Il serait donc plus simple, nous dira-t-on, de transcrire celles de Charles, mais cela nous entraînerait beaucoup trop loin.

Quant aux événements européens, il est évident qu'à part les réflexions qu'ils peuvent suggérer, ils tiennent beaucoup moins de place dans les lettres de Rosalie que lorsque son frère était en Chine, ou même en Angleterre.

Enfin, il faut l'avouer, à partir de ce moment un trait de son caractère se développa dans des proportions attristantes et jeta un voile gris sur les quinze années qui suivirent.

Rosalie reprochait souvent en plaisantant à Mme de Charrière de vouloir rendre les gens heureux à tout prix. C'était le contraire qu'on pouvait observer chez la nièce. Elle voyait ses proches malheureux en toute saison ; même lorsqu'ils jouissaient très sincèrement de leur lot, même lorsqu'ils avaient des éclairs de joie très réels, toujours elle percevait le nuage prêt à leur cacher le soleil. « Mon cœur se serrait, de cruelles craintes, des pensées attristantes m'étreignaient », telles sont ses expressions familières lorsqu'elle décrit une fête ou un moment heureux.

Charles était établi à *Saint-Jean*, s'étant acquis une fortune très suffisante ; il était estimé de ses concitoyens, entouré d'une épouse et de deux filles charmantes. Lisette jouissait avec ses amis les « saints » d'une béatitude complète. Au milieu de ses fleurs et de ses oiseaux, son *Coteau* où elle accueillait avec une grâce égale riches et pauvres, était pour elle un paradis. Pourquoi, ô bonne tante Rosalie, votre humeur chagrine vous les peint-elle malheureux malgré eux ? Un jour vous avez vous-même trouvé la clef du bonheur de Lisette ; que ne l'avez-vous gardée ! « Lisette, dites-vous quelque part, a une façon de voir les choses les plus fâcheuses comme des fragmens d'un grand et beau tableau dont l'ensemble nous est caché, qui lui fait trouver que tout est bien. » L'heureuse et chrétienne disposition que vous aviez là, tante Lisette ; puissiez-vous en avoir laissé quelque chose à vos arrière-neveux.

Et maintenant que nous avons fait en lieu et place de Rosalie sa loyale confession, nous ne reviendrons plus sur ces sujets attristants. Durant les années automnales qu'il nous reste à parcourir, nous choisirons plutôt les heures ensoleillées. Ce n'est point une tricherie, puisque nous avouons franchement laisser de côté les pages trop mélancoliques.

Il ne faut du reste rien exagérer. Rosalie eut beaucoup de bons moments. Outre les fréquentes visites de Charles et de ses filles, elle fit de son côté maints séjours chez ses amies, ou dans ces Alpes qu'elle aimait tant. N'oublions pas non plus les plaisirs que lui procuraient, que procuraient à son alentour sa sociabilité, son esprit, sa bonté. C'était toujours à elle qu'on recourait pour animer une réunion, improviser des vers, un proverbe, un air, recevoir quelque étranger de distinction.

Un beau jour pour Rosalie fut celui où elle reçut certain présent, certaine lettre. Voici en quels termes elle remercia l'expéditeur :

Chaumière près Lausanne, le 12 juillet 1811.

« Avec quel étonnement et quel plaisir j'ai reçu le beau présent de Monsieur de Saint-Pierre que sa lettre avait devancée de quelques jours[139]. Cette ancienne amitié si courte et presque fantastique n'est donc pas perdue ni oubliée tout à fait, voilà ce que j'ai senti d'abord et le plus vivement avant même d'ouvrir le paquet ; le plaisir d'avoir de vos nouvelles et le désir de savoir ce qui pouvait vous intéresser est venu ensuite. C'est avec ce sentiment que j'ai lu le préambule de *Paul et Virginie*. La manière toujours aimable dont vous parlez des femmes après avoir été marié deux fois me prouve que vous avez été heureux, que vous l'êtes encore. Il faudrait à une ancienne amie encore plus de détails sur vos enfans. Il m'est doux de penser que Paul et Virginie sont autour de vous travaillant à ressembler à leurs aînés, aux modèles charmans que vous leur avez donnés.

« Inspiré par Rousseau, vous êtes le premier qui de nos jours avez redonné du charme aux pensées religieuses et à l'observation de la nature, vous êtes… etc., etc.

« Vous avez peu écrit depuis la dernière fois que j'ai eu de vos nouvelles, j'ai toujours cherché à lire ce qui paraissait de vous, il y a un voyage en Silésie que je n'ai pas encore pu me procurer, mais je vous ai retrouvé dans vos discours à l'Institut prononcés il y a quelques années, j'en ai extrait des pensées consolantes sur ce que la vie a de passager et par conséquent de peu important. J'ai eu souvent besoin de saisir cette main que vous tendez à vos semblables avec tant de sensibilité, cependant j'aurais tort de me plaindre de mon sort. Depuis la mort de mon Père, je suis restée avec mon excellente Tante dans une agréable retraite, près des amis que j'aime. L'occupation de peindre toutes les plantes de la Suisse en écrivant à côté leur histoire et toutes les observations que je puis rassembler m'intéresse toujours davantage et ma vie ne suffira pas à la terminer, mais c'est sans aucun désir de publicité. J'ai tous les droits possible à la douce obscurité que j'aime et dont tout ce qui pourrait me tirer me serait douloureux.

« Ce portefeuille que vous voulez bien conserver est mal peint, j'ai honte en me le rappelant. Je commençais seulement alors à peindre les fleurs et j'avais toute la confiance de ceux qui ne savent rien. Celles que je place ici et que je viens de cueillir pour vous[140] ne valent guère mieux. J'aurais voulu y joindre quelque papillon, mais il pleut sans cesse, je ne puis en chercher et je ne veux pas renvoyer l'expression de ma reconnaissance et du plaisir que m'a fait le beau livre. Je dois bientôt aller passer quelques jours avec Mme de Montolieu, je le lui porterai, nous le lirons ensemble, nous admirerons ces beaux dessins qui ajoutent à l'illusion et au charme du récit.

« Adieu, Monsieur de Saint-Pierre, votre souvenir a embelli ma retraite ; il me serait doux d'y recevoir quelquefois de vos nouvelles par la poste, adressées tout simplement à Lausanne ; elles me parviendront plus sûrement[141].

On ne sait quel moyen M. de Saint-Pierre avait utilisé pour envoyer sa lettre et son exemplaire de *Paul et Virginie*. Rosalie en paraît un peu piquée. Quant à nous, nous avons été troublé par son paragraphe sur son amour pour l'obscurité. « Tout ce qui pourrait m'en tirer me serait douloureux. » Bonne tante, pardonnez-nous ! et d'ailleurs bien des gens vous connaissaient, vous aimaient déjà avant que nous ayons pensé à recueillir vos souvenirs. Ce que nous avons voulu, c'est qu'ils gardent de vous un souvenir exact, dégagé de toute légende.

Un long séjour à *Saint-Jean,* une visite de Benjamin et de sa femme, des indignations contre Mme de Staël, un voyage autour du lac avec Charles et ses filles firent passer le temps durant deux saisons.

Victor suivant toujours son prince, avait tout à coup quitté l'Angleterre pour l'Espagne, théâtre de la guerre entre les Français et les Anglais. La famille de Victor soupçonnait qu'il était aide de camp de Lord Wellington, mais il ne l'avait pas dit. On l'apprit enfin par une lettre d'un Vaudois également dans ces contrées.

« Voici ce qu'écrit le jeune de Rovéréa[142], de retour du Portugal, mande Rosalie à son frère en février 1812. « Je me fais une fête de la connaissance d'un compatriote de mérite, M. de Constant, aide de camp du général Wellington qui accompagne le prince d'Orange. »

« Tu comprends, continue Rosalie, qu'en lisant la prise de Ciudad Rodrigo je ne manque pas de croire qu'elle est due à notre cher Paladin. »

Nous arrivons à 1813, 1814, années si importantes pour l'Europe en général, pour Genève et la Suisse en particulier ; c'est bien devant ces grands événemens que s'efface toute personnalité, particulièrement celle d'une pauvre femme faible et malingre pour laquelle un voyage de Lausanne à Genève est une « affaire d'état ».

Plus que jamais en 1814, Rosalie vécut par la pensée à *Saint-Jean* menacé d'être bouleversé par les fortifications dont les Autrichiens voulaient entourer Genève. Grâce à sa plume facile, la bonne sœur envoyait mémoires sur mémoires. Le général Reynier, enfant de Lausanne, ami de Mme de Charrière, était mis à contribution, de même que toute personne influente de la connaissance de Rosalie ou de ses proches, jusqu'à la pauvre Impératrice répudiée !

La Restauration des Bourbons en France, l'indépendance rendue à Genève ne tiennent pas la place qu'on pourrait supposer dans les lettres de Rosalie, probablement parce que Charles venait la voir assez souvent à cette époque et que le frère et la sœur trouvaient bien plus agréable de se communiquer leurs impressions de vive voix qu'au moyen de la correspondance.

Le 18 juin 1815, jour de la bataille de Waterloo, Rosalie est encore fort en peine sur Genève et sur celui des

Genevois qui l'intéresse le plus. On sait que les Français menaçaient de reprendre cette ville à peine délivrée et qu'elle se préparait de nouveau à la défense :

« Votre courage, votre union vous rassurent, mais moi je souffre en voyant la guerre et les dangers s'approcher de vous.

« Cette rupture des communications est bien cruelle. On disait les Français à Carouge, mais les Autrichiens étaient attendus à Saint-Maurice pour se diriger aux environs de Genève par l'autre rive du lac. Qu'aurez-vous fait chers amis ? Avez-vous quitté *Saint-Jean* et *la Boissière*[143].

23 juin. — Jamais huit jours n'ont été si longs. Ce qui m'inquiète pour vous, ce sont les subsistances, ne peuvent-elles pas vous manquer ? *La Boissière* est bien plus près des Français que *Saint-Jean*. Et Victor, dans cette Flandre qui nous a déjà ravi un frère[144] !

« Le Savoyard qui nous vend des *chantemerles*[145] nous raconte le combat qui a eu lieu avant-hier au soir à Meillerie. Les Français, invités par les habitants, arrivaient par les montagnes, de Bonneville, lorsqu'ils ont rencontré l'avant-garde autrichienne. Le combat s'est engagé dans une route étroite. Les Français avaient un canon, ils ont fait plus de mal que les autres, ils ont eu 24 hommes tués et les Autrichiens 40. Les malheureux habitants se sont cachés dans les montagnes, les Français se sont retirés, les Autrichiens doivent être entrés à Genève hier au soir.

30 juin. — Ah ! quel soulagement que tous ces événemens ! Tout marche avec rapidité vers la fin de ce pénible état de choses. J'en suis à l'abdication de Napoléon en faveur de son fils, il n'est pas dégoûté, il n'y a pas beaucoup d'apparence que les alliés tiennent compte d'aucun membre de cette famille, ni que les Français veuillent continuer à subir les maux de la guerre. Je sens que je pourrais être le Don Quichotte de l'impartialité qui tient à tout ce qu'il y a de généreux dans l'âme, mais il y aurait bien des moulins à vent et surtout des moulins à paroles à combattre dans ces tems-ci.

« Tout a pris une autre couleur depuis ces dernières nouvelles. On n'a fait que des parties pour aller voir passer les Autrichiens sur l'autre rive. Cela vaut mieux que de les voir de plus près. D'Hermenche a vu la liste des généraux tués et blessés dans les batailles jusqu'au 19 et Dieu soit loué, notre cher Victor n'y est pas ! Je ne crois pas impossible qu'il aille à Paris. Il ne l'a pas revu depuis le 10 août.

2 juillet. — Tu es encore bien plus en guerre que je ne croyais. Quel spectacle que celui qu'on voit de la terrasse de *Saint-Jean* !

21 juillet. — J'ai entendu dire que c'était Benjamin qui, dans une très longue entrevue avec Buon. l'avait décidé à renoncer à sa place d'Empereur, à laquelle il aurait sacrifié encore bien volontiers beaucoup de milliers d'hommes. Si Benjamin a fait quelque bien, cela le consolera un peu de s'être trompé d'ailleurs et d'avoir fait dire bien du mal de lui. Je ne puis croire qu'il conservera sa place de Conseiller d'État.

28 juillet. — Vivat, cher Charles ! Voici ce qu'écrit Villars : « Le Roi [de Hollande] vient d'envoyer la décoration de l'ordre qu'il a récemment institué au duc de Wellington, au prince Blucher, aux deux princes d'Orange et au Quartier-Maître Général Victor de Constant Rebecque. Cette association est bien flatteuse. » Il ne nous manque que de savoir où est ce nouveau et vaillant chevalier.

4 août. — Nous allâmes mardi chez Lisette par un jour charmant. Son calme fait du bien. Elle tient table ouverte aux rouge-gorges dans son bosquet, elle les appelle, ils viennent boire, manger, s'ébattre comme s'ils étaient chez eux, c'est vraiment drôle à voir, cela lui fait un plaisir bien d'accord avec le reste de sa vie.

15 septembre. — J'ai bien peur que Benjamin ne soit dans le *Dictionnaire des Girouettes,* ne me l'envoie pas, s'il te plaît.

1816. 7 juin, — Nous eûmes l'autre jour la visite de La Harpe qui habite la maison Masset. Il y aurait peut-être de la bonne politique à le bien recevoir, parce qu'il pourrait avoir de l'influence et qu'il est impossible qu'il veuille le gouvernement de la populace, mais on s'en gardera bien.

« M. de Fleury qui revient toujours ici dit que la France est affligeante, que ce sont *les petites maisons* de l'Europe, que personne ne sait ce qu'il veut. On trouve que le Roi mange trop, que le duc d'Angoulême va trop à la messe, que le Duc de Berry n'est pas assez poli, Madame trop laide, etc, Tous les ministres sont faibles, même Richelieu, excepté Clarke. Il ne voit cependant pas de menaces d'explosion. Il m'a beaucoup parlé de Mme de Duras, tu sais que c'est elle qui me l'avait recommandé.

28 juin. — Je l'avoue, mon cher Charles, le soleil m'intrigue beaucoup, je suis sensible à ses rigueurs ; le globe porte la trace de plus d'une révolution, il peut en arriver encore…

« La jeune dame de Loys m'avait demandé à voir mon herbier, ce qui fut le prétexte d'un petit déjeuner. On se réunit dans le cabinet du jardin. La bonne Tante dans son fauteuil présidait et même servait, tout était fleuri. On monta dans le salon où un choix de l'herbier était rangé, on fit un peu de musique, puis ma Tante dit des vers de Gresset qui lui allaient si bien que tout le monde en fut touché. Enfin on se sépara au commencement de la soirée sans avoir trouvé le tems long.

« Je voudrais pouvoir te rendre une conversation que le hasard me fit avoir l'autre jour avec La Harpe.

« Après avoir fait chorus sur la beauté et les avantages de ce païs, je dis : — Il ne lui manque qu'un bon esprit, et je ne doute pas, Monsieur que vous ne puissiez avoir une heureuse influence à cet égard ».

La Harpe. — Si je me mêlais de quelque chose, je censurerais les deux partis, les mécontens et ceux dont on est mécontent ».

R. — C'est tout ce que vous pourriez faire de mieux, vous ne devez pas désirer que le païs soit gouverné par la classe la moins éclairée, dont les sentimens sont les moins nobles, etc. »

La H. — Non, mais cela doit changer. Dans tout païs les anciennes familles, les noms connus finissent par reprendre le dessus lorsque tout est en paix. Nos gens comme il faut n'ont pas senti le bienfait de l'indépendance. » (Là-dessus il me fit un tableau assez sombre et assez vrai de ce que nous étions sous les Bernois.)

R. — Nous avons tous éprouvé et senti le malheur d'une telle situation, mais vaut-il beaucoup mieux être exclu des places par ses concitoyens dont la plupart en sont indignes eux-mêmes ? »

La H. — Les nobles les ont méprisées et n'ont rien fait de ce qu'il fallait pour se faire aimer et connaître. Voyez ce qui se passait chez les Romains. Les Claudius et les Jules valaient bien nos meilleurs gentilshommes, je pense, eh ! bien, dans le tems des élections, ils se promenaient par la ville, abordant tous les passans, ils avaient avec eux un homme appelé le nomenclateur qui les nommait, racontait ce qui leur donnait le droit de prétendre aux places, etc. Voyez l'Angleterre et même les petits Cantons. »

— Ce qu'il y a de plus fâcheux, dis-je, pour la minorité où sont les honnêtes gens, en Grand Conseil, ce sont les mauvaises lois qu'on voit passer. »

La H. — Ah ! pour celles sur les *Lods*, c'est aux Anglais à qui nous la devons... S'ils avaient consenti à nous donner les fr. 1,700,000 qui nous étaient dûs par un compte clair, nous payions tout sans qu'un propriétaire perdît un sol. Il a fallu subir la loi du plus fort et je regrette comme vous que nous n'ayons pas eu la générosité de faire un sacrifice complet et de remplir un devoir. »

R. — Et celle sur les créances ? Les Genevois tous calculateurs trouvent que nous avons fait la loi la plus nuisible à notre prospérité. »

La H. — Je n'ai pas approfondi cette question, je sais seulement que nous sommes un peuple agricole et non commerçant et que nous ne pouvons avoir les mêmes intérêts que les Genevois. »

« Là-dessus nous fûmes interrompus. Il finit en me disant : « Les femmes peuvent faire beaucoup de bien en n'exagérant pas, en éloignant les personnalités et en faisant entendre aux hommes le langage de la douceur et de la raison. »

R. — Dans notre païs elles ont heureusement peu d'influence et sont rarement appelées à parler politique ; c'est vous, Monsieur, qui pouvez bien employer votre crédit et qui devez souhaiter que l'indépendance que vous avez contribué à assurer nous donne le bonheur. »

5 juillet. — Dans ce moment j'ai le roman de Benjamin, je ne connais encore que sa couverture jaune et sa Préface qui me rappelle tout à fait l'esprit de mon Père. J'aime autant croire l'histoire qu'il fait de son inconnu plutôt que d'y chercher la sienne, quoique je sois bien sûre qu'elle y est.

« Il m'a souvent parlé de son roman. Une fois, il voulait le faire venir pour me le lire. Une autre fois, il me dit que j'étais trop sévère.

12 juillet. — Nos amis de Loys viennent d'établir une chaudière à leurs frais qui fournit chaque jour 400 soupes aux familles pauvres qui souffrent de la cherté et de la disette du moment. De plus ils donnent aux communes environnant leur campagne les pommes de terre à $6\frac{1}{2}$ batz le quarteron, qui se vend partout à 13. C'est une belle manière de se distinguer, cela prouve la noblesse.

« Il me semble dans ma longue vie, après avoir entendu bien des gémissemens sur le tems, n'avoir jamais vu un été pareil.

« Tu avais raison, *Adolphe* m'a fait une vraie peine. Il m'a fait ressentir quelque chose de ce que l'histoire m'a fait souffrir. Ce n'est *elle* que sous le rapport de la tyrannie, mais c'est bien *lui*. Pauvre Benjamin ! je le crois un des hommes les moins heureux qui existent. Son esprit est si juste qu'il lui montre les conséquences des erreurs où l'entraînement et la faiblesse le conduisent. Chaque année j'espère que ce qu'il a de bon et de grand dans l'âme prendra le dessus et chaque année il me fait un nouveau chagrin. Dans le tems de ces terribles scènes, je me disais souvent : « s'il avait un véritable ami, si Charles était ici, il pourrait sortir de cette position critique. »

19 juillet. — Le gouvernement vend les grains à 45 batz, mais pas plus de deux quarterons à la fois. On dit qu'à Genève on a défendu le pain blanc. Il serait sage de le faire ici. Les *tourtelettes*, les petits gâteaux vont leur train, ainsi que les assemblées. Les voyageurs en Italie disent qu'il n'y a eu que trois jours de beau depuis six semaines et que la chaleur commence seulement.

30 août. — Rien n'est plus vrai que la torture de Fribourg. Ceux qui y sont allés pour le concert se croyaient reculés de deux siècles. En arrivant, on se trouvait en face d'un pendu sec depuis deux ans, puis le lendemain, on assistait à une prise d'habit dans un couvent. Le concert était comme réprouvé par l'Évêque et le gouvernement, ce qui a beaucoup contribué au manque d'ensemble et d'ordre dont on s'est plaint. À côté de cela, beaucoup de bonnes institutions du 19e siècle. Un Père Girard, cordelier, se trouve un de ces hommes animés du bien de l'humanité. Son école de Lancaster a des résultats étonnans.

18 octobre. — Voilà la bonne Tante installée dans le fauteuil de Gibbon qui va tout seul en avant, en arrière. Elle n'a pas voulu aller au jardin, elle commence toujours par être contre tout ce qu'on veut faire pour elle. Tu me dirais, — et tu aurais raison — qu'il faut laisser juger chacun de son plaisir. C'est ce que je fais tout en regrettant ceux qu'elle perd.

« Tous les jours il fait un peu plus froid, cependant je crois bien que je peux me rassurer sur le grand refroidissement et calmer mes craintes à cet égard.

8 novembre. — Je vis l'autre jour M. de Dampierre qui me donna une idée des exagérations du parti des Princes et du mécontentement de beaucoup de Français. Ils apprécient peu la sagesse de Richelieu et disent qu'il est gouverné par Pozzo di Borgo, lequel l'est par l'empereur Alexandre qui lui-même l'est par La Harpe, de sorte et qu'ainsi c'est nous qui faisons tout le mal et que la France, après avoir été bouleversée par les Genevois, est à présent influencée par le canton de Vaud. Cette idée me paraît passablement folle.

1817. 2 février. — Je viens à toi, cher Charles, le cœur brisé pour chercher dans le tien les plus vraies consolations. Nous avons perdu notre bonne Tante, notre amie, ma protectrice depuis vingt ans, et, nous pouvons bien le dire, notre bienfaitrice depuis notre première enfance…[146]

Nous avons laissé assez de place dans ces pages à la personnalité vivante de Mme de Charrière pour n'avoir pas besoin d'entreprendre ici son oraison funèbre.

Ce coup porta à Rosalie une atteinte cruelle dont elle fut longtemps à se remettre. Les attentions de son amie Mlle Philippine de Saint-Cierge lui apportèrent quelque adoucissement. Elle firent ensemble plusieurs séjours à la montagne, qui eurent sur l'âme affligée de Rosalie une action bienfaisante.

C'est précisément à Gessenay, pendant un de ces séjours que, le 30 juillet 1817, Rosalie apprit la mort de Mme de Staël. Elle n'allonge pas beaucoup, et nous résumons encore :

« Je lui pardonne de bon cœur les sots momens qu'elle m'a fait passer. Il me semble que je la juge avec impartialité. Quel dommage pour l'honneur de l'humanité qu'elle n'aye pas eu autant de grandeur dans l'âme que dans le génie. Le sentiment qui domine sur elle est une profonde pitié, car elle a souvent plus souffert que personne.

« J'ai dix fleurs commencées à peindre, j'y travaille avec passion... »

Mme de Charrière avait par son testament laissé à Rosalie son appartement de *Chaumière* pendant un an à partir de son décès. L'année écoulée Rosalie, après beaucoup d'hésitations, s'établit en viager au plain-pied de la maison de ses amis d'Arlens, rue de Bourg.

Elle y passa de tristes heures, n'ayant jamais pu s'habituer à la solitude et à la vie en ville, aussi ses amis se faisaient-ils un plaisir de l'accueillir chez eux. Constamment, pendant les beaux jours de l'été, on la réclamait à Vinzel chez Mme de Saugy, à Bussigny chez Mlle de Bottens, à Mézery chez les d'Hermenches, à Vernand chez les Polier, sans oublier *Saint-Jean* où elle fit des visites toujours plus fréquentes et longues.

La santé de Mlle de Constant était souvent pour elle une entrave. Lorsqu'elle était retenue chez elle, son pinceau lui faisait passer de bons moments.

C'est à cette époque qu'elle écrivit ses *Souvenirs sur Voltaire* que nous avons cités dans notre premier volume. La chambre d'amis fut souvent occupée par Charles et ses filles mariées toutes les deux ; enfin les amis lausannois et étrangers trouvaient toujours un grand plaisir aux heures passées dans son salon. Nous n'en voulons citer pour preuve que deux fragments de lettres écrites par Charles et par Rosalie le même jour ; on verra par là que son esprit et son cœur n'avaient pas vieilli.

De Charles à Rosalie.

Saint-Jean, 23 octobre 1821. — Bonstetten m'a donné de tes nouvelles. Il m'a dit tout le plaisir qu'il a eu dans ta société et m'a presque fâché en témoignant sa surprise d'avoir trouvé que tu as l'esprit fin, délicat et profond. « Personne de ceux à qui j'ai parlé de mon dernier ouvrage, m'a-t-il dit, ne l'a si bien lu que Mlle votre sœur. » Le cher homme tombe toujours de son haut quand il découvre que quelqu'un d'autre que lui a de l'esprit. Il m'a dit aussi qu'il a pleuré avec toi sur votre isolement mutuel. Il est vrai que, comme toi, il ne sait où donner de la tête tant il a d'affaires, et auquel courir, tant il est recherché et couru lui-même.

« Ce n'est pas la première fois qu'il m'a dit beaucoup de bien de toi et parlé du charme qu'il trouve dans ta société.[147] »

De Rosalie à Charles :

23 octobre 1821. — Tu seras surpris d'apprendre que j'ai consenti à aller à Lyon avec Mme Polier et à y passer quelques semaines avec elle. Elle a mis tout son esprit à me prouver que j'étais la seule personne qui pût lui faire du bien et lui rendre ce service d'une manière efficace. Je ne le crois pas, mais je ne puis que lui savoir gré de cette opinion. Enfin le sort en est jeté et ma parole donnée pour le 1er novembre[148]… »

Ce voyage qui conduisit les deux amies jusqu'à Marseille et se prolongea pendant quatre mois procura à Mlle de Constant des impressions mélangées, mais lui fit goûter au moins un grand bien-être en se retrouvant dans son petit logis. Avant d'y rentrer elle s'était arrêtée assez longtemps à *Saint-Jean.*

Les années suivantes passèrent sans faits saillants ni surtout brillants.

Le 12 mars 1825, nous trouvons ces lignes dans le *cahier vert* :

« Jour bien cruel pour moi, à 9 heures du soir, ma cousine, ma chère Constance est enlevée à ses enfans, à ses amis. Après une maladie très douloureuse, elle cesse de vivre et de souffrir sans autre agonie que les maux qui ont été en augmentant depuis trois mois. Puissé-je par la grâce de Dieu rejoindre bientôt les amis que j'ai perdus. »

On comprend combien ce coup fut douloureux pour Rosalie ; Constance était, comme elle le dit ailleurs, « sa plus ancienne amie, celle avec qui elle avait partagé peines, plaisirs, intérêts ». La santé de Mlle de Constant, déjà très affaiblie, en fut fort ébranlée. Il fallut presque un événement pour ranimer ses esprits abattus. Il se présenta précisément un an après que son amie avait été déposée dans la tombe.

Le 15 mars 1826, Mme de Duras, avec laquelle Rosalie avait conservé des relations amicales, lui écrivait pour lui recommander M. et Mme de Châteaubriand qui se proposaient de venir faire un séjour à Lausanne. Le vicomte de Châteaubriand avait quitté le ministère en 1824 pour rentrer dans l'opposition.

Rosalie se donna mille peines pour que les amis de son amie se trouvassent bien dans leur domicile d'occasion. Aidée par Mme Laure de Cottens, la fille de Mme d'Arlens, elle le leur trouva tout près d'elle, Laure mit toutes ses grâces à charmer René. On a dans la mémoire les lettres du dit à la dite publiées en août 1901 dans le *Correspondant*.

Au même moment, l'intérêt de toute âme sensible et juste était excité par les infortunes des Grecs. M. de Châteaubriand lui-même, atteint d'une crise de libéralisme, les protégeait hautement. Ces deux noms : Châteaubriand, les Grecs se retrouvent constamment dans les lettres de Rosalie.

De Rosalie à Charles :

17 mars 1826. — J'ai été fort heureuse à Vinzel sans m'y porter aussi bien qu'à *Saint-Jean.* Je trouvai lundi Lisette au coin de son feu, et sur ma table m'attendait une lettre de Mme de Duras avec un petit ballot contenant un joli présent. L'objet de la lettre est de me donner la commission de chercher une petite maison entre Lausanne et Ouchy pour… M. et Mme de Châteaubriand qui veulent y passer l'été. La simplicité et l'économie sont ce qu'ils désirent. Cela m'agite, je l'avoue. Châteaubriand est un des hommes célèbres que j'aurais eu le moins de curiosité de voir, je lui trouve une couleur de charlatanisme qui n'est pas la vraie sensibilité, mais il s'agit de faire ce que désire Mme de Duras.

« Il faudrait un bien grand mécontentement pour quitter ainsi le théâtre au risque d'être bientôt effacé. Il est sûr que la France devient odieuse à tout ce qui n'est pas le parti dominant.

5 mai. — Le tems d'aujourd'hui ne t'empêchera pas d'aller présider le concert pour les Grecs, ni moi de traverser le jardin et le chemin pour aller entendre dans notre nouvelle salle comment le zèle aura excité nos talens. L'empressement est très grand pour les Grecs dans toutes les classes, on fait des souscriptions pour de l'argent, des armes, des munitions, du pain. Nos dames ont fait de superbes récoltes, les plus pauvres ont donné. Le véritable Prince en tout ceci c'est M. Eynard.

12 mai. — Avant-hier, je m'habillais vers quatre heures pour faire quelques visites, lorsqu'on me dit : « M. de Châteaubriand est là, qui demande Mademoiselle ». Tu vois mon trouble, ma surprise, je ne pouvais plus trouver mes vêtemens, ni les mettre où il fallait. Enfin j'ouvre ma porte, et je vois un petit homme à cheveux grisonnans et hérissés, un long visage brun, de grands traits, une belle physionomie sombre, mais qui s'égaie par le sourire, et de belles dents. Notre abord fut animé et empressé au nom de notre amie et au sien. Il avait laissé sa femme au *Faucon* où il l'avait mise au lit. Je fis chercher Laure et ceux qui pouvaient nous aider. Elle s'empressa de lui être utile, de le mener voir des appartemens, et enfin, comme ils tenaient à la belle vue et à notre voisinage, nous les avons placés chez Sévery, où ils s'établiront ce soir. Laure fait tous les mouvemens dont je n'ai pas la force. Mme de Châteaubriand vint hier, c'est une ombre, une vapeur. Un peu courbée de faiblesse, pâle, blanche, de petits traits réguliers, quelque chose de très doux. Lui ne paraît Français que pour les complimens, l'extrême et presque gênante discrétion, mais non pour l'abondance des paroles. Cela le fait d'autant mieux écouter. Il paraît bien mécontent de l'état actuel de la France.

26 mai. — Je n'appris l'affreux malheur des Grecs qu'après t'avoir écrit. J'en ressentis une véritable douleur, mêlée de pitié, d'indignation. Le peu qu'on peut faire pour eux semble inutile. Dieu sait si même il leur parvient. J'allai le dire à mon voisin qui n'en tira ses cheveux que plus haut.

« Il s'est placé ici pour s'isoler un peu de tous les intérêts du monde et travailler à la grande édition d'où dépendent à ce qu'il dit sa fortune et son avenir.

« Mon Père a dit quelque part : « Est-ce que MM. les Génies aiment autre chose que leur génie ? » Je crois que le Vte le prouve plus qu'un autre. D'ailleurs une extrême politesse, descendant toujours ses trois étages pour m'accompagner jusqu'à ma porte, avec la prétention de l'insociabilité. Ils sont toujours parfaitement contens de tout, sans être à charge. L'idée que cette pauvre femme malade est tout le jour dans son donjon, sans autre ressource que de coudre ses robes et lire quelques romans m'y fait aller et leur mener ceux qui veulent y venir.

« On ne se relâche point pour les Grecs, on a imaginé une loterie d'ouvrages, je me suis engagée pour deux écrans. »

Les Châteaubriand restèrent à Lausanne quelques mois et Rosalie les vit beaucoup. Elle partit avant eux pour la montagne. On voit que ses soixante-quatre ans ne lui pesaient pas trop.

Devin près Bex, 19 juillet. — La vraie raison de mon escapade est que je me sentais malade. J'étais trop inutile à mon voisin pour qu'il me retînt. La veille de mon départ, sa visite fut de deux heures et son adieu amical. Ces bons Thomas sont tout empressement, il a quelques connaissances de minéralogie et de botanique. Leur jardin est si rempli des plantes que je désirais que j'en ai déjà peint et en aurai plus que je n'en pourrai dessiner.

« Voilà Thomas qui revient de la montagne avec des trésors, je te quitte pour en jouir…

3 août. — Avant-hier, je grimpai sur un âne escortée de Thomas et de Rosette, je gravis la petite montagne boisée qui me sépare de Bex, je traversai des bois touffus, je cueillis des fleurs charmantes et nouvelles, car chaque montagne a sa flore particulière, je parvins au Signal d'où je découvris une vue admirable.

1827. 16 février. — Charlotte Grenier ne m'a-t-elle pas fait faire un Proverbe pour un souper ? J'y ai fourré des Turcs et des Grecs. On dit qu'on le jouera dimanche et on veut que j'y aille. Je m'en garderai bien ! l'incognito serait compromis.

2 mars. — J'ai su que le Proverbe de dimanche fut fort gai, chacun ajouta beaucoup à son rôle ce qui le rendit plus long et plus joli.

« J'aimerais fort voir jouer chez les Eynard le *Bourru bienfaisant* et pour lui-même et pour le souvenir. Comme mon Père le joua bien ! Je voudrais que tu y eusses un rôle. Je crois que tu ôtes le petit grain de sel aux pauvres couplets que tu m'as demandés en les changeant. Votre fin me semble fort jolie, la mienne aurait été aussi bonne à souper, mais pour chanter au théâtre, la vôtre vaut mieux, c'est bien sincèrement que je vous trouve plus d'esprit qu'à moi.

23 mars. — C'était avant-hier le bal de Mme Rivier au Casino, j'avais bien résolu d'y passer une heure. J'avais fait faire un bonnet, je m'étais fait coëffer à mille boucles. Quand vint le moment, je ne puis pas me décider à porter tout cela dans ce foyer de lumières et de beautés. Les réflexions de Mme de Genlis sur la vieillesse me revinrent. Je mis mon chapeau et j'allai jouer au tric-trac chez Mme de Montolieu. On dit que c'était charmant. Toutes les plus vieilles que moi jusqu'à 85 ans y étaient, délicieux souper à minuit.

24 avril. — On m'accuse de me fatiguer à ma cave et à mon grenier, on me fait bien tort, car je n'ai ni l'un ni l'autre, comme tu sais. Ce sont les affaires extérieures, les gens malades ou autres que je voulais voir avant de partir qui m'ont abîmée. Enfin que veux-tu ? Le mal est fait. Tu n'as pas besoin de me peindre ce joli tableau de *Saint-Jean*, il est devant mes yeux et devant mon cœur. Tout s'était réuni pour le plaisir de mon trajet de mercredi, le tems, ce spectacle dont je me réjouissais, mes amis de Vinzel qui s'embarquaient à Rolle pour être avec moi jusqu'à

Genève… Scholl me dit que je ne dois pas bouger cette semaine.

« Les deux demoiselles Calcoen [allées à Genève sans Rosalie] ont été parfaitement contentes. Tu les as fait beaucoup rire, tu as joué à merveille. La troisième, fi donc ! ne va qu'au spectacle de Malan et non à celui de M. Eynard.

« Je crois bien que tu as raison, il faut aller jusqu'au bout le moins mal possible. On se relève avec quelque playe de plus et faculté de moins, Dieu le veut.

« Je n'ai jamais été plus tranquille intérieurement qu'à présent, et c'est le bonheur de mon âge. »

C'est un bonheur aussi pour nous, comme c'en dut être un pour son frère, que de voir cette bonne parole tomber de la plume de Rosalie. Malade comme elle l'était, elle avait enfin trouvé la paix et elle n'en était que plus aimable. Notons encore ces quelques lignes :

26 août. — Tu es charmant, mon cher Charles, ta lettre m'a presque fait pleurer. Cette bonté qui m'appelle pour partager ce qui te fait plaisir avec un vrai accent d'amitié me va au cœur. J'en jouis dans ma retraite tranquille, car je vis à Lausanne comme si j'étais à la campagne.

« Comme je crois à la durée de l'âme, je ne conviendrai jamais que l'âge puisse la refroidir. Tout ce qui s'éteint n'était pas elle, mais les mouvemens, les expressions changent et se calment. Aimer et le besoin d'aimer s'accroissent au contraire. On se soumet, on se tourne vers le ciel. Voilà tout ce qu'on peut faire et ce dont il faut remercier Dieu. »

Et maintenant vive la vie à 65 ans ! les jouissances diverses se cueillent à pleines mains.

4 septembre. — Dimanche je pris mon âne et m'en allai à Pully entendre prêcher le fils de M. Scholl. Je n'ai jamais vu la nature aussi belle, aussi riche de verdure et d'ombrages. Plusieurs personnes pleurèrent dans l'auditoire. Le prédicateur peignit la douceur qu'on éprouve en exposant à Dieu ses peines, son repentir, sa grande imperfection en espérant tout de sa miséricorde. Le retour par Chamblande fut délicieux.

« Je suis allée aussi un de ces beaux jours déjeuner avec Lisette sous son noyer. En rentrant j'appris que la jeune dame de Loys m'avait apporté un billet pour le spectacle de sa Tante au Casino de Morges. Cela me parut si curieux que je n'hésitai pas à l'accepter. Ah ! Voilà un Casino ! un bâtiment public ! C'est autre chose que le nôtre qui n'est qu'un cabinet à côté… Ils sont à Morges plus sages que nous.

« On était reçu par la cour d'Otrante[149] pour ne pas dire Fouché, excepté l'héroïne, qui se réservait pour nos plaisirs. Les pièces furent l'*Héritière,* jolie comédie moderne dans le genre Marivaux, puis *Le Savetier et le Financier,* proverbe où on a su faire passer le sel et la profondeur de La Fontaine et qui fut admirablement joué. Je ris encore en passant aux chansons du savetier. Mme d'Otrante était une charmante Margot. La société de Morges piquait aussi ma curiosité. On se connaît peu d'une ville à l'autre. Quelque chose d'étroit dans les coudes, dans la parure distinguait les femmes. Les hommes, et il y en avait beaucoup, me parurent mieux. Enfin cela fut une drôle de soirée qui nous fit revenir bien avant dans la nuit et qui ne pourrait se répéter.

21 septembre. — L'ouvrage de Benjamin[150] est un beau livre, les détails mythologiques m'ennuient, mais il y a des paragraphes qui me font plaisir. La marche de ses opinions m'est bien connue et je trouve qu'il y a de la foi à continuer. Son sentiment en faveur du christianisme n'est pas douteux.

« Sa description de la mort matérielle et pour ce monde est bien énergique et vraie. Pour moi qui l'ai vue toute ma vie comme un terme inévitable, j'y ai pensé tous les jours, cela ne m'a pas dégoûtée. Le tems que rien n'arrête, qui a déjà emporté tant de jours, tant de choses, que j'aurais voulu retenir quelquefois, ne m'abandonnera pas et je ne désespérerai pas. Celui qui m'a appelée à vivre me laisse dans une tranquillité pleine d'espérances.

« Je ne puis trouver qu'il faille tant de courage pour franchir ce pas inévitable. La curiosité me pousse et la foi me soutient. »

Rosalie fit à *Saint-Jean* un séjour de plusieurs mois qui durent être bien doux au frère et à la sœur. Elle y jouit de son intimité avec sa belle-sœur, ses deux nièces et ses petits-neveux, et elle se laissa soigner par eux tous avec délice. Elle fut reçue en mars à Lausanne par sa chatte et ses amis qui lui firent fête.

Pour les élégantes, voici une description de toilette qui les amusera :

1828. 14 mars. — Hier, Laure et Sophie vinrent me faire voir en passant leurs parures de bal que je trouvais très jolies. La mère avait une espèce de toque de velours noir avec une grande plume blanche faite en filet, elle était vêtue d'un grand schall brun à belle bordure qui faisait une robe complète, rattachée sur l'épaule par une belle agraffe, du satin blanc dessous. Cette parure singulière était très élégante. Sophie était en gaze bleue, imprimée en petits dessins de velours noir. Le bal était chez des Anglais qu'on aime beaucoup ici, riches négocians de Smyrne. Le jeu y fut vif. On dit que tous les naturels du païs jouent très gros jeu. Comment cela finira-t-il ?

18 mars. — Je suis bien riche aujourd'hui. J'ai des lettres de mes deux frères, Celle du général[151] est du 10 mars, il se complaît dans sa solitude à La Haye, mais si la trompette guerrière sonne dans l'Orient, que de démarches il fera pour s'y rendre !

17 juin. — Cette saison est celle où tout le monde traverse notre païs. On revoit tout à coup des gens qu'on n'attendait guère. Je vis l'autre jour un Français émigré qui a été presque élevé ici avec sa mère et un Commandeur que nous voyions beaucoup. Ce petit garçon qui assure qu'il a 40 ans aujourd'hui était de toutes nos folles petites fêtes[152]. Il est revenu plein d'amitié. Je me suis rappelé que Mme de Genlis, qui parle de tout dans ses mémoires, dit qu'il est l'homme de France qui lit le mieux. Je m'en promettais beaucoup de plaisir un soir que j'avais quelques personnes, mais Adrien en amena d'autres qui firent de la musique[153]… »

Et c'est ainsi, tout en devisant, tout en visitant ses amis, en se laissant soigner par eux, les pleurant quand ils lui faisaient le chagrin de mourir avant elle, que notre septuagénaire s'approchait de la tombe.

À mesure que son front se ridait, il se rassérénait aussi. Ses relations avec sa sœur, sa belle-sœur lui procuraient beaucoup plus de joie que naguère, et c'est du fond du cœur qu'elle s'associa à la douleur de son frère Charles quand il perdit une épouse tendrement aimée.

M. de Constant souffrit à tel point de ce déchirement qu'il ne put plus supporter d'habiter son cher *Saint-Jean* sans celle qui en faisait la joie. Il donna cette propriété à ses filles et s'en alla vivre dans une petite maison appelée *Sous-Terre* que dominait celle de *Saint-Jean* et que baignait le

Rhône. C'est là qu'il appela sa sœur à venir l'entourer et le consoler. Rosalie, de plus en plus faible, avait besoin comme lui de soins et d'affection.

Voici ce qu'elle écrit dans son vieux *cahier vert* le jour même de son départ de Lausanne.

5 octobre 1830. — Adieu belle et grande nature qu'on ne peut pas se lasser d'admirer, enceinte des Alpes qui termine le lac et d'où la vue et l'âme s'élèvent jusqu'au seul séjour du calme et de la paix. Adieu maison où d'excellens amis avaient voulu me donner un asile près d'eux et où ils m'ont laissée ! Adieu société de Lausanne légère, accueillante, bienveillante. Quelques jolies soirées, quelques plaisirs inattendus, de grands disparates, des étrangers intéressans, des amitiés passagères ont rempli ces treize ans[154] qui me laissent des souvenirs agréables mais peu de racines ni de regrets profonds.

« Ma sœur est heureuse par le calme qui remplit son âme, Dieu veuille la bénir et permettre que je la retrouve un jour. »

Après un court arrêt à Vinzel, « j'arrive à *Sous-Terre*, continue le *journal*. Une vie nouvelle va commencer pour moi à l'âge où tout finit. Je me sens heureuse de vivre avec mon frère.

« Le 8 décembre, mon cousin Benjamin meurt à Paris à 63 ans, d'une maladie douloureuse aggravée par les agitations politiques et le chagrin de ce qu'une légère différence d'opinion éloigne les amis auxquels il tenait le plus. Malheureuse célébrité qui lui a donné bien peu de bonheur ! Mettre ce qui est le plus sensible en nous, les sentimens, l'amour-propre, à la merci de la foule injuste, partiale, mal éclairée, n'est-ce pas une grande erreur ? Les grandes, les bonnes actions n'en sont jamais une. Il en a fait, il a sauvé des innocens, il a voulu ce qu'il a cru le bonheur de l'humanité, il lui a consacré l'esprit supérieur, le grand talent qu'il avait reçus de la nature. Je le regrette, je l'ai aimé depuis son enfance et il était sensible à mon amitié.

1831. 15 mars. — Victor nous a écrit ses adieux partant de La Haye pour l'armée, ses trois fils prêts au combat, deux sur terre, un sur mer[155]. »

Avril. — Vente de *Saint-Jean* par les enfans de mon frère. Adieu séjour de notre enfance, vue ravissante, ensemble d'agrémens qu'on ne voit nulle part ainsi réunis. Terre cultivée par mon Père, héritage de nos parens maternels depuis plusieurs générations, adieu ! Rien n'est stable. Notre Sauveur est venu nous apprendre qu'il est dans une autre existence des demeures plus solides. Comment les mériter ? la grande bonté de Dieu peut seule nous y conduire.

23 mai. — Arrivée de M. et Mme de Châteaubriand aux Pâquis. Le 14 juin, ils ont passé la journée à *Sous-Terre* avec Mme Necker de Saussure et avec Sismondi, Bonstetten, Diodati, etc. Ils sont repartis en octobre pour retourner à Paris. Ils sont revenus le 12 septembre ; le 5 novembre, apprenant que la duchesse de Berry était arrêtée, M. de Châteaubriand est reparti pour Paris, en offrant de la défendre. »

Nous avons retrouvé quelques lettres de M. et Mme de Châteaubriand à Rosalie et à son frère, mais elles n'offrent rien d'intéressant. Une seule fois les *Mémoires d'Outre-tombe* font mention de cette relation : « M. de Constant, cousin de Benjamin, y lit-on, et Mlle de Constant, vieille fille pleine d'esprit, de vertus, de talens, habitent leur cabane de *Sous-Terre* au bord du Rhône… »

C'est peu à côté de toute la peine que Rosalie s'était donnée à Lausanne pour le Vicomte et son épouse. Rosalie et Charles avaient eu aussi la bonté de garder chez eux une précieuse caisse de manuscrits qu'il était plus prudent de ne pas ramener en France. Elle fut rendue à son possesseur après la mort du frère et de la sœur par M. Rigaud de Constant.

Lisette vint faire plusieurs séjours à *Sous-Terre*. Au mois d'août 1834, elle tomba dangereusement malade au *Coteau* ; sa sœur, très faible elle-même, accourut auprès d'elle et s'établit dans une pension d'étrangers à *La Barre* près Lausanne.

« On la vit dès lors, nous dit un témoin oculaire, gravir journellement un sentier escarpé et pierreux, braver la pluie, le brouillard, les premiers froids d'automne. Lorsque ses forces ne lui permettaient pas de marcher, elle se faisait traîner dans une petite voiture d'enfant ou porter par un homme. Elle restait toute la journée auprès de sa sœur, quelquefois la nuit[156]. »

C'est ainsi que Rosalie passa plusieurs mois dans des alternatives de crainte et d'espoir, sa propre santé déclinant de jour en jour sous le poids de la fatigue et du chagrin, et c'est durant une de ses veilles qu'elle écrivit ces quelques vers que nous ne notons que pour donner une idée de ce qu'étaient pendant les derniers mois de sa vie les pensées de notre Rosalie.

De la Barre, août 1834, après une nuit douloureuse pour toutes deux.

> Ô jours, ô derniers jours de souffrance infinie,
> Nous existons encore, mais ce n'est plus la vie.
> Du flambeau qui s'éteint s'échappe lentement
> La flamme qui vacille et n'a plus d'aliment.
> Le soleil a déjà dépassé la montagne,
> L'obscurité s'accroît, mais la foi l'accompagne.
> Grand Dieu ! daigne bénir le moment solennel
> Où parvenue enfin au séjour éternel,
> À force de souffrir, l'âme purifiée
> À ta miséricorde humblement s'est fiée.
> . . . .
> Lise, je crois revoir en leur vivacité
> Tes yeux noirs de velours, et ta grâce légère.
> Hélas ! tu n'as pas eu le bonheur mérité,
> J'ai pleuré ce bonheur, il m'était nécessaire… »

Nous le savons, ce bonheur que lui refusait sa sœur, Lisette le possédait pleinement, et, malgré les souffrances qu'elle endurait, elle ne laissait échapper que des paroles d'amour et de reconnaissance.

À l'approche de l'hiver, on put transporter Lisette dans son petit pied-à-terre de Lausanne, où elle était plus près de ses amis. Alors Rosalie, harassée, crut pouvoir revenir à Genève auprès de son frère qui l'attendait dans un petit appartement qu'il venait de louer pour eux deux à la rue des Belles-Filles. Elle y arriva presque mourante, on l'y soigna pendant quelques jours, et le 27 novembre elle s'éteignit entourée des siens, soutenue par le Pr Diodati. Sa sœur devait lui survivre trois ans ; son frère fut enlevé subitement, pendant un séjour qu'il faisait à Londres, le 15 juillet 1835.

Peu d'années avant sa mort, Rosalie avait fait à *Sous-Terre* une grave maladie. C'est alors qu'elle jeta sur le papier quelques vers inachevés. Nous tenons la feuille jaunie qui les contient de la propre nièce de notre grand'tante, celle même qui a inspiré ces pages. Elle nous les remit les larmes aux yeux peu avant qu'elle-même aussi ne gagnât les demeures éternelles.

« J'existe ou plutôt je végète,
Tout en végétant je regrette
De n'être pas encor au port.

Tranquilles rives de la mort
Pour moi vous n'avez rien d'austère,
Eh ! n'ai-je pas sur cette terre
Assez souffert, aimé, pensé,
Reculé, puis recommencé ?
Trop peu de bien fut mon ouvrage
Et j'eus trop de maux en partage,
Mais, ô Dieu ! ta grande bonté
Laisse un appui dans la faiblesse.
Ah ! qu'il est doux dans la détresse
D'accéder à ta volonté !
Là-haut parmi les noirs nuages
Je vois reparaître l'azur,
Par de là ces lointaines plages
Je crois entendre un son très pur.
Voici, l'Éternité s'avance.
Bientôt, encor un court instant,
Plein amour, pleine connaissance,
Au port, c'est là ce qui m'attend.
Ô vous dont l'amitié fidèle
Sur mes jours répand la douceur,
Et toi dont la main fraternelle
Met quelque baume à ma douleur,
Vous soutenez mon espérance,
Ah ! voyez ma reconnaissance,
Soyez bénis…… »

Et maintenant le moment est venu de dire adieu à cette amie que nous avons suivie du berceau à la tombe. Nous avons essayé de donner d'elle une idée aussi exacte que possible. Son portrait, presque toujours peint par elle-même, nous l'avons placé dans son cadre naturel, entre ses parents et ses amis, dans le pays qu'elle aima. Par l'intérêt qu'elle prit à tous les événements auxquels elle assista, elle avait droit à une petite place dans l'histoire de son temps, puissions-nous la lui avoir acquise.

---

1. ↑ MCC. Bibl. de Genève.
2. ↑ Mme de Crousaz fut plus tard Mme de Montolieu. — L'orthographe du manuscrit est conservée.
3. ↑ MCC. Bibl. de Genève.
4. ↑ Avec Mlle de Lynden, de La Haye.
5. ↑ *Journal à Victor.*
6. ↑ MCC. Bibliothèque de Genève.
7. ↑ Publié en 1888 dans le *Journal de Genève.*
8. ↑ MCC. Bibl. de Genève.
9. ↑ *Journal à Victor.*
10. ↑ MCC. Bibliothèque de Genève.
11. ↑ Un tremblement de terre avait bouleversé ces pays.
12. ↑ M. de Charrière, le mari de l' « Ange » de Charrière, était colonel, il devint général au service de Sardaigne.
13. ↑ La *Société littéraire* avait été fondée en 1772 par M. Deyverdun.
14. ↑ MCC. Bibl. de Genève.
15. ↑ *Journal à Victor.*
16. ↑ *Journal à Victor.* Un des « autres » ouvrages de M. de Constant que Rosalie préfère à ses romans est probablement un catéchisme intitulé *Instructions de Morale* qu'il écrivit d'après un plan proposé en 1783 par l'Académie française, et qui fut publié en 1785 et réédité plus tard.
17. ↑ Cahiers verts.
18. ↑ *Journal à Victor.*
19. ↑ Gratien de Gallatin fut tué à l'âge de 23 ans, à l'armée de Condé.

20. ↑ *Journal à Victor.*
21. ↑ On voit bien que le grand ami de Ferney à ce moment était mort et enterré.
22. ↑ *Journal à Victor.*
23. ↑ *Journal à Victor.*
24. ↑ Cahier vert.
25. ↑ *Journal à Victor.*
26. ↑ MCC. Bibl. de Genève.
27. ↑ Fille de la marquise Gentil de Langalerie.
28. ↑ *Journal à Victor.*
29. ↑ Cette propriété fut vendue le 18 mai 1791 à M. P.-Fr. Tingry, lequel la légua à l'Académie de Genève (Archives de Genève).
30. ↑ *Journal à Victor.*
31. ↑ *Journal à Victor.*
32. ↑ Probablement le prince héréditaire de Brunswick, qui était à ce moment à Lausanne pour son éducation et prenait des leçons du Dr Tissot.
33. ↑ MCC. Bibliothèque de Genève.
34. ↑ *Journal à Victor.*
35. ↑ *Journal à Victor.*
36. ↑ *Journal à Victor.*
37. ↑ *Journal à Victor.*
38. ↑ *Journal à Victor.*
39. ↑ La duchesse de Bourbon, était la sœur de Philippe Égalité. Le comte Ducos, qui a publié en 1900 un ouvrage sur cette princesse, ne mentionne pas le séjour qu'elle fit à Genève.
40. ↑ C'est la comtesse Julie de Sérent, qui fut dame d'honneur de la Duchesse de Bourbon.
41. ↑ *Journal à Victor.*
42. ↑ *Laure*, nouveau roman de Samuel de Constant, en 7 volumes.
43. ↑ MCC. Bibliothèque de Genève.
44. ↑ MCC. Bibliothèque de Genève.
45. ↑ MCC. Bibl. de Genève. Cité dans le journal de Genève 1888.
46. ↑ MCC. Bibl. de Genève.
47. ↑ Orthographe conservée.
48. ↑ MCC. Bibl. de Genève.
49. ↑ Dont il a été déjà question plus haut.
50. ↑ Journal à Victor,
51. ↑ MCC. Bibl. de Genève, 1er sept. 1804.
52. ↑ MCC Bibl. de Genève.
53. ↑ Autre propriété de son père.

54. ↑ Mme de Montolieu. Ce roman était intitulé *Caroline de Lichtfield*.
55. ↑ Lettre du 20 janvier 1787, citée par Gaullieur dans son *Étude sur l'Histoire littéraire de la Suisse française,* et en partie par Ph. Godet, dans son *Histoire littéraire de la* Suisse romande.
56. ↑ Cahier vert. 1800.
57. ↑ Le 28 avril 1789, le peuple de Genève avait pris les armes contre le gouvernement qui avait élevé le prix du pain.
58. ↑ MCC Bibl. de Genève.
59. ↑ L'orthographe est conservée. C'est Mlle de Kramm qu'il aurait fallu écrire.
60. ↑ Nous les passons à dessein, puisqu'on ne les connaît que trop.
61. ↑ M. Necker avait acheté le château de Coppet en 1784.
62. ↑ MCC. Bibl. de Genève.
63. ↑ MCC. Bibl. de Genève.
64. ↑ Gérard, marquis de Lally Tollendal était le fils de celui qui se signala aux Indes sous Louis XV et fut mis à mort à la Bastille pour récompense de ses efforts. Voltaire le défendit inutilement. Son fils dont il est question ici s'était retiré à Coppet lors de la révolution. Rentré en France en 1792 il fut arrêté, s'échappa et s'en alla en Angleterre.
65. ↑ La femme et la belle-mère de Charles. Ces lettres sont de 1806.
66. ↑ MCC. Bibl. de Genève.
67. ↑ Orthographe conservée : nous respectons toujours l'orthographe des lettres et journaux que nous citons. Nous avons seulement cru bien faire de remplacer partout les *ois* par *ais*.
68. ↑ MCC. Bibliothèque de Genève.
69. ↑ MCC. Bibl. de Genève, ainsi que les suivantes.
70. ↑ Cette lettre appartient à Mlle L.-E. Rilliet, qui a bien voulu nous permettre de la copier.
71. ↑ MCC. Bibliothèque de Genève.
72. ↑ Bibl. du Havre. Dossier n° 144, folio 12 des papiers de Bernardin de St Pierre.
73. ↑ Rosalie de Constant ne connaissait pas encore Mme de Staël à cette époque.
74. ↑ Courbevoie : lieu de casernement de la garde suisse.
75. ↑ MCC. Bibliothèque de Genève.
76. ↑ M. Achard.
77. ↑ M. Samuel de Constant.
78. ↑ Probablement Benjamin.
79. ↑ MCC. Bibl. de Genève.
80. ↑ MCC. Bibl. de Genève.

81. ↑ M. Gallatin avait précédé de peu sa femme et sa fille dans la tombe.
82. ↑ On sait que Pregny était rattaché au Pays de Gex. Le Seigneur de Pregny dont il est fait mention ici était un descendant du président de Brosse qui avait loué à vie le château de Tournay à Voltaire. La propriété Gallatin était, croyons-nous, celle qui porte encore aujourd'hui le nom d'*Île Calvin*. Nous devons ce renseignement à l'obligeance de M. Albert Sarasin.
83. ↑ MCC. Bibl. de Genève.
84. ↑ La paix avec les États-Unis d'Amérique.
85. ↑ Date de la lettre de Rosalie citée plus haut.
86. ↑ MCC. Bibl. de Genève. Publié dans le *Journal de Genève*, 1888.
87. ↑ Bibl. du Havre. Papiers de Bernardin de Saint-Pierre.
88. ↑ Cahier vert.
89. ↑ Nous conservons l'orthographe.
90. ↑ MCC. Bibliothèque de Genève.
91. ↑ Une branche de la famille Necker se faisait appeler de Germany.
92. ↑ Paris. Albert Savine, 1888, I vol. in-12, 598 p. 3 fr. 50.
93. ↑ MCC. Bibl. de Genève, ainsi que les lettres suivantes.
94. ↑ MCC. Bibl. de Genève.
95. ↑ MCC. Bibl. de Genève.
96. ↑ *Sophie, ou les Sentiments secrets,* comédie en vers de Mme de Staël.
97. ↑ Juillet à septembre 1896.
98. ↑ Le baron de Staël.
99. ↑ MCC. Bibl. de Genève.
100. ↑ MCC. Bibl. de Genève, lettre du 8 sept. 1807.
101. ↑ De l'Influence des Passions sur le Bonheur des Individus et des Nations. — Lausanne et Paris, 1796.
102. ↑ Charles était retourné en Angleterre pour suivre son procès.
103. ↑ Ceci est relatif au procès de Ch. de Constant au sujet du bâtiment l'Etrusco qui avait été saisi.
104. ↑ La fille de Mme Necker, qui devint Mme Turrettini.
105. ↑ On le lit au bout de 105 ans.
106. ↑ Cérémonie pour prêter serment de fidélité aux envoyés de Berne
107. ↑ Le gouvernement de Berne.
108. ↑ MCC. Bibl. de Genève.
109. ↑ Le comte Adrien de Lezay Marnézia.
110. ↑ Il mourut à Paris le 30 déc. 1798.
111. ↑ Le Bas-Valais avait été jeté dans la misère par le séjour des troupes françaises.
112. ↑ Rosalie née le 2 juin 1799.

113. ↑ *De la littérature considérée dans ses rapports avec les institutions sociales.*
114. ↑ MCC Bibl. de Genève.
115. ↑ MCC. Bibliothèque de Genève.
116. ↑ Une dame danoise qui voyageait avec M. de Bonstetten, ancien Bailli de Nyon. Elle a publié un volume intitulé : *Briefe von Bonstetten an Friedericke Brun.*
117. ↑ Les troupes françaises s'étaient retirées au mois d'août, leur départ fut le signal d'un soulèvement général.
118. ↑ La proclamation citée plus haut.
119. ↑ MCC. Bibl. de Genève.
120. ↑ Charles de Constant avait eu une seconde fille le 30 nov. 1800.
121. ↑ Charles songeait à revenir à Genève.
122. ↑ Victor était capitaine au corps des cadets du roi de Prusse à Berlin.
123. ↑ MCC Bibl. de Genève.
124. ↑ MCC Bibl. de Genève.
125. ↑ MCC. Bibl. de Genève.
126. ↑ Aide de camp du Cte d'Artois.
127. ↑ MCC. Bibl. de Genève.
128. ↑ Ne dirait-on pas que cette lettre est écrite de nos jours ?
129. ↑ Guillaume, Prince d'Orange et de Nassau, était fils de Guillaume V, Stadhouder de Hollande, qui fut dépossédé par Napoléon en 1806. Il devint roi des Pays-Bas en 1815.
130. ↑ Mme de Duras a publié deux romans qui eurent leur heure de succès : *Ourika* et *Édouard.*
131. ↑ Entrée des Français à Vienne. Bataille d'Austerlitz.
132. ↑ À la paix de Presburg.
133. ↑ Contre la Prusse.
134. ↑ Le père du prince d'Orange, stadhouder des Pays-Bas, venait d'être dépossédé et Louis-Napoléon fait roi de Hollande.
135. ↑ Bataille d'Iéna.
136. ↑ Par M. Ph. Godet et bien d'autres.
137. ↑ Wallenstein d'après Schiller.
138. ↑ MCC. Bibl. de Genève.
139. ↑ Nous n'avons pas retrouvé cette lettre.
140. ↑ Des bouquets de fleurs peints à l'aquarelle ornent cette lettre.
141. ↑ Bibl. du Havre. Papiers de Bernardin de Saint-Pierre. Dossier 144.
142. ↑ Ce jeune homme, fils du général de ce nom qui joua un rôle dans l'histoire de son pays, était également au service de l'Angleterre et fut tué peu après.

143. ↑ Propriété de Mme Achard-Bontems sur la route de Chêne.
144. ↑ Il était revenu d'Espagne.
145. ↑ Petits fromages blancs.
146. ↑ MCC. Bibl. de Genève.
147. ↑ MCC. Bibl. de Genève.
148. ↑ MCC. Bibl. de Genève.
149. ↑ La duchesse d'Otrante possédait un domaine dans les environs de Morges.
150. ↑ *De la Religion considérée dans sa source et ses formes.*
151. ↑ Victor.
152. ↑ M. Deodat de Vimeux.
153. ↑ MCC. Bibliothèque de Genève.
154. ↑ Rosalie ne compte ici que les années écoulées depuis la mort de Mme de Charrière et passées à la rue de Bourg.
155. ↑ La Belgique avait déclaré la guerre à la Hollande, dont elle voulait se rendre indépendante.
156. ↑ Tiré d'une notice bibliographie sur Rosalie de Constant publiée dans la *Revue suisse* d'août 1840 par Mlle Herminie Chavanne sous le titre de : *Un herbier national.*